Felix Bernhard

Weglaufen ist nicht

Für meinen Vater

Vorwort

Ganz unter uns: So ein Rollstuhl ist manchmal sehr praktisch und das möchte ich hier einmal hervorheben. Ich meine damit nicht den Vorzug, von den zentralen und kostenfreien Parkplätzen in bester Innenstadtlage Gebrauch machen zu können, sondern die alltäglichen und weniger alltäglichen Möglichkeiten, dieses Gefährt einzusetzen. Beim Einkaufen verzichte ich auf den Einkaufswagen. Nun, vielleicht denken Sie jetzt, gleichzeitig den Wagen zu schieben und den Rollstuhl anzutreiben, geht auch gar nicht. Klar, das geht schon. Ich kann mich auch „einhändig“ vorwärtsbewegen. Wenn ich einkaufen gehe, besorge ich mir einen Karton, stelle ihn mir auf den Schoß und lade ihn nach Herzenslust voll. So habe ich gleich den perfekten Sammelbehälter fürs Altpapier daheim und von den paar Cent, die ich sonst für die Einkaufstüte ausgegeben hätte, kaufe ich mir einen Schokoriegel. Nein, auch der Nachhauseweg ist nicht beschwerlich. Ich gebrauche gern das bekannte Bild von der rollenden Masse. Einmal in Schwung gebracht, hat sie den Drang, sich von selbst vorwärtszubewegen. Die anderen Vorzüge meines fahrbaren Untersatzes haben sich mir übrigens erst im Laufe der Zeit erschlossen. So möchte ich den Rollstuhl im Haushalt nicht mehr missen. Er ist ein unentbehrlicher Helfer beispielsweise beim Wäscheaufhängen.

Einmal lernte ich eine Frau kennen, die ihren Rollstuhl „Harfe“ nannte. Diese Bezeichnung verstand ich erst, als sie begann, an den Speichen des rechten Rades zu zupfen. Es erklang dabei zwar keine Melodie, aber immerhin konnte sie dem Metall einzelne, völlig verschiedene Töne entlocken. Insgeheim fragte ich mich, wer wohl ein so inniges Verhältnis zu seinem Fahrrad aufbaut … Die Frau hatte ihre ganz eigene Art, mit ihrer Situation umzugehen. Vielleicht sollte ich mit meinem Rollstuhl einen ähnlich kreativen Umgang pflegen: ihn als effektreichen Blickfang und dekoratives Element in meiner Wohnung aufstellen. Was wäre dagegen schon eine signierte E-Gitarre?

Mein Rollstuhl ist mir vertraut wie meine eigene Westentasche, ist mir zum Gefährten geworden. Bei jeder Tour auf dem Jakobsweg legt sich eine rustikale Offroad-Patina aus echtem Camino-Dreck auf den Rollstuhl, was dem Teil einen charmanten Trekking-Touch gibt. Man könnte fast glauben, ich wäre mit Indiana Jones höchstpersönlich im Dschungel auf der Suche nach dem verlorenen Schatz gewesen. Ein paar Tage später muss ich es aber dann doch tun: den Staub abduschen. Ein dreckiger Rollstuhl passt eben nicht zu einem frisch gereinigten Anzug. Dabei macht Camino-Dreck doch glücklich.

Meine andere Perspektive auf das Leben hat mich motiviert, viele Dinge mit einer gehörigen Portion Humor zu nehmen. Diese Sichtweise bedeutet für mich, den Rollstuhl und meine Fortbewegungsmethode zu entmystifizieren. Nach einiger Zeit wird das Leben im Rollstuhl so normal, es ist nicht besser oder schlechter als vorher. Zugegeben: Es ist ein tiefer Einschnitt in die eigene Biografie, aber ist der Gewinn eines Lotto-Jackpots das nicht auch? Interessanterweise kann man sowohl bei vielen Verunfallten als auch bei der Mehrzahl der Glückspilze beobachten, dass sich die Gefühlslage irgendwann normalisiert. Offensichtlich besitzen wir einen Setpoint, einen fixen Punkt, auf den sich unser Befinden selbst nach Umbruchsituationen schnell wieder einpendelt. Fast keiner ist ewig der „Hans im Glück" oder dazu verurteilt, für immer in Depressionen zu versinken. Nichts von beidem ist gottgegeben, alles ist veränderbar.

Der Rollstuhl ist für viele zu einem Symbol geworden. Aber wofür steht er im Allgemeinen? Für den Respekt vor dem Lebenswillen? Mitleid? Oder für die Angst: „Hoffentlich passiert mir das nicht“? Egal, wo auf der Welt ich mich aufhalte, einen Rollstuhl hat fast jeder schon einmal gesehen. Nur der Umgang mit ihm ist verschieden. Mal begegnet mir Ablehnung, mal respektvolle Distanz oder auch offenkundige Neugierde. In Deutschland stolpere ich manchmal noch über ein Vermächtnis aus einer Zeit, in der dieses Land noch nicht so barrierefrei und der Umgang mit „Rollis“ noch nicht so integrativ wie heute war. „Mami, warum sitzt der Mann im Rollstuhl?“ Schnell wird das Kind weggezogen und hat nur eines gelernt: Das war die falsche Frage, am besten meide ich in Zukunft den Umgang mit diesen Themen. Wird man nicht aus beruflichen oder familiären Gründen mit dem Rollstuhl konfrontiert, gibt es oft wenig Möglichkeiten, die antrainierten Gedankenmuster und Verhaltensweisen aufzubrechen.

Kürzlich war ich mit einem Arbeitskollegen in Schwäbisch Hall auf Dienstreise. Wer die romantische Stadt schon einmal besucht hat, weiß, dass sie am Hang liegt. Schon der Gang vom Fluss Kocher zum Rathausplatz hat eine gehörige Steigung. Ich lief mit meinem Kollegen den Berg hinauf und registrierte die konsternierten Blicke, die ihn trafen. „So viele böse Kommentare habe ich schon lange nicht mehr abbekommen. Immer wieder diese Frage: Warum hilft er ihm denn nicht? Ich fühlte mich fast ein bisschen asozial“, gestand er mir später. Doch er konnte sehr lässig mit der Situation umgehen und steckte, um es auf die Spitze zu treiben, die Hände in die Tasche und fragte mich unverhohlen und in voller Lautstärke: „Geht das nicht etwas schneller?“ Gemeinsam lachten wir, nun hatten wir die umstehenden Passanten vollends verwirrt. „Warum quält der sich denn den Berg hinauf und lacht auch noch dabei?“ Ich freute mich, dass mein Kollege so souverän mit meiner Situation umgehen konnte. Nun bin ich schon über siebzehn Jahre auf vier Rädern unterwegs und will keine Sonderbehandlung. Ich bemerke, dass meine Art, mit dem Rollstuhl umzugehen und ihn überallhin zu manövrieren, wo ich will, schnell eine Beziehung zu anderen Menschen aufbauen kann. Sehr oft lächeln mich Menschen auf der Straße einfach nur freundlich an, sodass ich mich manchmal frage: „Bin ich über Nacht berühmt geworden?“ Dann lächle ich zurück und freue mich, weil mir meine Perspektive, die ich als Rollstuhlfahrer auf das Leben habe, viele andere Möglichkeiten bietet. Daran will ich festhalten. Denn ich weiß ja ohnehin: Weglaufen ist nicht.

Die Geschichte vom verlorenen Sohn

„Respekt, dass du in einem fremden Land den Weg zu dieser Stelle auf Anhieb findest, wo es doch zwei Jahre her ist, dass du das letzte Mal hier gewesen bist!“ Mirkos Lob verblüfft mich. Völlig normal, denke ich, schließlich begann doch genau an dieser Stelle die Reise auf dem Jakobsweg, die mein Leben so grundlegend veränderte. Heute bin ich mit einem ZDF-Fernsehteam hier, um Höhepunkte einer Wanderung nachzustellen, die bis heute außer mir niemand im Rollstuhl – noch dazu alleine – gemeistert hat. Sofort stehen mir alle Bilder wieder vor Augen und ich fühle mich wie auf einer Zeitreise. Das Sprichwort stimmt: Die Erinnerung an den Schmerz verschwindet nach einiger Zeit, was bleibt, ist die Freude. Jetzt fühle ich nur Euphorie, durch jede Pore spüre ich den Zauber und Glanz dessen, was sich mir bietet. Wie in Trance öffne ich vor laufender Kamera das Viehgatter. Die drei Fernsehleute stören mich, ich würde am liebsten gleich weitergehen, bereits hinter der nächsten Biegung wäre ich verschwunden …

Alles in eine Waagschale werfen, aufbrechen, gehen, ein klares Ziel vor Augen. Es scheint so weit weg zu sein, dass allein der Glaube, es erreichen zu können, wie blanke Selbstüberschätzung anmutet. Natürlich habe ich trainiert, unzählige Tage in einsamen deutschen Wäldern verbracht, jeden Anstieg irgendwie gemeistert, mal schneller, meist eher langsam, aber stetig. Das, was mich hier erwartet, hat eine andere Dimension. Mein Sicherheitsnetz in diesem Land, dessen Sprache ich nur rudimentär beherrsche, ist nicht so engmaschig wie in Deutschland. Hier besitze ich kein Auto, keine Wohnung und kaum Ortskenntnis. Habe ich mir das gut überlegt, einfach so auf dem Jakobsweg zu pilgern, allein? Dann ist da noch der

Rollstuhl, den ich sehr oft vergesse und noch seltener darüber rede. Hier ist er präsent, denn ich befinde mich auf einem historischen *Wander*weg, einem Weg, der vor allem für Wanderer gedacht ist, weniger für Räder. Ich bin voller Euphorie, die jedem Aufbruch innewohnt und die ersten Schritte so wunderbar leicht macht.

Keep on walking this road and I follow
Keep on calling my name I'll be there
(Europe)

Ich weiß, dass Gott mich auf diesem Weg begleitet, ich spüre es tief in mir und freue mich auf das fortwährende Gespräch mit ihm. „Mit den Füßen beten" wird das Pilgern oft auch umschrieben. Ich dagegen bete mit den Händen, treibe den Rollstuhl damit an, singe dabei und fühle mich frei und dankbar.

Sooft ich kann, schwebe ich auf Wolke sieben. Nicht immer, die Unbilden des Weges fordern ihren Tribut. Aufmerksam konzentriere ich mich auf den nächsten Schritt. Das Etappenziel steht fest, mehr als einen Tag im Voraus zu planen hat wenig Sinn. Das haben mich die vorangegangenen Kilometer auf anderen Jakobswegen eindrücklich gelehrt. Solange ich auf dem Weg bin, werde ich eine bohrende, immer wiederkehrende Frage nur schwer abschütteln können: Besteht eine realistische Chance, bei dieser Durchschnittsgeschwindigkeit das Etappenziel erreichen zu können? Positives Denken und Optimismus hin oder her – habe ich mir den Teller nicht ein wenig zu voll gepackt? Übernachtungsmöglichkeiten gibt es zuhauf links und rechts des Weges: auf dem Boden. Möchte ich auf die Outdoor-Erfahrung bereits am ersten Tag verzichten, liegen noch viele Stunden vor mir. Realistisch gesehen habe ich diese Zeit nicht. Ich habe mich überschätzt, den Weg unterschätzt oder beides. Aber in meinem Überschwang der

Gefühle finden diese Fragen keinen Platz. Ich will ans Ziel, basta. Wird schon klappen, irgendwie, denke ich. Glaube ich. Hoffe ich.

Ich verdopple meine Anstrengung. Die Erlebnisdichte des ersten Tages ist unfassbar. Ich habe Urlaub und spüre doch, wie meine Gedanken immer wieder zur Arbeit zurückkehren. Hängt es damit zusammen, dass der Weg steiniger und mühsamer wird? Meinen Kollegen rief ich manchmal, wenn es wieder einmal haarig wurde und wir nur noch mit Vollgas das Ziel erreichen konnten, zu: „Die Schnelligkeit durchdrehender Reifen ist unwichtig, das Fortkommen ist das Entscheidende." Sympathiepunkte habe ich damit sicher nicht gesammelt, ich weiß. Aber der Bumerang kommt zurück. Hier, auf dem Jakobsweg, wird mir dieser Ball direkt zurückgespielt. Meine Reifen drehen durch und ich bin kräftemäßig am Anschlag. Wenn man mit dem Rollstuhl unterwegs ist, hängt gutes Vorwärtskommen schlichtweg von einer Tatsache ab: der Bodenbeschaffenheit. Steigungen sind schon beschwerlich genug, aber bereits sandiger Untergrund reicht aus, um die Geschwindigkeit schon auf gerader Strecke zu halbieren. Kommt dann noch Geröll dazu, wird das Vorankommen fast zur Qual. Von „Tempo" zu sprechen, wäre wirklich lachhaft. Jeder Meter erfordert jetzt ein Höchstmaß an Kraft und Konzentration. Der Rollstuhl will vorwärts, aber die Schwerkraft zieht ihn zurück. Ich schalte das ungute Gefühl wie mit einem Kopfschmerzmittel einfach aus. Jetzt in den Strudel negativer Gedanken zu geraten, wäre zu früh.

Die Endorphinausschüttung in meinem Gehirn erreicht beinahe illegale Ausmaße, körpereigenes Doping sozusagen. Zweifeln kann ich immer noch. Später.

Huch, bin ich nicht gerade gestürzt? Mühsam hangele ich mich wieder in den Rollstuhl. Gelernt ist gelernt. Nach meinem Unfall habe ich mich fast einen Monat lang gequält, um diese Technik endlich zu beherrschen. Eine andere Technik, die ich mir zugelegt habe, ist eher eine Überlebensstrategie: Wieder aufstehen, wenn man am Boden liegt. Den Stimmungsdämpfer, der mich nach einem Sturz normalerweise erfasst, lasse ich nicht zu, denn ich bin mit Glückshormonen vollgepumpt. Das wird schon wieder. Ich lebe nach dem Prinzip Hoffnung, wie im Job. Schon wieder erwische ich mich bei einem gedanklichen „Seitensprung". Wollte ich dieses Gedankenkarussell nicht hinter mir lassen?

Ich lasse mich gefangen nehmen von einem endlos weiten Blick über sandige Hügel und die sonnengedörrte Vegetation. Sie scheint zu schlafen, auf den nächsten großen Regen zu warten, der diese Landschaft in ein grünes Paradies verwandelt. Jetzt bin ich jedoch froh, dass der Regen noch Monate auf sich warten lässt, der klebrige Sand an den Reifen würde meine Hände nur noch mehr zerschinden. Bereits jetzt habe ich mehr Blasen an den Händen, als mir nach den ersten Stunden auf dem Jakobsweg lieb ist. Es wird frischer, die Sonne steht tiefer am Himmel, eine erste Brise trocknet angenehm die schweißnasse Haut. Das ist mein Raum, meine Zeit. Es ist der Einklang mit der Natur, den ich suche, der mich friedlich stimmt.

Ich mobilisiere noch einmal meine Kräfte, spätestens mit Sonnenuntergang wird der erste Wandertag zu Ende sein. Mit der innerlichen Ruhe ist es bei der nächsten Biegung allerdings vorbei. Zugegeben, Wut ist kein guter Begleiter, aber was sich hier vor mir auftut, lässt mich, gelinde gesagt, zum Rumpelstilzchen werden. Wie hätte ich auch mit diesem Hindernis rechnen können? Mein Wanderführer schweigt an dieser Stelle über die Streckenbeschaffenheit und die mahnenden Unkenrufe von anderen Jakobspilgern habe ich allesamt in den Wind geschlagen. Wäre ich sonst hier? Der breite Weg verwandelt sich schlagartig in einen schmalen Pfad, rechts und links gesäumt durch steile Felswände. Gesteinbrocken auf der Mitte des Weges verhindern mein Weiterkommen. Was mich in diesem Moment dazu bewegt, weiterzugehen, ist mir schleierhaft. Ist es der Mangel an Alternativen? Zurück schaffe ich es bis zum Einbruch der Dunkelheit sicher nicht mehr. Leider bin ich mir, was das Etappenziel angeht, ebenso unsicher. So gut ich es vermag, räume ich die Steine zur Seite. Es knirscht, ein widerliches Geräusch: Metall auf Stein. Nach links kann ich nicht umfallen, die Wand hält mich. Das ist auch gut so, denn mein rechtes Rad rollt im steilen Winkel über einen hohen Stein, wie ein Auto, das auf zwei Reifen die Kurve nimmt. Mit der linken Hand umklammere ich den Greifreifen so fest, dass ich meine, ihn verbiegen zu können.

Eine gefühlte Ewigkeit später habe ich wieder ebenen, harten Boden unter mir. Ein Segen im Vergleich zu dem, was ich gerade hinter mich gebracht habe. Alles ist relativ, danke, Herr Einstein, dass Sie mich daran erinnert haben! Die Freude währt aber nur wenige Meter. Hinter der nächsten Ecke wartet eine achtzig Zentimeter hohe Schwelle auf mich. Viel zu hoch für Ross und Reiter. Mit etwas Schwung kann mein Gefährt zwar bordsteinhohe Hindernisse überwinden, hier allerdings kann ich weder Schwung holen noch habe ich es mit einer Bordsteinkante zu tun. Es gibt in den USA einen jungen Kerl, der komplette Saltos im Rollstuhl vorführt, aber auch nur mit einer Halfpipe, wie sie Skater benutzen. Jetzt fällt mir auf, dass ich gar keinen Helm trage …

Auf meinen endlosen Probewanderungen durch Spessart, Taunus und Odenwald wurde ich sogar im unwegsamsten Gelände nie mit derartigen Situationen konfrontiert. Die Wege in Deutschland sind halt hervorragend ausgebaut, eine Erkenntnis, die mich hier aber nicht weiterbringt. Ohne viel nachzudenken mache ich, was zu tun ist: Ich stemme mich aus dem Rollstuhl, setze mich auf die Schwelle und ziehe das

Gefährt hinter mir her. Reine Verzweiflung treibt mich an. Ich würde so gern schimpfen, aber auf wen? Es gibt niemanden außer mir, den ich hierfür verantwortlich machen kann. Nicht der Zufall hat mich an diesen Punkt geführt. In den letzten Monaten hätte ich mich auch bequem für eine Thailand-Rundreise entscheiden können. Klimatisiert im Bus, ein wohldosiertes Abenteuer und mehr Bilder auf der Digitalkamera, als ich mir an einem normalen Abend ansehen mag. Jetzt zu beten und zu wünschen, es wäre anders, als es ist, wäre kindisch. Am Tiefpunkt angekommen schreie ich Gott an, er möge mir doch bitte helfen, aus dieser Situation herauszukommen. Schließlich ist das doch *unsere* Reise.

Dieses Gebet wird wohl nicht beantwortet. Es kommt noch schlimmer. Während ich mich immer langsamer fortbewege (ich wusste gar nicht, dass eine Steigerung von „sehr langsam" überhaupt möglich ist), verlege ich mich auf eine Verhandlung mit Gott. Ich weiß, beten bedeutet bitten und nicht, Ansprüche anzumelden, die vom Schöpfer sofort umzusetzen sind. Aber diese Demut spüre ich in diesem Moment nicht. Noch nicht.

Ich traue meinen Augen kaum. Mir präsentiert sich in seiner gesamten zu Stein gewordenen Pracht ein ausgewaschenes Flussbett. Gefühlte zehn Meter Geröll liegen zu meinen Füßen, wie eine Wanne, zu den Seiten nach links und rechts ansteigend. Ich konzentriere mich gleich auf etwas Positives: Zumindest fließt hier um diese Jahreszeit kein Wasser. Einen Selbsthilfekurs im Positiven Denken muss ich wohl nicht mehr besuchen. Aber Sarkasmus hilft mir ebenso wenig weiter, wie die Situation schönzureden. Die Sonne hängt blutrot am Horizont und wird sehr bald untergehen. Ich stehe einsam mitten im Flussbett. Ein starkes Bild für einen Film sicherlich, aber jetzt liegen meine Nerven blank, die Kamera bleibt im Rucksack – bevor sie irgendwo hinfliegt, wo ich sie nicht mehr aufsammeln kann. Der Blick nach vorn lässt mich schlucken. Unmöglich, noch bei Tageslicht die Anhöhe zu erklimmen. Zur Herberge sind es bestimmt noch zwei Stunden, unter *normalen* Bedingungen. Fieberhaft arbeite ich an Plan B. Leide ich an Selbstüberschätzung, weil ich mir keine Alternative zurechtgelegt habe? Ich überlege, wo ich hier mein Nachtlager aufschlagen kann. Auf eine Isomatte hatte ich aus Platz- und Gewichtsgründen verzichtet, eine Übernachtung im Freien stand nicht auf dem Plan. Bis jetzt …

Ich fühle mich wie der verlorene Sohn im Gleichnis, das Jesus einst erzählt hat. Bereits am ersten Tag bin ich an der Endstation Sehnsucht angelangt. Ich hätte mir vielleicht einiges ersparen können, denn zwei Engel wurden mir bereits geschickt. Aber leichtfertig habe ich vor wenigen Stunden die zwei Radfahrer aus Deutschland wieder weggeschickt. Wären sie vorab gefragt worden, mit welchen sehr unwahrscheinlichen Begegnungen sie auf dem Weg rechnen würden, bestimmt hätten sie nicht an einen Pilger im Rollstuhl gedacht. Entsprechend verblüfft boten sie mir liebenswürdigerweise ihre Hilfe an. Dass ich ihr Angebot dankbar, aber bestimmt abgelehnt habe, war eine Standardreaktion von mir. Hilfe nehme ich grundsätzlich erst an, wenn es nicht mehr anders geht. Immer wieder begegne ich Menschen, die mir, ungeübt im Umgang mit meiner Situation, reflexartig Hilfe anbieten. Und sei es nur beim Öffnen einer Türe. Als ich die beiden Radfahrer traf, gab es noch kein Hindernis. Den Weg mit seinen Unbilden betrachte ich, bildlich gesprochen, stets als eine Offenbarung. Alles, was ich unterwegs erlebe, will ich aufsaugen. Davon erzählte ich den beiden jedoch nichts, sondern versprühte nur überschäumenden Optimismus. „Du hast Mut dich allein auf den Weg zu machen“, erklärte Rita. „Weniger Mut, als Wagemut“, entgegnete ich lachend. Mein Vertrauen in Gottes Führung und Schutz ist blind, manchmal fast kindlich. Wir scherzten noch über das

Bild der parallelen Reifenspuren. Sie rätselten: Kinderwagen, Trolley oder einfach nur zwei Radfahrer, die völlig gleichmäßig nebeneinander fahren? Unmissverständlich signalisierte ich: Hier bin ich Chef im Ring, ich weiß, was zu tun ist. Leicht hätte ich sie zum Abschied bitten können, mich zu warnen. Wenn es für Radfahrer mühsam wird, ist das für mich ein überdeutliches Signal umzukehren. Zwei Beine und zwei große Räder sind zwei Armen, die vier Räder antreiben sollen, deutlich überlegen. Und das gleich doppelt, wenn man bedenkt, dass die beiden kleinen Vorderräder meines Rollstuhls vor jedem größeren Hindernis kapitulieren, indem sie sich quer stellen.

Der Mensch denkt, Gott lenkt. Ich schaue auf. Ein gleichmäßiges Summen durchbricht die Stille. Der matt glänzende Hochspannungsmast fügt sich perfekt in diese karge Landschaft ein. Gedankenverloren folge ich den Stromkabeln, die sich in der Ferne verlieren. Ich fühle mich für einen Moment leicht und frei. Es gibt nur diesen endlosen Augenblick.

Hat sich da auf der Anhöhe gerade etwas bewegt? Tatsächlich, da oben spielen Kinder! Ich kann es kaum glauben. Reflexartig winke und rufe ich. Sie spielen weiter. Ich wedele mit meiner Jacke und schreie so laut ich kann. Nichts passiert. Wie gebannt gucke ich ihnen zu, hoffe und bete, dass sie mich wahrnehmen. Das ist eindeutig meine letzte Chance an diesem Tag. Noch einmal rufe ich so laut ich kann. Endlich sehen sie mich und stutzen. Dann kommen sie leicht hüpfend den Anstieg herunter. Sie bewegen sich unbekümmert, wie es Kinder eben tun, die gerade etwas Ungewöhnliches entdeckt haben und es nun begutachten wollen. Ihre Neugierde mache ich mir zunutze und bitte sie, mir aus dem Flussbett und den Weg hinaufzuhelfen. Sie schauen mich verblüfft an. *Dieses exotische Wesen kann sprechen.* Bereitwillig schieben zwei Jungs mich schnaufend hinauf, die Mädchen laufen kichernd nebenher und stellen allerlei Fragen. Da ich jedoch selbst so kräftig zupacke, bleibe ich wortkarg. Wahrscheinlich wäre eine Ufo-Landung für sie nicht weniger aufregend gewesen. Außer Atem erreichen wir die Anhöhe. Was für ein Ausblick! Es bleibt mir keine Zeit, den Blick weit schweifen zu lassen. Der Vater der Kinder kommt mir entgegen, die Arme weit ausgestreckt. Mit freundlichem Gesichtsausdruck heißt er mich willkommen. Ich lächle, bin unfähig zu denken. In zu schneller Abfolge haben sich die kleinen Wunder dieses Tages ereignet: Erst diese unerwartete Rettung und nun der herzliche Empfang. „Sitzt du immer im Rollstuhl?“. Die Kinder haben mich umzingelt und mich zum Spielkameraden auserkoren. Es ist für sie unbegreiflich, dass sich jemand mit so einem Gefährt auf den Jakobsweg macht, noch dazu zu so später Stunde. Wahrscheinlich denken nicht nur Kinder so.

„Nein, der Weg wird nicht besser.“ Der Vater nimmt mir mein letztes bisschen Illusion, ich fühle mich töricht und extrem schlecht vorbereitet. Hätte mein Wanderführer nicht eine kleine Warnung in die Wegbeschreibung einfügen können – „Radfahrer bitte schieben“ ? Der Vater ist der Ruhepol, hört interessiert zu, hält sich aber zurück. Diese Art kommt mir bekannt vor, ist mir auf eine herzzerreißende Weise vertraut. Habe ich mich nicht auf den Weg gemacht, um die schwierige Beziehung zu meinem Vater zu heilen? Um den Schmerz über seinen frühen Tod zu lindern? Aber muss ich gleich am ersten Tag mit all diesen Dingen konfrontiert werden – jetzt, wo doch noch unzählige einsame Stunden vor mir liegen? Der Jakobsweg ist nichts anderes als der Lebensweg. Sowohl die Themen als auch der Zeitpunkt, zu dem etwas geschieht, liegen oftmals außerhalb unserer Entscheidungssphäre. Es ist zwar möglich, eine Sache für eine Weile zu verdrängen, weglaufen aber auf keinen Fall. Wohin auch? Und vor wem oder vor was?

Milde lächelnd hält der Vater seine Kinder im Zaum. Plötzlich fühle ich mich meinem eigenen Vater sehr nah …

Mein Vater sah es mir immer geduldig nach, wenn ich stur an meinem Weg festhielt. „Wenn da hinten eine Wand ist, braucht Felix keine Tür", sagte er gern mit einem Augenzwinkern. Er wusste, dass das Leben mich zähmen würde, dafür hatte er selbst genug erlebt und gesehen. Jede seiner Gesten und Taten war darauf ausgerichtet, die Härte, mit der sich mir das Leben in den Weg stellte, abzumildern, so gut er das eben vermochte. Väter sind wohl so. Dass er den Lebensfluss nicht aufhalten konnte und ich mich mit meiner überschüssigen Energie reiben wollte, ja musste, verstand er nur zu gut. Nur sah er, dass die Welt außerhalb des Schutzes der Familie nach seinem Verständnis weniger achtsam, verständnisvoll und offen war. Er glaubte sehr an das Band der Familie, ja, an die Heiligkeit dieser Gemeinschaft, und verdrängte dabei, dass dieses Modell bei uns nicht so funktionierte, wie er es sich erträumt hatte. Aber wo existiert heute noch die „perfekte Familie", wenn es sie jemals gegeben haben sollte? Mein Vater steuerte nicht dagegen, griff nicht korrigierend ein, als er merkte, dass wir Brüder uns voneinander entfernten. Zugegeben, an dem sehr großen Altersunterschied konnte er im Nachhinein nichts ändern. Als ich in die erste Klasse kam, machte mein ältester Bruder gerade Abitur. Als ich noch die Grundschule besuchte, ging der andere für ein Jahr auf die Highschool nach Florida und kurze Zeit darauf zur Bundeswehr. Wahrscheinlich bin ich trotz Geschwistern wie ein Einzelkind aufgewachsen. Da meine Brüder bereits aus dem Haus waren, galt mir die gesamte Aufmerksamkeit und Energie meiner Eltern. Zumindest bis zu meinem 13. Lebensjahr, als meine Mutter starb. Danach übernahm mein Vater notgedrungen beide Jobs.

So gut er konnte, wollte er das Familienleben aufrechterhalten. Mittags hetzte er meinetwegen von Herne nach Essen, er wollte wissen, was in der Schule passierte, meinen Lehrerfrust etwas abmildern. Ich wusste es damals nicht zu würdigen, dass er sich zwei Stunden in seinem vollen Terminkalender blockte, nur um mit mir zusammen zu sein. In Gedanken sehe ich ihn noch heute hilflos vor dem Herd stehen und irgendetwas braten. Nicht einmal die Krawatte hatte er dafür abgemacht. Anstatt ihm zu helfen, meckerte ich noch über die Qualität des Essens. Diese Undankbarkeit ertrug er mit seinem großen Herzen heimlich leidend, still hoffend, dass diese Zeit vorübergehen würde. Durchgegriffen hat er nie. Jahre später verriet er mir, dass er zu dieser Zeit darüber nachgedacht hatte, mich in ein Internat zu schicken, da es mit mir so schwer gewesen sei. Die Gefahr, dass ich ihm dann vollends entgleiten würde, schätzte er jedoch als zu groß ein und ließ von diesen Gedanken bald wieder ab. Er hatte die große Sorge, dass ich im schlimmsten Fall dem Vorbild meiner Mutter folgen und mir das Leben nehmen würde. Ich steckte voll in der Pubertät, war zutiefst unglücklich und spürte täglich die Überforderung meines Vaters. Und ich fühlte mich allein. Es gab niemanden, an den ich mich wenden konnte, der mich verstand, dem ich vertraute. Wir waren umgezogen und ich hatte die Schule gewechselt, meine Freunde musste ich zurücklassen. Der Rest der Familie war über ganz Deutschland verstreut. Und zu diesen Umständen kam noch dazu, dass ich ein sehr schwieriges Kind war. In dem Song „Problem Child" von AC/DC hätte ich mich vielleicht wiedergefunden und festgestellt, dass ich gar nicht so anders als alle anderen Jugendlichen war. Mein Ventil waren Schokolade und Dagobert-Duck-Comics. Zu allem Überfluss machte mich der Süßkram auch noch dick und jetzt mochte ich mich erst recht nicht mehr und auch niemanden sonst leiden. Mein Vater strampelte, so gut er konnte, er war mehr als ausgelastet. Das Unternehmen, das er leitete, wuchs seit Jahren deutlich stärker als der Markt, und die Gesellschafter überlegten, wie man weitere Zielgruppen gewinnen könnte. Auch für seine neue Partnerin brauchte er Zeit. Aber davon erfuhr ich erst später …

Dennoch hatte ich in dieser für mich schwierigen Zeit immer wieder das Gefühl, gehalten zu werden. In den schwärzesten Momenten, wenn ich überhaupt keinen Sinn mehr sah, vernahm ich eine zarte Stimme: „Mach weiter, mein Kind, es lohnt sich." Nicht fordernd, nicht drohend, sondern liebend. Ich sah nur Licht und spürte Geborgenheit. Plötzlich hatte ich das Gefühl, unendlich wertvoll und für die Schöpfung ein unersetzbarer Teil zu sein. Durchdrungen vom Heiligen Geist spürte ich die Liebe Gottes. Ich hatte bei allem, was ich tat, das starke Gefühl, mit einem klaren Auftrag unterwegs zu sein – im Auftrag Gottes. Ich spürte, dass ich weitergehen sollte, getragen von dem Versprechen, gehalten zu werden. Darum war Scheitern keine Option. Dieses Leben wurde mir geschenkt, und nicht nur das: Ich hatte einen Rückhalt, einen Partner, einen Begleiter, der stets bei mir war. Aus diesem Blickwinkel hatte ich gar keine andere Wahl als meine Beziehung zu Gott auszubauen. Der Stein, einmal ins Rollen gebracht, war nicht mehr zu stoppen.

Bald kam ein Wachstumsschub und die überzähligen Pfunde verteilten sich auf fast 1,80 Meter. Sport gehörte eher zu meinen unregelmäßigen Beschäftigungen. Einmal die Woche ging ich zum Judo, damit endeten auch die Demütigungen in der Schule. Regelmäßig verabredeten sich ein paar Klassenkameraden und ich in der Ruderriege unseres Gymnasiums und schipperten ein paar Kilometer auf dem Baldeneysee. Verausgabt haben wir uns dabei nie, der Spaßfaktor stand immer im Vordergrund. Ingos Anfrage überraschte mich. In seinem Verein suchten sie einen weiteren Ruderer für ihren Achter, mit dem sie hoch hinauswollten. Für mich war der Ruderclub in Kupferdreh, auf der anderen Seite des Sees, eher ungünstig gelegen. Aber er hatte ein gutes Renommee, schließlich hatte er gerade einen Olympiasieger hervorgebracht. Der Trainer aus Rumänien hatte ehemals die Nationalmannschaft trainiert. Gute Voraussetzungen zwar, aber fünf Trainingseinheiten die Woche erschienen mir doch ganz schön happig. Die Anbindung mit öffentlichen Verkehrsmitteln war noch dazu miserabel. Warum sagte ich trotzdem zu? Und viel wichtiger die Frage: Warum blieb ich dabei?

Dieser Sport hat mich gefunden und einmal angefangen, wollte ich nicht so schnell aufgeben. Lange vor dem Jakobsweg war es mir wichtig, einmal eingeschlagene Routen zu Ende zu gehen. Selbstdisziplin nannte ich das bereits damals. Zugegeben, bei aller selbstkasteienden Anwandlung (und das meine ich leicht selbstironisch) war ich neugierig. Das Ziel war verlockend und zu keinem Zeitpunkt zweifelte ich daran, es gemeinsam mit der Mannschaft erreichen zu können. Zwischen dem Startpunkt und dem Ziel lagen zwar einige Hürden, nie konnte ich mir jedoch vorstellen, nicht alles Begonnene bis zum Ende durchzuhalten. Dass dies ein zweischneidiges Schwert war, denn unter Umständen habe ich dadurch manchmal meinen Handlungsspielraum eingeschränkt, wusste ich damals noch nicht. Nicht jeder Weg muss zu Ende gegangen werden, nicht immer muss ich erst ans Ziel gelangen, um festzustellen, dass ein Weg der falsche war. Das war beim Rudern so, und das spürte ich auch in Krisen deutlich. Bei jedem Wetter fuhr ich mit dem Fahrrad zum Training, natürlich mit Maximalgeschwindigkeit, denn meistens war ich zu spät dran. Ich liebte den um diese Tageszeit fast menschenleeren Radweg entlang des Baldeneysees, die feuchte Luft, den Blick auf die riesige Wasseroberfläche, die sich jeden Tag in einer anderen Gestalt präsentierte. An manchen Tagen war der See ruhig und glatt, an anderen Tagen schäumte er wie ein tobendes Ungeheuer. Ein Blick auf das Wasser ließ mich erahnen, wie die Trainingseinheit heute werden würde. Ein Unwetter war für unseren Trainer kein Argument, nicht trotzdem rauszufahren. Wie wild trat ich in die Pedale meines 6-Gang-Kettler-Town&Country-Mountainbikes. Knappe zwanzig Minuten benötigte ich für die zehn Kilometer lange Strecke. Mehr Zeit gestattete ich mir nicht, lieber trödelte ich noch eine Minute länger zu Hause herum. Auf dem Rückweg war ich nicht minder schnell unterwegs, dann jedoch aus einem anderen Grund: In den kalten Wintermonaten trainierten wir bis zum Anbruch der Dunkelheit. Während die meisten meiner Ruderkollegen, darunter auch mein Freund Ingo, in der nahen Umgebung wohnten, führte mein Weg durch die rabenschwarze Nacht – natürlich ohne Licht, nicht auszudenken, wie viel zusätzliche Kraft und Geschwindigkeit der Dynamo geschluckt hätte! Nach dem Training hatte ich nur ein Ziel: Schnell nach Hause und etwas essen. Durch den vielen Sport befand ich mich wie ein Jäger und Sammler ständig auf Nahrungssuche. Einmal hätte ich im rasenden Tempo fast meinen Klassensportlehrer umgefahren, der im Dunkeln joggte, selbstverständlich auch ohne Licht. Beim nächsten Unterricht sprach er mich an, einzig an meiner leuchtend weißen „Jugend trainiert für Olympia"-Tasche auf dem Gepäckträger hatte er mich erkannt. Unter Sportlern sind derartige Manöver halb so wild und er gab mir trotzdem die Eins.

Richtig kritisch wurden jedes Mal die letzten Kilometer. Der steile Weg führte durch einen dunklen Wald, der um diese Uhrzeit, wie sollte es auch anders sein, natürlich menschenleer war. Oder war er es nicht? Ich war zu keinem Zeitpunkt erpicht darauf, es herauszufinden und raste auf den Pedalen stehend den Berg hinauf. Ich glaube, mein Hang, Dinge einfach positiv zu sehen, fand in diesem dunklen Wald seinen Ursprung, denn diese zusätzliche Trainingseinheit half mir schnell, kräftiger zu werden.

Meine guten Schulnoten beflügelte der Sport geradezu. Nicht, dass ich unbedingt mehr lernte, aber ich fühlte mich ausgeglichener und hatte ein Ventil für meine überschüssige Kraft gefunden. Mein Religionslehrer, der die Ruderriege der Schule leitete, war sichtlich stolz und gab regelmäßig im Unterricht zum Besten, wenn wir wieder eine Regatta gewonnen hatten. Es war für mich ein neues Gefühl, plötzlich in der Zeitung erwähnt zu werden, auch wenn es nur im Lokalteil war. Nachdem wir die Landesmeisterschaft der Schulen gewonnen hatten und zum Bundeswettbewerb nach Berlin eingeladen worden waren, klappte es auch mit der Religionsnote: Ich bekam auch in diesem Fach eine Eins. Der Sport veränderte mein Leben. Vor allem lernte ich bereits sehr früh Disziplin und Teamgeist. Schwänzen kam bei meinem rumänischen Trainer nicht infrage. Meist hörte ich ihn schon von der anderen Seeseite aus brüllen. An einem Sonntagmorgen erschien ich einmal zehn Minuten zu spät zum Training. Ich werde es nie vergessen. Es war eine liebevolle Geste meines Vaters, dass er mich an Sonn- und Feiertagen zum Training brachte. Trainingsbeginn war immer bereits acht Uhr morgens und er wollte mir die Fahrt mit dem Fahrrad durch die Dunkelheit ersparen. An jenem Tag konnte er mich aus irgendeinem Grund jedoch nicht fahren. So machte ich mich mit meinem Fahrrad etwas zu spät auf den Weg und hoffte, einen neuen Geschwindigkeitsrekord aufstellen zu können. Gerade noch rechtzeitig bog ich mit meinem Fahrrad um die Ecke, um zu sehen, wie meine Teamkollegen auf ihren Schultern das schlanke Boot Richtung Wasser trugen. An meinem Platz stand der Ersatzmann. Er war etwas kleiner als ich und weniger fit, weswegen ich nie eine ernsthafte Konkurrenz in ihm sah. Wie sehr täuschte ich mich. Der Trainer schnauzte mich lautstark vor allen an. Sein Deutsch wurde schlechter, wenn er sich aufregte, dann beherrschte er nur noch die Sie-Form. „Sie kommen zehn Minuten zu spät. Wir sind zehn Leute, macht hundert Minuten, die Sie zu spät kommen. Heute am Steg, morgen am Steg, immer am Steg!" Dann machte er kehrt und befahl der mittlerweile startklaren Mannschaft: „Legen Sie ab!" Mit seinem Co-Trainer bestieg er das Motorboot und rief mir in einer missachtenden Geste noch zu: „Fahren Sie Einer!"

Er forderte alles von uns. Das Training wurde auf achtmal die Woche erhöht. Sonntags blieben wir gleich zur zweiten Trainingseinheit am Nachmittag da. Für Judo blieb nun keine Zeit mehr, es war nur noch Zeit für Schule und für *eine* Freizeitbeschäftigung.

Lauftraining stand nun öfter auf dem Plan. Achtzig Prozent der Schubkraft kommt schließlich aus den Beinen; besser, sie sind gut trainiert. Es blieb uns überlassen, ob wir allein oder in der Gruppe liefen, wichtig war lediglich, dass wir die Seerunde in weniger als einer Stunde schafften. Vierzehn Kilometer war die Strecke lang und es gab keine Möglichkeit, sie abzukürzen. Es sei denn, man besorgte sich ein Boot, um damit den See auf halber Strecke zu überqueren. Aber das war nicht wirklich Sinn der Übung. Wenn Ruderer laufen, dann erkennt man sie in der Regel bereits von Weitem an ihrer Gangart. Sie haben – nett formuliert – ihren eigenen Stil. Es passierte nicht oft, aber just an diesem Tag näherte sich ein Radfahrer von hinten und sprach mich an. „Hey, bist du Ruderer?“

„Ja, wie kommst du denn darauf?“, fragte ich ihn leicht außer Atem.

„Na ja, du läufst irgendwie komisch. Ein bisschen breitbeinig.“

Im Ruhrpott liebt man den offenen Dialog, daher maß ich dieser Begegnung keine weitere Bedeutung bei. Ich frage mich, ob er heute etwas Ähnliches zu mir sagen würde.

Die harte Schule des Trainers trug Früchte. Wir wurden immer besser. Zu keinem Zeitpunkt wuchsen wir jedoch zu dem zusammen, was eine Mannschaft ausmacht. Es bestand kein Zusammenhalt und vielleicht kostete uns das in letzter Konsequenz auch den Titel und den Trainer den Job. Schließlich waren wir alle mit dem erklärten Ziel angetreten, deutscher Meister zu werden. Letztendlich reichte es nur für einen undankbaren vierten Platz.

Das Rudern gab ich bald auf. Die nächsten Jahre schienen mir so vorhersehbar, in einem Wort: langweilig. Wie mein Bruder wollte ich auch für ein Jahr in die USA. Die einjährige Auszeit sah ich als Lösung, einmal die nervige Familie hinter mir zu lassen. Einfach mal weg! Das Verhältnis zu meinem Vater war angespannt. Als jüngster Sohn hatte ich in meiner spätpubertären Phase immer etwas zu bemängeln. An seinem Geburtstag schenkte ich ihm Franz Kafkas „Brief an den Vater". Weniger, weil der Inhalt wirklich passte, sondern einfach nur, um ihn zu provozieren. Er ließ sich aber nicht zu einer vorschnellen Reaktion hinreißen, hörte geduldig zu und wartete, bis sich mein Ärger verpufft war. Dabei war es genau das, was mich auf die Palme brachte: seine Ruhe. Im Gegensatz dazu argumentierte ich immer leidenschaftlicher. Mit seiner besonnenen Art konnte ich nichts anfangen, ich fühlte mich unverstanden. Bei allen Wünschen, von hier wegzukommen, stand eines nicht auf dem Plan: der US-Bundesstaat Nebraska. Ausgerechnet dorthin wollte mich die Austauschorganisation schicken? In ein Kaff mit 1.320 Einwohnern, eine halbe Stunde Autofahrt von der nächstgrößeren Stadt entfernt? Es gibt genug Amerikaner, die noch nie einen Fuß in diesen Bundesstaat gesetzt haben und aus gutem Grund auch nicht vorhaben das zu tun. In meiner Naivität sagte ich jedoch zu. Meine damalige Freundin Vera sagte noch, als wir den Staat gemeinsam auf der Landkarte suchten: „Wie schön zentral gelegen!" Stimmt, nach Kalifornien sind es zweitausend Kilometer und nach New York auch. Deswegen ist die größte Stadt des Bundesstaates, Omaha, einer der größten Warenumschlagplätze in den USA. Für Geld und Drogen.

Es wurde gruselig, nett ausgedrückt. Pastor David lebte in zweiter Ehe mit der ebenfalls geschiedenen Jo-Ann zusammen. Beide waren neu in dem kleinen Ort und dachten sich, ein Austauschschüler wäre eine wunderbare Möglichkeit, zur

Jugend des Ortes Anschluss zu finden. Schließlich war der vorherige Austauschschüler aus Schweden überaus beliebt. „Besonders bei den Mädchen", wie Jo-Ann nie müde wurde zu betonen. Als sie sich ranmachte, mir schwärmend Fotos von diesem ach so entzückenden Gustav zu zeigen, protestierte ich. Er war nicht mal blond.

David und Jo-Ann hatten jeweils drei Kinder. Zu Gesicht bekam ich in dem ganzen Jahr nur einen Teil. David pflegte einzig Kontakt zu seiner Tochter Heidi, die ihrem Namen alle Ehre machte. Jenny, die Adoptivtochter mit schwarzer Hautfarbe, meldete sich nur einmal telefonisch bei ihm, sein Sohn gar nicht. Jo-Anns ältester Sohn lebte mit uns im Haus. Brent war Mitte zwanzig und arbeitete neben seinem Studium an der *Norfolk University*. Er machte Bodybuilding und immer, wenn ihm etwas nicht passte, was ich sagte oder tat, drohte er: „I'll kick your ass" – ich werde dir in den Hintern treten. Der Spruch war beinahe salonfähig, schließlich sagte George Bush Senior 1991 dasselbe in Bezug auf Saddam Hussein und den Irakfeldzug.

Jo-Anns mittlerer Sohn arbeitete als Kfz-Mechaniker und lebte auf der kleinen Farm seines Vaters. Der jüngste Sohn hatte sich ein Jahr zuvor die Schrotflinte in den Mund gesteckt und abgedrückt. Einmal machte sie mir den Vorschlag, dass wir uns zusammen eines seiner Basketballspiele auf Video ansehen könnten. Ich war froh, als Sie es vergaß, und natürlich habe ich sie nie daran erinnert.

Nach wenigen Monaten, noch vor Weihnachten, wollte ich die Gastfamilie wechseln, ich fühlte mich unwohl im Hause des Pastors. Die Austauschorganisation unterstützte mein Vorhaben nicht im Geringsten und bot mir als einzige Option an, früher nach Hause zurückzukehren. Nein, das wollte ich auf gar keinen Fall. Ich hatte das Gefühl, davonzulaufen, wenn ich meinen Auslandsaufenthalt einfach so abbrach. Wieder einmal hatte ich den Anspruch, den Weg zu Ende zu gehen; wieder einmal war ich neugierig darauf, was am Ende der Zeit auf mich warten würde. Außerdem gab es noch ein paar unerledigte Aufgaben für mich. Ich hatte es in die Abschlussklasse der *Pender High School* geschafft und wollte unbedingt das *Diploma* erhalten. Nicht, dass ich vorgehabt hätte, in den USA zu studieren, aber mein Bruder hatte die Abschlussurkunde damals auch bekommen und ich wollte natürlich genauso gut sein wie er. Den amerikanischen Führerschein hatte ich auch noch nicht in der Tasche, also verbot sich eine verfrühte Abreise von selbst. Mit 17 Jahren in Deutschland Auto fahren zu dürfen, fand ich damals cool.

Richtig warm wurde ich mit Nebraska jedoch nie. Der Unterschied hätte größer nicht sein können. Ich kam aus einer der dicht besiedeltsten Regionen Europas, dem Ruhrgebiet. In Nebraska leben auf einer Fläche wie der alten Bundesrepublik gerade einmal drei Millionen Menschen. Hier ging es sehr provinziell zu, anders als im Ruhrpott waren die Menschen weniger weltoffen. Der internationale Teil der Tageszeitung bestand lediglich aus einer einzigen Seite. Sie war betitelt mit „Die Welt außerhalb der USA".

Ich biss mich durch und nahm an jeder Aktivität teil, die sich mir bot. Wenn ich schon blieb, wollte ich das Beste daraus machen. Ein sinnvoller Plan. In Deutschland verpasste ich nichts, die 11. Klasse würde ich ohnehin überspringen. Das Beste liegt bestimmt noch vor mir, dachte ich und versuchte, alles von der positiven Seite zu beleuchten. Und je mehr ich die Fühler ausstreckte, desto mehr verstand ich, dass dieses Land für mich viele Möglichkeiten bereithielt. Diese Weite war mir von zu Hause eher unbekannt. Kleinere Ausflüge nach Florida, Colorado, Alabama und Washington D. C. fanden ihren Höhepunkt bei einer Abschlussfahrt aller Austauschschüler. Zehn Tage reisten wir in einer Gruppe quer durchs Land, von Colorado nach Kalifornien, in einer Stimmung von Aufbruch und dem Gefühl, etwas Außergewöhnliches in den vorangegangenen Monaten erlebt zu haben. Ungebremste Lebensfreude begleitete uns, die jeden Moment gefeiert werden musste.

In dieser Zeit fern der Heimat lernte ich vor allem eins zu schätzen: Wie schön es zu Hause ist. Wie wunderbar fürsorglich war doch mein Vater!

Er war mein Überraschungsgast bei der Abschlussfeier. Er war da, so wie er es zu wichtigen Anlässen immer geschafft hatte, dabei zu sein. Diesmal konnte ich mir ein Lächeln nicht verkneifen, als Jo-Anns Sohn Brent mir vorwarf, dass ich mit meinem Vater nur deutsch gesprochen hätte. Aber ich war schnell genug aus seinem Zimmer verschwunden, bevor er seine Drohung umsetzen konnte, mich zu verhauen. Jo-Ann wäre sicher nicht Tausende Kilometer gereist, um bei seiner Abschlussfeier dabei zu sein.

Zwei Wochen später ging der Rückflug und ich wusste tief in mir, dass ich in dieses Land zurückkehren würde. So Gott will.

Das war mein Gepäck, in diese dunklen Ecken meines Lebens wollte ich schauen, aber nicht unbedingt gleich am ersten Tag auf dem Jakobsweg. Ich hätte mir etwas mehr Zeit gegeben. Zumindest bis zum nächsten Tag. „Morgen“ ist der Zeitpunkt, an dem die meisten Diäten beginnen oder man mit diesem oder jenem aufhören will. Doch „hier und jetzt“ lautet die Pilgerparole. Ich steige dankbar in das Auto des spanischen Vaters und lasse mich von ihm zur Herberge bringen. Und ich fange an zu begreifen: Gott hilft mir auf dem Weg. Mir wird klar, dass ich der verlorene Sohn bin – er kommt mir mit weit ausgebreiteten Armen entgegen. Früher wollte ich weglaufen, doch nun kehre ich heim zu einem liebenden Vater.

Ich bin nicht allein unterwegs

Nicola ist viel von mir gewöhnt, aber meine Mini-Predigt ist doch etwas fremd für ihn. Bisher bin ich in unseren Mittagspausen, die wir gelegentlich gemeinsam verbringen, noch nie „auf die Kanzel gestiegen". Aber gelernt ist gelernt. Aus meiner Rolle als Coach und Vortragsredner komme ich schwer raus, das ist seit meinem ersten Buch so. Warum sollte ich deshalb bei diesem Mittagessen nicht von Freiheit, Weite und der Suche nach Gott sprechen? Das sind die Themen, die mich bewegen, die meine Persönlichkeit und mein Streben ausmachen. Hier bin ich authentisch. Wir sitzen in einem Restaurant auf der Kaiserstraße in Frankfurt, zentral gelegen, ein kurzer Weg von unseren Schreibtischen. „Yin und Yang" steht in dicken Lettern über dem Eingang. Wer weiß, vielleicht ist der Name ja Programm – und die Gegensätze zwischen zwei Polen wollen vereinigt werden?

Früher gingen Nicola und ich in dieselbe Klasse und haben uns gegenseitig auf den Arm genommen. Nicht ganz richtig, muss ich fairerweise zugeben. Er ist ein lieber Kerl und es gingen mehr Sticheleien von mir aus. Vielleicht war es jugendliches Konkurrenzdenken, aber seine typische Tennisspieleraura bot einfach zu viele Flanken: blond, durchtrainiert und das Tennisracket stets in greifbarer Nähe. Er spielte Deutschlandliste, ein richtig guter Spieler war er, nicht nur meiner Meinung nach. Nach dem Abitur verloren wir uns aus den Augen und fanden uns erst nach dem Studium beim gleichen Arbeitgeber wieder.

„Ich schöpfe große Kraft aus meinem Glauben und habe nie das Gefühl, allein zu sein", beginne ich das Gespräch. Seinem wenig enthusiastischen Blick sehe ich an, dass er meine Worte zwar hört, sie bestimmt von anderen Personen bereits mehr als einmal vernommen hat, aber an jenem Tag sicher andere Gesprächsinhalte erwartet hätte. Oder ist es das blanke Entsetzen und er muss annehmen, dass ich einer christlichen Vereinigung beigetreten bin? Seine ambivalente Körpersprache pendelt zwischen rationalem Verstehen und emotionalem Unverständnis. Auf diese unerwartete Wendung des Gespräches war er nicht vorbereitet, schließlich sprachen wir gerade über seine Kinder

Lenny Krawitz bringt es auf den Punkt: „I have more than I can eat, a life that can't be beat." Natürlich habe ich noch viel vor im Leben, aber ich bin nicht allein unterwegs, sondern mit Gott. Er ist mein Fundament. Aber vielleicht sollte ich von vorn anfangen, bei meinem letzten Vortrag in Essen …

Ein voll besetzter Raum erwartete mich und plötzlich passierte etwas Magisches: Die Trennung zwischen dem Publikum und mir verschwamm, der Funke sprang über und die Zuhörer ließen sich darauf ein, den Aufbruch, von dem ich gerade erzählte, persönlich mitzuerleben. Ich fühlte, wie die Menschen den Impuls verspürten, selbst aufzubrechen und Lebensfreude daraus zu schöpfen. Ich war glücklich, und diese Freude war möglicherweise ansteckend.

Guido, mein treuester Zuhörer und langjähriger Freund, war mit von der Partie. „Ich habe mal wieder keinen Parkplatz gefunden", erklärte er ein bisschen außer Atem, wie jedes Mal, wenn er auf den letzten Drücker durch die Tür kam. Seit der dritten Klasse kennen wir uns, spielten früher im Wald und entwickelten uns stets synchron weiter. Unzählige Vorträge hat er in seinem Leben schon gehört, und, ob er es wollte oder nicht, er war dadurch zu einer Art Privatcoach für mich geworden. „Ich bin nicht zum Spaß hier", sagte er beim Hinsetzen und kramte einen Stift aus seiner Jackentasche. Wie sonst auch machte er sich während meines Vortrags Notizen, die er dann mit mir durchging. Supervision nannte er das, so hatte er es in seinem Studium gelernt. Die guten Impulse nahm ich jedes Mal dankbar auf. Bereits einige Male hatte ich mein Vortragskonzept grundlegend geändert und neue Gesichtspunkte herausgearbeitet. Am Anfang hatte ich eine bebilderte Lesung im Gepäck, ein grob zusammengezimmertes Konzept, das ich frei hielt. Immerhin, andere Autoren schlurfen mit ihrem Buch zu ihrem Vortrag und lesen einfach vor. Ich traute meinem Publikum zu, eigenständig lesen zu können und wollte mehr rüberbringen, von Dingen berichten, die es nicht ins Manuskript geschafft hatten, aus welchen Gründen auch immer. Der Vortrag sollte Lust auf die Lektüre und auf den Weg machen. Die Voraussetzungen waren ideal, das Thema Jakobsweg boomte, mehrere Bücher zu diesem Thema standen auf deutschen Bestsellerlisten. Das Publikum war hellauf begeistert. Einen Umstand, den ich weniger mir zuschrieb, als der Tatsache, dass ich die Erwartungen übertraf. Ich hatte lediglich das Format „Lesung" durch Bilder und ein bisschen Performance etwas aufgepeppt.

Mit jedem Vortrag schärfte sich die Story ein wenig. Stets hörte ich auch mir selbst zu und drang auf diese Art und Weise mehr und mehr in den Kern des Themas ein. Was ist die Essenz des Pilgerns, was der innere Antrieb, sich auf den Weg zu machen? „Ich bin dann mal weg" reicht als Motivation für eine solche Reise beileibe nicht. Man pilgert nicht einfach mal so, da gibt es erholsamere Möglichkeiten, seine Freizeit zu verbringen. Auch die gern dargestellte „Heldengeschichte" des jungen Mannes im Rollstuhl, der sich auf eine scheinbar unmögliche Reise gemacht hat, brachte mich persönlich nicht weiter. Auch wenn die Presse das Thema gern griffig von dieser Seite beleuchten wollte. „Schauen Sie", rief ich dem Publikum zu, „das können Sie genauso." Der erste Schritt ist sicherlich der schwerste, steht gleichsam für die Hälfte der Anstrengung. Die andere Hälfte liegt in der Umsetzung. Vielleicht konnte ich ja so manchen Selbstzweifler überzeugen, ihn ermutigen zu sagen: „Wenn der das in seinem Rollstuhl kann, dann kann ich das auch." Ich bemerke immer wieder, dass mein Weg symbolisch für alle Wege steht, Inhalte deswegen übertragbar sind. Auch die Pflege eines Angehörigen, der Verlust eines geliebten Menschen sind intensive Erfahrungen, durch die ich viel über das eigene Selbst erfahren kann. Vorausgesetzt, ich bin offen dafür.

Mein neuer Vortragsschwerpunkt, die Menschen zu motivieren, ihre eigenen Träume umzusetzen, stieß allerdings nur teilweise auf Resonanz. Die meisten Leute kamen mit einer anderen Erwartung. Sie wollten nett unterhalten werden, eine schöne Story mit großen Gefühlen hören, jedoch nicht mit zu viel Tiefgang. Und sich bestimmt nicht von einem jungen Mann im Rollstuhl sagen lassen: „Yes, you can!" Wie konnte ich also die Kluft zwischen meinem Anspruch und der Erwartungshaltung des Publikums überbrücken? Ich wollte den Spagat unbedingt schaffen, und so übte und übte ich. Ich hatte das Gefühl, mich selbst auszuwringen. Mitreißen war mein Ziel, belehren nie. Humor war ein Pfeil in meinem Köcher, genauso wie das Einblickgeben in meine Gefühlswelt. Meist kommen die Tränen, wenn ich von meinem Vater und meiner Beziehung zu ihm berichte. Das Wichtigste erklärte mir ein Fernsehprofi: Du musst die Menschen mehr abholen, ihre Erwartungen erfüllen und dann in die Richtung gehen, die dir vorschwebt. Wenn du ihr Vertrauen hast, werden sie dir bereitwillig folgen.

Also übte ich weiter.

Und wieder überarbeitete ich das Konzept. Dabei dämmerte es mir langsam, was es mit der Motivation im Kern auf sich hat. Jeder Aufbruch kann viel Kraft freisetzen. In jedem Beginn steckt eine große Energie, die verbraucht werden will. Ohne Funken keine Flamme. Ohne Aufbruch kein Gehen, kein Unterwegssein. Aufbrechen bedeutet, einen Fuß vor den anderen zu setzen, ohne auch nur einen Gedanken an den nächsten oder den letzten Schritt zu verschwenden. Der eine ist noch nicht dran, der andere längst passé. Beide sind unwichtig in diesem Augenblick. Möglicherweise ein Grund, warum ich beim bewussten Gehen so glücklich bin. In der Perfektion des Jetzt gibt es kein Störgefühl. Wenn das Glück mit mir ist, erreiche ich das Ziel. Mit hoher Wahrscheinlichkeit zumindest. Mit Gottes Hilfe ganz sicher!

Es gibt Zeitgenossen, die brechen regelmäßig auf, ohne je ein Ziel zu erreichen oder irgendwo anzukommen. Das heißt auf keinen Fall, dass diese Menschen Versager sind. Viel wahrscheinlicher ist es, dass sie gar kein richtiges Ziel haben. Aber ohne Ziel wird der Aufbruch beliebig: Man schaut einfach mal, was passiert. Diese Einstellung ist nicht zu verwechseln mit Offenheit, die verlangt, dass ich links und rechts des Weges schaue, den Weg überhaupt erst mal wahrnehme und nicht nur verbiestert das Ziel fixiere. Ungelenkt kann alles und nichts geschehen. Aber ein Ziel gibt einem Vorhaben Struktur. Meist setzt man sich ja auch nicht ins Auto und fährt aufs Geratewohl irgendwo hin. Wenn ich ein Ziel vor Augen habe, gibt mir das Kraft, wieder aufzustehen, wenn ich einmal hingefallen bin. Kraft, auch mal Leere auszuhalten, die sich auf dem Weg zwangsläufig ergibt. Viele Pilger beschreiben die Meseta, eine 120 Kilometer lange Einöde auf dem Jakobsweg, als sehr bewegende Zeit. Für die meisten ist es ungewohnt, über Tage sich selbst auszuhalten, wenn man nicht abgelenkt wird von äußeren Reizen. Auch Jesus hat diese Erfahrung gemacht. Für vierzig Tage ging er in die Wüste.

Guido hatte mein neues Vortragsformat gefallen und weiter nichts anzumerken. Das heißt doch: eine Kleinigkeit, die mich beeindruckte. „Erzähl den Leuten noch mehr von deiner Dankbarkeit. Frag sie, wann sie das letzte Mal wirklichen Hunger und Durst gespürt haben oder ob sie satt sind und alles nur lauwarm konsumieren. Wenn man sich auf den Weg macht, dann sind schon die einfachsten Dinge ein Erlebnis. Das Brot schmeckt einfach besser, wenn man hungrig ist, und klares Wasser aus einem Brunnen am Wegesrand ist bei vierzig Grad Hitze und einer seit Stunden leeren Trinkflasche ein wahrer Segen. Sensibilisiere deine Zuhörer dafür, die Dinge wahrzunehmen, die wirklich von Bedeutung sind.“ Wir sprachen selten darüber, aber ich bemerkte zum ersten Mal, dass er nicht zufällig schon so viele Vorträge besucht und dass sich bei ihm eine Wandlung vollzogen hat. Plötzlich erinnerte ich mich an seine kirchliche Hochzeit und daran, wie zentral das Fundament des Glaubens für ihn geworden war. „Es ist mir wichtig, dass meine Kinder christlich erzogen werden. Das sind gute Werte.“ Zu mehr Kommentar ließ er sich nicht hinreißen, der Glaube war für ihn etwas sehr Privates. Im Stillen freute ich mich darüber, dass er mich nach fast dreißig Jahren Freundschaft immer noch mit seinen Gedanken überrascht und es geschafft hatte, mich dadurch tief zu bewegen. Wir schwiegen einen Moment und spürten beide: Jetzt hatten wir genug geredet.

Nicola schaut mich ungläubig an. Ihm reicht schon die Synopse der Geschichte. An einem Tag, der ohnehin schon mit Terminen vollgepackt ist, hätte ich wohl lieber das Thema in eine andere Richtung lenken sollen. Wahrscheinlich ist ihm das, was ich hier von mir gebe, eindeutig zu durchgeknallt. Für einen Moment guckt er mich intensiv an, bemerkt meine Fröhlichkeit, die durch jede Pore aus mir herausquillt: Das Leben ist schön. Mehr noch: Ich werde getragen.

Immer schneller, immer weiter

Duracell-Hase. Isabel nannte mich so. Meine überschäumende Lebensfreude war ihr unerklärlich, frustrierte sie zuweilen. „Wie kann man morgens schon so wach sein? Und dann hast du noch nicht mal Kaffee getrunken.“ Wenn ich die Augen aufschlage, bin ich wach. Hellwach. Der Tag kann beginnen, und ich bin gespannt wie ein Flitzebogen, was Spannendes passieren wird. Nicht fordernd, ich warte nicht darauf oder tue gezielt etwas dafür, es kommt von selbst. Egal, ob große Ereignisse oder nur Kleinigkeiten, jedes Mal freue ich mich und behandle alles wie echte Highlights. Diese überquellende Lebensfreude gibt mir Kraft, überschäumend eben. Meine körpereigene Droge verschafft mir das notwendige Quäntchen extra, das ich dringend benötige, denn dieser Rollstuhl, zumindest in der Rolle, die ich ihm zugewiesen habe, erfordert dieses Quäntchen. So bleibt mir abends oder am Wochenende noch Energie, weil die Arbeit mir so viel Freude bereitet, dass ich sie nicht als Last empfinde, sondern im Gegenteil als spannend und abwechslungsreich.

Mag sein, dass mir die „Duracell-Hase-Mentalität“ hilft, immer wieder aufzubrechen. Oder ist es die Disziplin, die mir mein Rudertrainer eingehämmert hat? Sehr gut möglich, dass es einfach eine Kombination aus vielen Dingen ist. Meine 95-jährige Tante Toni pflegte oft zu sagen: „Ich bin neugierig, wie das Leben weitergeht.“ Diese Neugierde hielt sie jung und sorgte dafür, dass sie sich immer über Besuch freuen konnte. Es war ihr vergönnt, bis zum Ende ihres Lebens allein in ihrem Haushalt leben zu können.

Bewegungsdrang hatte ich wohl schon immer. Heute würde man vielleicht von einem Hyperaktivität- und einem Aufmerksamkeitsdefizitsyndrom sprechen, dabei war ich ein ganz normaler Junge mit viel Energie. Vor Kurzem lernte ich bei einem Vortrag von Rainer Neutzling, wann wir Dinge als *normal* empfinden. „Da jungentypisches Verhalten seit mindestens 1990 als dysfunktional gilt, liegt der Verdacht nahe, dass Jungen auch aus diesem Grund häufig als ‚gestört' eingestuft werden. Jungen reagieren in einer typisch männlichen Weise mit Bewegung auf Kummer, mit Wut auf Angst, auf Traurigkeit und Trauer mit Leistungsverweigerung und einer Verweigerungshaltung gegen genormte pädagogische Anforderungen. Ist es am Ende das typisch Männliche?" Plötzlich verstand ich, warum Sport das Beste war, was mir passieren konnte, und warum ich kein besseres Abitur gemacht habe. Manche schulische Normen waren für mich einfach nicht nachvollziehbar und die Aussage meines langjährigen Klassenlehrers provozierte mich (und war wohl auch so gemeint): „Ihr seid hier, damit ihr lernt, in der Gesellschaft zu funktionieren." Dieser Satz ließ keinen Interpretationsspielraum. Damals sah ich nur das Negative, Einengende, Reglementierende und reagierte mit Auflehnung (auf Kosten der Noten). Lediglich mein Motorrad erlaubte mir, die herbeigesehnte Freiheit auszukosten. Bei gutem Wetter, versteht sich, bei Regen habe ich diese Art der Fortbewegung gehasst. Nicht nur, dass ich dann einen lästigen Regenanzug tragen musste, in dem man schon vom Schwitzen klatschnass war, hinterher kam ich auch nicht drum herum, langwierig die Chrombeschichtung zu polieren. Wenige Tage vor meinem Unfall besuchte ich meinen Onkel in Saarbrücken und hatte einfach keine Wahl. Es schüttete. Auf der Autobahn peitschte mich der Regen aus. Ich verfluchte das Motorrad und den Regen, von Freiheit keine Spur. Ich muss mich beruhigen, dachte ich, sonst baue ich bei dieser Witterung noch einen Unfall. Wie von Gottes Hand beschützt erreichte ich unversehrt mein Ziel. Wenige Tage später nur war die Situation komplett anders.

Mein Motorradunfall ereignete sich bei strahlendem Sonnenschein auf einer neu gebauten Autobahn kurz hinter Berlin. Dieses Mal fluchte nicht ich, sondern mein Schulfreund Ingo, der vergeblich am verabredeten Ort auf meine Ankunft wartete. Gemeinsam hatten wir, bevor es ans schriftliche Abitur ging, ein paar Ausflüge geplant. Was auf diesem Autobahnstück in diesen Minuten genau passierte, weiß ich nicht mehr. Wirklich alles Mögliche habe ich ausprobiert, um den Unfallhergang zu rekonstruieren, nichts davon hat geholfen. Die Erinnerung ist wie ausgelöscht. Zum Teil widersprüchliche Zeugenaussagen schlossen Fremdeinwirkung oder unangepasste Fahrweise jedoch eindeutig aus. Irgendein unerfindlicher Grund ließ mich bei Tempo hundert ins Schlingern geraten und stürzen. Ich rutschte vom ganz rechten Fahrstreifen sechzig Meter diagonal über die Autobahn und knallte leicht abgebremst, aber immer noch schnell genug, mit dem Rücken gegen die Leitplanke. Wie durch ein Wunder wurde ich nicht von einem vorbeirasenden Fahrzeug erfasst. Heute weiß ich, dass mir womöglich schon ein einfacher Rückenprotektor die Querschnittslähmung erspart hätte, damals schien mir das aber eine überflüssige Anschaffung zu sein. Wie man halt so in dem Alter denkt. Vielleicht hat es mir auch nie jemand richtig erklärt, einen Nierengurt und einen Helm trug ich schließlich immer. Der vollständig zerstörte Helm bewahrte mich vor lebenslanger Unselbstständigkeit, nur die zarten Wirbelkörper gaben bei der Schlageinwirkung schneller auf, als es andere Knochen zu tun pflegen.

Es fällt mir schwer, darüber zu schreiben! Nicht, weil es schmerzt, sondern weil es so lange her ist. Heute bin ich fast so lange vierrädrig unterwegs wie zweibeinig. Werde ich nicht gefragt, denke ich nie an meinen Unfall. Ich muss mich konzentrieren, wenn ich daran erinnert werde, denn die Bilder verblassen. Beispielsweise erinnere ich mich gar nicht mehr an die Schmerzen. Schon seit längerer Zeit sehe ich den Unfall ähnlich wie den Übergang zu einem neuen Lebensabschnitt. Ist es im Grunde nicht egal, was den Impuls dafür gegeben hat? Heute sehe ich es pragmatisch. Vielleicht muss ich es auch, denn würde eine andere Haltung mich weiterbringen?

Nach meinem Unfall richtete ich die Rebellion aufs Innerliche und focht meinen Kampf dort unerbittlich weiter. Im Gegenzug zu den vorangegangenen Schlachten bekam ich nun endlich das Gefühl, wirklich etwas bewirken zu können: mich selbst und meine Wahrnehmung der Dinge zu verändern. Die Früchte dieses Ringens mit mir selbst schmeckten um so vieles süßer als der Versuch, jemand anderes auf die vermeintlich richtige Fährte bringen zu wollen. Eine dieser Früchte war, dass ich wie meine Tante Toni wieder sagen konnte: Ja, ich bin neugierig, wie das Leben weitergeht – ein Leben unter veränderten Rahmenbedingungen. Nicht unbedingt das Lebensmotto der alten Dame, sicherlich jedoch meins ist folgender Spruch:

Wer aufhört, besser sein zu wollen,
hört auf, gut zu sein

Theaterspielen

Mein Arbeitskollege Rolf und ich verabredeten uns eher unregelmäßig. Seiner Frau waren unsere Männerabende viel zu ausufernd. Einmal bat sie mich am Telefon, wir mögen es doch bitte weniger bunt treiben, wir müssten ja nicht jedes Mal einen Junggesellenabschied veranstalten. Das war nach einem solchen Abend …

Wir hatten uns für ein Gastspiel von Christoph Schlingensief im Schauspielhaus Frankfurt verabredet. Bereits nach zehn Minuten begannen wir, uns schrecklich zu langweilen. Ein Regiekonzept konnten wir nicht erkennen. Mit maximal mäßiger Spannkraft bewegten sich die Schauspieler auf der Bühne. Rolf regte an zu gehen und in eine Bar zu flüchten. Er fühlte sich ein wenig verantwortlich, schließlich war es sein Vorschlag gewesen, dieses Stück mit dem unsäglichen Titel „FickCollection" zu besuchen.

Mir fehlte noch ein winziges Detail und ich machte keine Anstalten zu gehen, sondern gähnte nur etwas zu offensichtlich. Nach weiteren fünf Minuten dämmerte es mir: Dieses fragmentarische Potpourri hatte doch einen roten Faden. Das Publikum sollte auf den Arm genommen werden, daher hätte eine andere Bezeichnung vielleicht besser zu dem Titel des Stückes gepasst. Unmotiviert traten Schauspieler auf und wieder ab. Mal war Herr Schlingensief selbst auf der Bühne, dann nur Akteure aus seiner sogenannten „Behinderten-Truppe". Das war eine Bezeichnung, die der Regisseur selbst geprägt hat und die von den Medien gern aufgriffen wurde – ein Name für sein Integrationsprojekt. Schlingensief vertritt die Auffassung, dass durch den Auftritt von Menschen mit Behinderungen Vorurteile bei den Zuschauern und Schauspielern abgebaut werden. Mag sein, dass das so ist, der Qualität des Stückes half es jedoch nicht.

Jetzt hatte ich die zündende Idee. In der letzten Reihe konnten wir ungestört tuscheln, ohne verärgerte *Psst*-Laute zu provozieren. „Wir können da mitspielen!“ Rolf guckte mich mit diesem bestimmten Blick an, mit dem man Leute anschaut, die gerade durchknallen. Er war sich nicht sicher, ob ich das wirklich ernst meinte, aber er kannte mich schon lang genug, um zu wissen, dass es im Rahmen des Möglichen war. Nun ist das Wunderbare an Rolf, dass er sich auch von total verrückten Ideen mitreißen lässt. Allein hätte ich diesen ersten Schritt nie getan. Schon aus purer Höflichkeit, schließlich waren wir gemeinsam hier. Leise verließen wir den fast ausverkauften Zuschauerraum. Wir waren die Ersten, unsere Nachbarn spielten vielleicht auch schon mit dem Gedanken zu gehen, warteten nur noch ein bisschen ab. Der Besuch vorangegangener Theatervorstellungen lehrte mich, dass die ersten drei Minuten eines Stückes den weiteren Verlauf der Spannungskurve verraten. Nicht bezogen auf den Inhalt, sondern auf die Darbietung. Ton, Spannkraft, Bühnenbild und Aufstellung der Spieler verraten in kürzester Zeit, mit welcher Wucht das Stück sich entfalten wird. Der Regisseur stimmt sein Publikum bereits in der ersten Szene darauf ein, ob er ein laues Sommerlüftchen oder eine wilde Achterbahnfahrt plant. Alle Anzeichen sind bereits im ersten Bild vollständig vorhanden. Meine Drei-Minuten-Regel funktioniert so gut wie immer. Damit möchte ich nicht sagen, dass ich konsequent danach handle und wirklich gehe, wenn die Darbietung nicht meinen Erwartungen entspricht. Meist bleibe ich doch noch eine Weile sitzen und plane in Gedanken spontan meinen Abend um. Wenn der Frustrationspegel seinen Höhepunkt erreicht hat, verlasse ich leise stöhnend den Saal. Schlechtes Theater vermiest mir oft die Stimmung.

Von früheren Premierenfeiern wusste ich, wo sich der Bühneneingang befindet: neben der Kantine, in der sich die Spieler während der Pausen sowie vor und nach den Stücken aufhalten. Wie selbstverständlich gingen wir am Portier vorbei Richtung Aufzug. Als ob er mich kennen würde, begrüßte er mich mit einem kurzen Kopfnicken. Rolf wurde immer nervöser und fragte zum wiederholten Male: „Was sollen wir denn machen, um Himmels willen?" Eine Idee hatte ich noch nicht, also antwortete ich wahrheitsgemäß: „Uns wird schon was einfallen." Tat es aber nicht. Jetzt standen wir hinter der Bühne, blickten auf eine große schwarze Wand, am Seitenrand warteten die Schauspieler im Dunkeln auf ihren Einsatz. Von der Bühne hörten wir klar und deutlich das gesprochene Wort. Irgendetwas musste jetzt geschehen. Rolf sendete eindeutige Signale, schnurstracks umzudrehen. „Komm, wir gehen einfach über die Bühne und schütteln jedem, dem wir begegnen, die Hand." Noch bevor er etwas erwidern konnte, raste ich los, grüßte die am Rand stehenden Personen im Vorbeigehen und befand mich schon auf der Bühne. Das grelle Licht blendete mich, der Zuschauerraum tat sich wie ein schwarzes Loch vor mir auf. Gerade fand eine sogenannte „Interviewrunde" statt, Herr Schlingensief saß mittendrin. Freudig sprang er auf und schüttelte uns beiden aufs Herzlichste die Hand. Mir fiel ein Zentnerstein vom Herzen. Wie peinlich wäre es gewesen, vor aller Augen rausgeworfen zu werden! Aber der Regisseur verhielt sich so, als ob er gehofft hätte, dass irgendjemand seine Botschaft verstehen und seinem Ruf auf die Bühne folgen würde. Die übrigen Akteure waren leicht irritiert und reichten uns im Sitzen die Hand. Wir überquerten gemächlich die Bühne und standen wieder im Dunkeln. Reflexartig verließen wir den Ort und gingen zurück an unseren Sitzplatz im Zuschauerraum. Die Brandschutztür machte beim Öffnen ziemlichen Krach. Unsere Sitznachbarn lächelten uns mit diesem wissenden Gesichtsausdruck an, der zu sagen schien: „Hätte uns eigentlich schon vorher klar sein müssen, schließlich trägt der Typ im Rollstuhl einen Anzug."

Wir hatten Blut geleckt. Warum so ein Stück ansehen, wenn man auch gut mitspielen kann? Rolf fand bereits das erste Mal grenzwertig und stellte jetzt die alles entscheidende Frage: „Was sollen wir diesmal tun?“ Gerade wurde ein Truthahn auf der Bühne gebraten. „Siehst du jemanden diesen Ofen reinigen? Unser Job.“ Hatte ich nicht im Backstage-Bereich Putzzeug gesehen?

Der Portier verfolgte die Aufführung auf dem Monitor und erkannte sofort unsere Gesichter wieder. Nur kurz lächelnd schaute er auf. Voller Tatendrang griffen wir das herrenlos herumliegende Putzzeug und betraten mit Lappen, Eimer und Schrubber die Bühne. Zielstrebig gingen wir auf den Ofen zu, fingen an zu wischen und brachten das Ding zum Blinken. Ich hörte ein helles Lachen aus dem Publikum. Während wir uns eifrig den Lappen zuwarfen, agierten die Schauspieler links und rechts von uns unbeirrt weiter. Wir schienen perfekt ins Gesamtbild zu passen.

Rolf und ich verließen den Backstage-Bereich und standen wieder vor dem Schauspielhaus. Das Stück war zu Ende und einige Zuschauer sprachen uns an. „Reist ihr mit der Schlingensief-Gruppe?“ Unser schiefes Lächeln musste wohl verrückt gewirkt haben. Unsere ehrliche Antwort hätte uns eh keiner geglaubt …

Die Presse verriss – für mich wenig überraschend – das seltsame Stück. Die einzige lobende Erwähnung bezog ich dann auch ein bisschen auf mich: „Einzig authentisch war mal wieder Schlingensiefs Behinderten-Truppe.“

Aufbruch in eine neue Welt

Wollte ich im Rollstuhl auf Lebensfreude verzichten? Im Gegenteil. Natürlich war das direkt nach meinem Unfall etwas anders. Da kämpfte ich zunächst verbissen darum, den Status quo aufrechtzuerhalten, mit 18 Jahren wohl eine normale Reaktion. Ich hatte nicht die leiseste Ahnung, an wem oder woran ich mich orientieren sollte, betrat Neuland mit jedem Schritt – huch, darf ich das jetzt so noch sagen oder heißt es nicht richtiger: mit jeder Reifenumdrehung? Ich war verwirrt. Willkommen in der ersten Phase eines normalen psychologischen Musters. Aber das wusste ich damals noch nicht. Noch weniger war mir klar, dass es nur die erste von insgesamt drei Phasen war. Die Veränderung meiner Lebenssituation war so schnell eingetreten und für mich nicht fassbar, dass ich sie erst mal verdrängte: Wer weiß, vielleicht verschwindet diese Querschnittslähmung wieder, wenn ich mich in meine heile Traumwelt zurückziehe und alles Ungewollte nur fest genug negiere? In den allermeisten Fällen funktionieren die Gesetzmäßigkeiten zwar anders, aber es gibt schließlich auch glückliche Lottogewinner … Wenn mich in dieser Zeit jemand auf den Rollstuhl ansprach, entgegnete ich abweisend mit dem Kommentar: „Das ist nur eine Phase und geht vorüber." Ich hoffte und bangte, beobachtete jedes kleinste körperliche Anzeichen mit Argusaugen und glaubte fest daran, der Auserwählte zu sein. Trotz kompletter Querschnittslähmung würde ich ein medizinisches Wunder herbeiführen, auch wenn das noch nie zuvor geschehen ist. So ganz stimmte das nicht. In den ersten zwei Jahren kann es durchaus zu Regenerierungen der verletzten Zellen kommen, theoretisch zumindest. Erste Signale stellen sich jedoch sehr schnell ein, fast nie zu einem späteren Zeitpunkt, wie mir die Ärzteschaft unisono erklärte. Wollte ich das hören? Natürlich nicht, also weiter wie bisher. Mit Vollgas befand ich mich auf der „Ich beschäftige mich damit ein anderes Mal“-Bahn. Erst mal die kurzfristigen Ziele abstecken: Raus aus dieser Reha-Klinik, diesem Krankenhausbetrieb mit seinen routinierten Abläufen. Lebensfreude stand auf keinem Therapie- oder OP-Plan. Die Mundwinkel meiner Mitpatienten konkurrierten mit denen von Frau Merkel. Noch immer weigerte ich mich, meine positive Grundhaltung am Empfang abzugeben. Resignieren kann ich immer noch, wenn ich alles versucht habe, dachte ich mir. Meine Ungeduld verstärkte die aufkommenden psychosomatischen Beschwerden. Ich versuchte nach links und rechts auszuweichen, es führte aber kein Weg an einer intensiven Auseinandersetzung mit dem Ist-Zustand vorbei. Abkürzen ging nicht, überspringen ebenso wenig. Meine Wut, die sich aus dem Nicht-Akzeptieren und Verdrängen meiner Situation entwickelte, verschlimmerte den Zustand nur noch mehr. Die Trickkiste der Schulmedizin war prall gefüllt. Es wäre doch gelacht, wenn seelisch verursachte Symptome nicht in den Griff zu bekommen wären! Die Mittel schlugen an, die Nebenwirkungen ebenso. Meine Lebenslust sank rapide. Nie fand ich das Wort „Depression“ auf dem Beipackzettel – oder heißt „Antriebslosigkeit“ verklausuliert dasselbe? Auf jeden Fall trat nicht das von mir erwünschte Szenario ein, das Rückenmark regenerierte sich an der verletzten Stelle nicht. Ich musste mir eingestehen, dass, sosehr ich mich auch dagegen wehrte, dieser Rollstuhl wohl ein Weilchen länger eine zentrale Rolle in meinem Leben spielen würde.

Willkommen in Phase zwei: seelische Heilung. Rückblickend verstehe ich, warum ich mich so allein fühlte: Wann hatte ich das letzte Mal gebetet und um Führung gebeten? In der ersten Phase beschlich mich nicht selten das Gefühl, ich müsse meine Kräfte mit Gott messen und ihn herausfordern ich befand mich in einer Art zweiten Pubertät. Ein bisschen lächerlich fühlte ich mich schon dabei. Als ob es das große weite Meer stören würde, wenn die kleine Welle tobt und zetert.

Wenn ich geglaubt hatte, dass mich die ersten eineinhalb Jahre sehr geschlaucht hätten, erlebte ich nun einen unerwarteten Teilchenbeschleuniger. Alle Schleusen öffneten sich, alles Unterdrückte brach mit einem Mal heraus. Den Verlust betrauerte ich so stark, wie ich nur konnte. Meine Lebensfreude war am Nullpunkt. Dankenswerterweise gab mein Studium meinem Tagesablauf Struktur, sämtliche Prüfungen absolvierte ich zwar im Zeitplan, aber mit Autopilot. Ich hatte das Gefühl, das Leidenschaftliche gegen das Leidenschaftslose, aber Funktionierende eingetauscht zu haben: fokussiert, aber emotionslos.

Wie die ersten grünen Halme der Schneeglöckchen, die durch das Eis brechen, keimte in mir erstmalig eine vage Hoffnung: Auch dies geht vorüber. Der Frühling lässt nicht lange auf sich warten, redete ich mir ein. Zum ersten Mal war ich bereit, die Opferrolle zu verlassen und zum Täter zu werden. Mit ganzer Wucht fasste ich einen wilden Entschluss: Dieser Rollstuhl wird mich niemals stoppen. Im Gegenteil: Er wird mich weiterbringen. Persönlich, geistig, seelisch.

Der Übergang in die dritte Phase vollzog sich lautlos. Sie lautete einfach nur: Akzeptanz des Unabänderlichen. Natürlich sah ich keine Hinweisschilder, auf denen stand: „Achtung, Sie kommen jetzt in die finale Trauerphase“. So wie man manchmal den Wald vor lauter Bäumen nicht sieht, bemerkte ich die Übergänge erst viel später, nämlich als sie bereits lange vollzogen waren. Mit jedem Abschnitt dachte ich, es würde nun leichter. Wie sehr hatte ich mich getäuscht. Oder etwa nicht?

Konnte ich bislang toben und dann nach Herzenslust trauern, stand jetzt die Übernahme von Verantwortung auf dem Curriculum. Im Studium lernte ich derweil, unter Nebenbedingungen mathematisch das Optimum zu finden. In meinem Leben bestanden die Nebenbedingungen aus vier Rädern und einigen Kilo Stahl, ohne die ich nicht mal einen Fuß vor die

Haustür setzen konnte. Wo sollte ich da mit der Optimierung beginnen? Ich musste mir zunächst über meine Ziele klarer werden. Strategieplanung Teil eins: Will ich in den übervollen Hörsälen weiterhin als Matrikelnummer im Rollstuhl unterwegs sein? Gibt es für mich irgendwo geeignetere – sprich barrierefreie – Studienbedingungen? Unerwartet erhielt ich Hilfe. War es Zufall, dass ich ausgerechnet jetzt Michael traf?

Wir lernten uns im Anschluss an eine Statistik-Übung kennen, die wir beide besuchten. Er staunte nicht schlecht, als ich die fünf Stufen zum Hörsaal hinabpolterte. Mein Rollstuhl musste schon etwas aushalten. Folgenden simplen Trick eignete ich mir an, als ich mal auf einer Rolltreppe stecken blieb: Am Geländer festhalten und rückwärts Stufe für Stufe hinunterrollen. Klingt einfach? Ist genauso einfach! Vorausgesetzt, man traut sich und hat nichts gegen ein bisschen scheppernde Aufmerksamkeit. Ein ohrenbetäubender Lärm begleitet die Aktion jedes Mal, dann nämlich, wenn das Fußteil bei jedem Absatz auf die Stufe donnert. Diese Technik wollte Michael von mir lernen. Er gehörte ebenso wie ich zu dem Typ Rollstuhlfahrer, der auf „behinderte" Gespräche keine Lust hatte. Konversation über Krankheiten, nein danke. Wir waren ja auch nicht krank, sondern bewegten uns lediglich auf vier Rädern von A nach B, manche Menschen vergessen das manchmal.

Michael hatte sich ein paar Semester mehr Zeit gelassen. Wozu auch die unnötige Eile. Die Versicherung hatte ihm nach dem schweren Unfall eine satte Kompensationszahlung gemacht, dazu erhielt er eine mehr als auskömmliche monatliche Rente auf Lebenszeit. Ach ja, und wenn er verreiste, dann fuhr die Begleitperson natürlich kostenlos mit. So verschlug es ihn und seine *wechselnde Begleitperson* regelmäßig nach Vietnam. Abwechselnd studierte er ein Semester in Freiburg und verbrachte ein Urlaubssemester in Südostasien. Bis ihn irgendwann doch der Ehrgeiz packte. Ein Abschluss musste her, besser gestern als morgen. Die Albert-Ludwigs-Universität in Freiburg unterhielt Austauschprogramme mit verschiedenen Universitäten in den USA, eine davon befand sich in Pueblo, Colorado. Da wollte er hin und dort sein amerikanisches Universitätsdiplom, den *Master of Business Administration (MBA)*, machen. Plötzlich hatte er es so eilig, dass er gleich nach Abschluss des Semesters aufbrechen wollte. Seine Idee fand ich so gut, dass ich sie kopieren wollte, in leicht veränderter Version. Da ich noch ein Semester bis zum Vordiplom hatte, bewarb ich mich um ein Stipendium bei meiner Alma Mater. Als ich es bekam, wusste ich, dass ich meinem Lebensziel einen entscheidenden Schritt näher gekommen war.

Natürlich versprach ich mir in den USA bessere Bedingungen, dafür würde ich alles Vertraute zurücklassen. Nach drei Jahren hatte ich das Gefühl, in dieser Stadt und auch im Umgang mit dem Rollstuhl einen wichtigen Schritt weitergekommen zu sein. Ich war angekommen, aber ich konnte nicht bleiben. Würde meine Beziehung zu Jenny die zeitliche und räumliche Trennung überdauern? Wir waren seit fast vier Jahren ein Paar. Das Stipendium war nur auf ein Jahr ausgelegt, also ein überschaubarer Zeitraum. Leise hegte ich bereits von Anfang an den starken Wunsch, in den USA den Abschluss zu machen, was aber ein weiteres Jahr Auslandsaufenthalt bedeuten würde. Die Vorbereitung und der bevorstehende Abschied waren schwer genug, an eine Verlängerung mochte ich erst einmal nicht denken. Vielleicht würde es mir in der Fremde auch nicht gefallen – ohne das Sicherheitsnetz aus Familie, Partnerin und Freunden. Also sprach ich über meinen geheimen Wunsch zunächst nicht.

Der Abreisetag kam näher. Wenige Wochen vorher der geplante Abschiedsbesuch zu Hause. Völlig überraschend erklärte mir mein Vater, dass er mich begleiten wolle. „Du hast die erste Woche so viel zu tun, da helfe ich dir beim Einräumen und Einkaufen der ersten Dinge“, erklärte er mit leicht feuchten Augen. Ich war zutiefst gerührt von seiner aufrichtigen Fürsorge. Er machte sich Gedanken, wie es seinem Sohn in der Fremde ergehen würde und wollte dabei sein und helfen, so gut er konnte. Deswegen war er für mich der perfekte Vater. Ich konnte nicht Nein zu seinem Angebot sagen, zumal mich dieser Liebesbeweis einfach nur überrumpelt hatte. Hätte ich nur eine Sekunde scharf nachgedacht, hätten wir darüber gesprochen und eine bessere Lösung gefunden. Wobei genau wollte mein Vater mir denn helfen? Gerade die erste Woche würde kritisch sein, unzählige Einführungsveranstaltungen lagen vor mir und genau in diesen Tagen würde ich vermutlich die ersten und wichtigen Kontakte knüpfen. Wollten wir da immer zu zweit auflaufen? Aus dieser Schublade käme ich bestimmt nie wieder raus: Der Typ im Rollstuhl kommt überall mit seinem Vater hin. Vielen Dank. Sicher war das auch nicht die Absicht meines Vaters, schließlich hatte ich in Freiburg von Anfang an allein in meiner Studentenbude gewohnt.

Als ich das Angebot noch einmal durchdachte, war es zu spät, den Plan umzumodeln. Der Flug war gebucht und mein Vater freute sich. Bestimmt eben auch über sich und darüber, dass er ein guter Vater war. Der Abschied fiel mir dadurch tatsächlich merklich leichter, denn ich reiste nicht allein, würde nicht auf einen Schlag alles hinter mir lassen, was nicht in zwei Koffer passte. Purer Luxus war außerdem, dass ich den Koffer meines Vaters hatte, den ich zusätzlich vollpacken konnte.

Charlotte, North Carolina, empfing uns mit strahlendem Sonnenschein. Der Mietwagen, ein roter Mustang, wartete schon auf uns. Leider kein Cabrio, das hätte der ohnehin berauschenden Ankunft bei sommerlichen Temperaturen die Krone aufgesetzt. Sofort fühlte sich alles seltsam vertraut an. Mein

Schüleraustauschjahr in Nebraska lag gefühlt erst kurze Zeit zurück, auch wenn es schon etliche Jahre waren und sich in der Zwischenzeit mein Leben arg verändert hatte. Für das erste Semester hatte ich ein WG-Zimmer direkt auf dem Campus gemietet. In Deutschland hatte das damals immer etwas Exotisches. Nur wenige Schritte vom Bett zum Hörsaal, wo gibt es denn so etwas? Höchstens an Privatunis. Die Amerikaner sahen das anders. Wer sich ein Auto leisten konnte, lebte außerhalb. Die kleinen WG-Zimmer waren überteuert und die unbekannten Mitbewohner ein großes Risiko. Man konnte Glück haben oder eben auch nicht. Freaks können in den USA manchmal schon extrem abgedreht sein, da reicht ein Blick in nachmittägliche Fernsehsendungen.

Ich war neugierig auch auf das Zusammenleben mit meinen neuen Kommilitonen. In den ersten zwei Monaten konnte ich ohne Risiko heimkehren, in Deutschland waren noch reguläre Semesterferien. Das war mein „Fallschirm", auch wenn ich wusste, dass ich diese Option nicht wählen würde. War mein Anspruch nicht immer noch der, Wege – so beschwerlich sie auch sein mochten – zu Ende zu gehen?

Kleiner hätte mein möbliertes Zimmer nicht sein können. Ein Kleiderschrank, ein Bett und ein Schreibtisch. Mit meinem Rollstuhl war der übrige Platz auch schon ausgefüllt. Auf dem Boden durfte nichts liegen, sonst hätte ich mich schwerlich um die eigene Achse drehen können. Die abwaschbare Vinyltapete gab dem Zimmer sein gewisses Etwas. Trotzdem fühlte ich mich nicht unwohl, es war hell (vielleicht auch wegen der Wandbeschichtung, die das Licht reflektieren konnte) und ich guckte auf eine kleine Grünanlage.

Die Damen im Studentenbüro waren ganz verzückt, als wir beide, mein Vater und ich, im Doppelpack ankamen. Nur manchmal bringen Erstsemester ihren Vater mit, Austauschschüler wahrlich nie. Penelope Peynes war meine Ansprechpartnerin in allen Studienbelangen, ihr konnte ich mailen, wenn ich eine Frage hatte, oder einfach unangemeldet vorbeikommen. Als Erstes musste ich mich telefonisch für die Kurse anmelden. Wenn sie voll belegt gewesen wären, dann hätte man mich auf eine Warteliste gesetzt. Studenten in den USA können in den ersten zwei Wochen kostenlos den Kurs wechseln, und testen daher, ob ihnen der Dozent und das Fach zusagen. „Ja, nur ungefähr dreißig Studenten pro Lehrkraft, eine optimale Klassengröße also", erklärte mir Mrs Peynes. Mein Vater und ich guckten uns begeistert an. Natürlich war die Erkenntnis nicht neu, denn genau deswegen war ich hier: wegen des persönlichen Kontakts zum Professor und zu meinen Kommilitonen.

Einen ersten Dämpfer erhielt ich bereits am ersten Tag. MBA-Kurse durfte ich nicht belegen, meine bisherige Ausbildung wurde nicht anerkannt. „Besuch doch erst einmal die Vorbereitungskurse, und abhängig davon, wie du dich dort machst, sehen wir in einem halben Jahr weiter." Also keine vollständige Absage, das gab mir Hoffnung. Nun lud ich meinen Stundenplan voll. Ich war sehr neugierig, auch andere Fakultäten kennenzulernen und belegte neben vier Vorbereitungskursen zwei Kurse im „Theatre and Drama Department". Durch einen Fehler im System durfte ich mich sogar zum einjährigen Kurs in Theaterregie anmelden, der normalerweise für Kunststudenten in höheren Semestern reserviert war. Innerlich jubelte ich, einen solchen Kurs wollte ich schon immer belegen, was in Deutschland so ohne Weiteres nicht möglich war.

Schnell war ich eingerichtet. Eine konzentrierte Halbtagesaktion, eingerechnet das Einkaufen von Bettwäsche, Nachttischlampe und Schreibutensilien. Solange mein Vater hier war, konnte das Studentenzimmer getrost warten, das Hotelzimmer war dagegen riesig. Es war auch besser, wenn wir zusammenblieben, richtig sicher fühlte sich mein Vater beim Autofahren nicht. Handgas und Handbremse waren umständlich montiert und behinderten ihn. Regelmäßig blieb er mit seinem Fuß an einem der Pedale hängen. Ich war gerade damit beschäftigt, im Radio einen Sender zu suchen, als es rumste. Zu spät hatte er auf das Bremspedal getreten. Stoßstange und Kühlerhaube waren arg zerbeult, der angefahrene Pickup hatte nicht mal einen Kratzer. Unglaublich, aber das monströse Ding hatte die Ausmaße (und wahrscheinlich auch das Gewicht) eines Panzers.

Der Typ von der Autovermietungsgesellschaft nahm die Angelegenheit locker. „Es wäre besser gewesen, wenn du gefahren wärst“, bemerkte er lediglich zu mir und füllte die Versicherungsformulare aus. Mein Vater und ich kriegten uns in die Haare. Nun musste der Wagen umständlich umgetauscht werden, das Handgas von einem Auto in das andere montiert werden. Anscheinend hatten sie nur das eine Gerät. Mich nervte die ganze Aktion extrem. In der Zwischenzeit versäumte ich einige wichtige Einführungsveranstaltungen, denn ich kam hier nicht weg. Ein wenig sah ich meine Felle davonschwimmen. Die Gruppe deutscher Austauschschüler hatte sich bereits in der ersten Woche gefunden, zum Teil wohnten sie in WGs zusammen. Sie verhielten sich im Hinblick auf meinen Rollstuhl völlig anders als die Amerikaner: Sie nahmen ihn wahr und fragten mich verblüfft, wie ich denn hier zurechtkäme. Die Frage kam etwas zeitverzögert, als mein Vater nicht mehr mit von der Partie war.

Ich war ein bisschen traurig, als ich ihn am nächsten Nachmittag zum Flughafen fuhr. Auch wenn er mir in praktischen Dingen weniger zur Seite stand, als wir es beide wohl auf dem Plan hatten, war die emotionale Unterstützung durch ihn enorm. Sicher hat mir das Bewusstsein, dass mein Vater voll hinter mir stand, auch in den kommenden schwierigen Monaten die nötige Kraft gegeben durchzuhalten. Jetzt stand aber erst einmal mein Eintauchen in das Leben hier im Vordergrund. Beim ersten Schnellrestaurant meiner Wahl freute ich mich riesig über einen Burger, den ich, im Auto sitzend, bei untergehender Sonne genüsslich aß. So fühlte sich in diesem Moment Freiheit an: tun und lassen zu können, was ich wollte, und mit meinem Auto in diesem riesigen Land überallhin gelangen zu können. Ich glaubte noch an den amerikanischen Traum von den unbegrenzten Möglichkeiten. Nun war ich endlich wirklich angekommen und übernachtete zum ersten Mal auf dem Campus. Ich lernte meine drei Zimmernachbarn kennen. Höflich, aber desinteressiert machten sie ein wenig Smalltalk mit mir, verschwanden aber schnell wieder in ihren Zimmern. Der Einzige, der ein wenig mehr Zeit hatte, Steve, war chronisch krank. Er hustete viel, wie bei einer schweren Bronchitis. „Cystic fibriosis" lautete seine Diagnose, was bedeutete, dass er nur noch wenige Jahre zu leben hatte, obwohl er erst 18 Jahre alt war.

Da meine Mitbewohner kein Interesse an einem Gemeinschaftsleben hatten, wurde getrennt eingekauft, ferngesehen und gegessen. Nie schafften wir es, einen Putzplan aufzustellen, und so wurde das Apartment immer ungemütlicher. Sogar die Seife war schmutzig. Ich hatte einen Mietvertrag für vier Monate unterschrieben und das Geld bereits überwiesen. Ein Rücktrittsrecht gab es nicht. Mir war sofort klar, dass ich keinen Tag länger hierbleiben würde. Der Mythos eines schönen Lebens auf dem Campus erwies sich als trügerisch. Von hier aus würde ich mir den Raum also Stück für Stück erschließen, das Ziel war klar: raus vom Campus, rein in die Stadt. Die anderen Deutschen verhielten sich ähnlich, und wir schienen die einzigen zu sein, die den achthundert Meter entfernten Supermarkt zu Fuß aufsuchten. Kein Amerikaner bewegte sich ohne Notwendigkeit auch nur einen Schritt vorwärts, ohne einen Motor zu Hilfe zu nehmen. Nirgendwo sonst sah ich Fußgänger. Wir amerikanisierten schneller als gedacht: Sobald wir billige Autos hatten, *gingen* wir auch nicht mehr einkaufen.

Die Kurse forderten mich. Täglich Hausaufgaben, regelmäßige Tests und mindestens zweiwöchentliche Zwischenprüfungen. Wie in einem straff organisierten Betrieb jagte ein Termin den nächsten. Immer dabei: mein englisches Wörterbuch. Die unbekannten Vokabeln schrieb ich mir auf, um sie auswendig zu lernen. Zwanzig Stück waren es am Tag. Als ich damit nach einem halben Jahr aufhörte, hatte sich mein Wortschatz beträchtlich erweitert und ich träumte nachts in dieser Sprache. Verblüfft stellte ich eines Tages fest, dass sogar mein Vater im Traum mit mir Englisch gesprochen hatte. Konsequent verfolgte ich ein weiteres Ziel. Natürlich wusste ich, dass es ein fast hoffnungsloses Unterfangen war, aber meinen deutschen Akzent wollte ich ablegen. Fast so wie bei der „Rollstuhlfrage" war es mir lästig, immer gleich im zweiten Satz erklären zu müssen, wo ich herkomme. Bei Arnold Schwarzenegger mag das sexy klingen, und man munkelt, dass er als Gouverneur von Kalifornien den Akzent ein wenig gepflegt hat. Ich wollte so klingen wie alle anderen auch, meine deutsche Herkunft wollte ich allerdings damit nicht verbergen. Konnte ich auch gar nicht, bei der Brille. Regelmäßig wiederholte ich also bei Radiosendungen die gesprochenen Worte. Meine Theaterkurse halfen mir überdies. Ich lernte dort, die Kaumuskulatur zu massieren, was die Aussprache zwar undeutlicher, aber amerikanischer werden ließ. Noch ein wenig Singsang, und fertig war der Südstaaten-Dialekt. „Yes, ma'am", gehörte bald zu meinem aktiven Wortschatz, Lokalkolorit eben.

Eines Tages wurde ich krank. Auf meiner Kopfhaut hatte sich an einigen Stellen eine Kruste gebildet. Permanent musste ich mich kratzen, büschelweise fielen meine langen Haare aus. Es gab auf dem Campus etwas, das sich studentisches Gesundheitszentrum nannte und ich als ausländischer Student, ohne die Behandlungskosten entrichten zu müssen, besuchen konnte. Natürlich kannte ich mich mit dem amerikanischen Gesundheitssystem nicht aus, Kranksein stand nicht auf meiner Liste. Das letzte Jahr vor meiner Abreise war ich kerngesund gewesen und dementsprechend hatte ich den Leistungskatalog der Krankenkasse hier nicht weiter beachtet.

Ich lernte den Assistenzarzt Glen Riccio kennen, der mir ein Antibiotikum verschrieb. Aber warum nur für so wenige Tage? „Aktuelle Studien haben gezeigt, dass Antibiotika meist überdosiert und zu lange genommen werden. Das hier sollte reichen.“ Er gab mir noch eine Karte mit seiner Privatnummer, falls ich mal ein Bier trinken wollte. Auch er wohnte nicht weit von der Universität entfernt.

Das Medikament schlug an, aber meine Laune war am Tiefpunkt. Jetzt war ich etwas über zwei Monate in diesem Land und sah keinen Fortschritt. Mir war bewusst, dass Antibiotika in der Regel nicht stimmungsaufhellend wirken. In stetiger Regelmäßigkeit dachte ich daran, nach Deutschland zurückzukehren. Ich vermisste Jenny und meine Familie, richtigen Anschluss hatte ich hier noch nicht gefunden. Aber hatte ich alles versucht? Eine Abreise käme einem Aufgeben gleich, für mich eine abschreckende Vorstellung. Beim Rudern habe ich bis zur Ziellinie gekämpft und mir erst danach Gedanken über Sieg oder Niederlage gemacht. Es gab noch so viele Abenteuer, die ich in diesem Land bestehen wollte. Hatte ich mir nicht vorgenommen, noch mehr vom Land sehen zu wollen? Vielleicht fing ich einfach mal an, mich zu verändern. Ich fasste einen Entschluss, der die Sache erst einmal nicht besser machte. Ich saß in meinem Zimmer, lernte gerade etwas über amerikanische Gerichtsbarkeit und kratzte mich am Kopf. Die Kopfhaut brannte immer noch höllisch. Ohne weiter zu überlegen, ging ich zu meinem Zimmernachbarn. Mit einem leicht süffisanten Lächeln lieh er mir seinen Langhaar-Rasierer, mit dem er sich jeden Morgen sein Haar trimmte. In der Küche lagen gefaltete Einkaufstüten herum. Meine eigene Furchtlosigkeit machte mich bange. Ich saß auf meinem Bett, vor mir die leere Papiertüte, in der rechten Hand den Rasierer. Fast so, als würde ich vor der Toilette knien, um mich zu übergeben. Viele Jahre hatte ich nun diese Haarpracht und war stolz auf sie. Zum Friseur ging ich nur zum Spitzenschneiden, mit jeder Frau sprach ich fachkundig über Haarkuren. Das alles wollte ich wegwerfen? In diese Papiertüte? Die ersten Büschel fielen, ich fühlte mich wie ein Schaf. Es hätte bestimmt auch nicht mehr Wolle abgeliefert, die Tüte war randvoll. Von schulterlang auf einige Millimeter Haarlänge in wenigen Augenblicken. Hektisch eilte ich vor den Spiegel und traute meinen Augen nicht. Meinen *Sex-Appeal* würde meine neue Erscheinung wahrlich nicht steigern. Die rote, gereizte Kopfhaut zeigte sich schonungslos. Ich beschloss, eine Mütze zu tragen, fürs Erste zumindest. Unbeobachtet genoss ich jeden Luftzug, jede Kühlung. Ohne Kontrollblick in den Spiegel war alles bestens. „Er hat alles abgeschnitten!", rief meine Theaterregie-Professorin Nefertiti Burton entsetzt, als ich die Mütze im Unterricht absetzte. Wenn ich ehrlich bin, war ich genauso fassungslos wie sie.

Jetzt hatte ich mich zumindest selbst überlistet. So konnte ich auf keinen Fall nach Deutschland zurückkehren und verbot mir weitere Gedanken in diese Richtung. Und wenn ich schon dabei war, mich zu verändern, dann konnte es auch weitergehen.

Ich befand mich auf einem Trip, dem Beginn einer Reise. Meine drahtige Brille im Friedrich-Nietzsche-Stil, mit der ich in Deutschland gut und gerne als intellektuell durchging, wirkte hier altbacken. Die meisten trugen Kontaktlinsen.

„Ich habe noch nie eine Kontaktlinse beim Einsetzen kaputt gemacht", erklärte mir eine Kommilitonin spöttisch, als ich zur Abwechslung wieder mal mit Brille und leicht geröteten Augen zum Unterricht erschien. Nun hatte ich auch nicht die ganze Wahrheit erzählt. Nicht beim Einsetzen hatte ich die Kontaktlinse kaputt gemacht, sondern das blöde Ding vor Wut den Abfluss runtergespült. Mein Augenlid schloss sich reflexartig, bevor ich mit den Fingern auch nur in Augennähe kam. Doch ich gab nicht auf. Mit reiner Sturheit feilte ich immer weiter an meiner Technik, bis es irgendwann endlich klappte.

Ich war der letzte Student, den die Dekanin der Universität für das MBA-Studienprogramm noch zuließ. Anfangs war sie sehr skeptisch, denn meine Qualifikationen entsprachen nicht hundertprozentig den Zulassungsbedingungen. Keinen Tag zu früh war ich aufgenommen worden, am nächsten Tag fand bereits die Einführungsveranstaltung statt.

„Nun beginnt wieder der Ernst des Lebens." Das war einer der Leitsätze meines Vaters am ersten Schultag nach den großen Ferien. Er passte auch jetzt. War das erste Semester noch vergleichsweise locker gewesen, verdoppelte sich jetzt mein Arbeitspensum sprichwörtlich über Nacht. Mehr Hausaufgaben, dickere Lehrbücher, komplexere Sachverhalte. Die Professoren gingen davon aus, dass jeder, der es bis hierhin geschafft hatte, noch mehr leisten konnte. Der Anspruch an einen Graduate-Studenten war deutlich höher, das wurde von Anfang an klargestellt.

Mir gefiel der kreative Ausgleich. Der erste Teil meines Theaterregiekurses hatte mir viel Freude bereitet, unmöglich konnte ich auf den zweiten Teil verzichten. Ein wenig Sorge hatte ich dennoch. Bereits im letzten Semester hatte mir dieser Kurs alles abverlangt und das Pensum würde sich nicht reduzieren, im Gegenteil. Als Abschlussarbeit stand die Aufführung eines Einakters auf dem Plan. Sollte ich also ernsthaft vorhaben, alle Bälle in der Luft halten zu wollen, dann war Vollgas die einzige Möglichkeit. Die Vorgaben im MBA-Programm waren strikt: Wenn meine Leistungen unter achtzig Prozent rutschen, würde ich zwangsexmatrikuliert werden.

Millionen amerikanischer Studenten ging es nicht anders. Wie schafften sie nur dieses Arbeitspensum? Dann entdeckte ich im Drogeriemarkt Koffeintabletten, die von vielen Studenten beherzt eingeworfen wurden – zusätzlich zu den zahlreichen koffeinhaltigen Erfrischungsgetränken. Mich regte diese hohe Menge an Koffein eher auf als an und ich versuchte es einfach mit besserem Zeitmanagement. In der Tat schien Schlaf an der Universität ein rares Gut zu sein, ständig gab es irgendetwas zu erledigen.

„Dein Englisch ist eine Granate." Lange schaute ich Professor Robert Reimer, den Leiter der Deutschfakultät, irritiert an. Ich versuchte herauszufinden, ob er Spaß machte. Sein Humor hatte englische und deutsche Facetten, sodass ich nicht immer sicher war, woran ich bei ihm war. Jetzt war er aber gar nicht zu Späßen aufgelegt, er bat mich allen Ernstes, einen Anfänger-Deutschkurs zu übernehmen. Als *Adjunct Professor*, als angeschlossenes Fakultätsmitglied also, würde ich den Sommerkurs leiten und auch für die Benotung dieses Pflichtkurses allein verantwortlich sein. Das Angebot kam wie gerufen, mein anderes Jobangebot war nämlich gerade wegen einer dummen Visa-Geschichte ins Wasser gefallen. Dennoch zögerte ich noch. War ich wirklich geeignet? Ich hatte keinerlei didaktische Erfahrung und konnte schwer einschätzen, ob ich überhaupt sämtliche Grammatikregeln aus dem Effeff beherrschte. Möglicherweise war das ein wenig deutsch gedacht, denn wenn der Chef der Fakultät mir das zutraute, sollte ich vielleicht auch weniger zweifeln. Die Worte meiner Großmutter kamen mir in den Sinn. Noch mit achtzig Jahren ließ sie es sich nicht nehmen, vor ihrer Haustür Schnee zu schaufeln. Nachbarn schauten daraufhin bei ihr vorbei, sprachen bewundernde Worte und merkten im gleichen Atemzug an, dass sie derartige Aktivitäten altersbedingt bei bestem Willen nicht mehr zustande brächten. In ihrem ungebremsten Temperament, jedoch stets diplomatisch, antwortete meine Großmutter dann freudestrahlend: „Ich mache es nicht, weil ich es kann. Ich kann es, weil ich es mache." Sie ließ die fragende Person dann meist verblüfft stehen und schippte munter weiter.

Ich sagte zu.

Es war die reinste Katastrophe. Mein erster Tag fing mies an und es wurde noch schlimmer. Eine Lappalie hatte mich stolpern lassen. Atemlos polterte ich zur Tür rein, hinterließ noch eine kleine Bremsspur auf dem Linoleum und glaubte, durch einen didaktischen Sprint die verlorene Zeit aufholen zu können. Wie früher beim Rudern. Im Detail hatte ich diese Stunde vorbereitet, wollte gleich am Anfang zeigen, dass Deutsch Spaß macht. Geduldig hatten zwanzig Studenten fünfundzwanzig Minuten lang auf mich gewartet. Über meine Verspätung vergaß ich den Anfang meines Konzepts und hangelte mich notdürftig weiter, in der Hoffnung, bald von der Pausenglocke erlöst zu werden. Sämtlicher Humor war mir abhanden gekommen, dazu fehlten mir jetzt zwei Dinge: Ruhe und die Nerven. Gelassen zu bleiben war genau das Gegenteil zu meiner eingeimpften deutschen Manier, Fehler sofort einzugestehen, mich also schuldig zu fühlen. Die einzig verfügbare Möglichkeit in dieser Denkweise besteht dann nur noch darin, um eine harte, aber gerechte Bestrafung zu bitten. Natürlich übertreibe ich leicht, zumindest, was die Bestrafung angeht.

Als ich am Abend die Weckzeit einstellte, verwechselte ich AM, mit PM, also vormittags mit nachmittags. Wie von der Tarantel gestochen wachte ich natürlich viel zu spät auf und hatte keine Möglichkeit, es auch nur annähernd pünktlich zu schaffen. Es gab keine Autobahn, dann hätte ich wenigstens etwas Zeit auf der Straße aufholen können. Mit dieser Anekdote wäre ich bei meinen Studenten voll gelandet und hätte die Verspätung schnell vergessen gemacht, verbindet doch der Durchschnittsamerikaner Deutschland vor allem mit zwei Dingen: dem Oktoberfest und der Autobahn.

AM und PM verwechselte ich seitdem nicht mehr und kam ab diesem Zeitpunkt, getreu meiner Herkunft, immer überpünktlich. Schließlich musste ich auch deutsche Werte vorleben. Die bestanden eben nicht (nur) aus Biertrinken …

Ich bin überzeugt, dass ich insgesamt mehr von meinen Studenten lernte als sie von mir. Ich konnte ihnen zunächst nur die deutsche Sprache als Lerninhalt anbieten. Durch die Kursteilnehmer bekam ich ein tieferes Verständnis für die amerikanische Kultur und Mentalität. Es war neu für mich, für andere die letzte Autoritätsinstanz zu sein. Regelmäßig suchte ich Rat bei meinen neuen Kollegen. In Amerika gibt es ein erfolgreiches Buch mit dem Titel: „Alles, was ich wirklich im Leben wissen muss, lernte ich im Kindergarten." Ein Stück weit traf das auch für mich und mein erweitertes Verständnis von Amerika zu: „Alles, was ich über Amerika wissen muss, lernte ich im Deutschunterricht."

Meine Studenten bewerteten mich so gut, dass mein Vertrag um ein Semester verlängert wurde. Immer mehr Schwung kam in mein neues Leben, wieder tat sich eine Wendung auf. Glen, der Assistenzarzt, fragte mich eines Tages, ob ich mit ihm in seinem Haus leben wollte. Meine jetzige Wohnung gefiel mir zwar, aber sie war ein wenig dunkel. So entschied ich mich wieder für den Aufbruch. Bei diesem wie auch beim letzten Umzug half mir Gary, ein echter Freund eben. Ohne viel Aufhebens war er sofort da, ich musste nur einen Mucks von mir geben. Dank wollte er nie hören und antwortete stets: „No problem!" Diese Art der bedingungslosen Freundschaft findet man nur selten, denke ich.

Das Haus stand an einem Hang, schon die steile Auffahrt bedeutete für mich einen enormen Kraftakt, und das, obwohl ich regelmäßig das universitätseigene Fitness-Studio besuchte. Die Stufen vor der Haustür waren unüberwindbar und durch den Garten konnte ich auch nicht. Mithilfe einer Rampe könnte es gehen. Nur: Wer sollte sie bauen? Der Höhenunterschied war beträchtlich, der Platz vor der Haustür würde niemals ausreichen. Als einzige Alternative stand die Garage zur Verfügung. Die Idee war noch keine Minute alt, da schwang Gary schon den Hammer. Er liebte Holzarbeiten und arbeitete eine ganze Woche lang. Als er sein fertiges Werk präsentierte, fiel ich ihm sprachlos um den Hals. Wie ein Kunstwerk fügte sich die Rampe perfekt zwischen Auto und Garagenwand ein. Fast so, als hätte sie von Anfang an hier gestanden. Gary hatte beim Werkeln sogar an eine waagerechte Fläche in der Mitte der Rampe gedacht, auf der ich Schwung für das letzte Stück holen konnte. Hier war definitiv ein Profi am Werk gewesen. Die Konstruktion war eine unschätzbare Hilfe für mich, vor allem, wenn ich schwere Lebensmittel ins Haus transportieren wollte. Allein die handelsübliche Packung Milch bestand aus einer Gallone, also fast vier Litern.

Die Entscheidung, meine Zeit in den USA auf unbestimmt zu verlängern, veränderte meine gesamte Lebenssituation. Weitere Optionen taten sich auf, und ich fragte mich, was wohl passiert wäre, hätte ich nicht durchgehalten. Von Mrs Peynes aus dem Studiensekretariat erfuhr ich, dass ich nach dem Abschluss des Studienprogramms ein 18-monatiges Arbeitsvisum besäße. Fast wie bei einer temporären Greencard war das Studentenvisum inklusive. Bislang war ich zufrieden mit den Resultaten meines Aufenthaltes und der damit einhergegangenen Veränderung. Der Aufbruch ins Ungewisse, den ich vor einem Jahr gewagt hatte, trug erste Früchte.

Da ich während meiner Zeit in den USA nicht nach Deutschland reiste, kamen allmählich Freunde und Verwandte zu Besuch. Jedes Mal war das eine willkommene Möglichkeit für einen Ausflug zu Sehenswürdigkeiten. Ich liebte es, mich in mein Auto zu setzen und wenige Stunden später an einem unbekannten Ort zu sein. Autofahren war hier so stressfrei wie Zugfahren in Deutschland. Staus gab es nicht und der Sprit war spottbillig.

Für mich persönlich war der lockere Umgang mit meiner Situation im Rollstuhl eine Wohltat und durch die fehlenden kleinen Hindernisse im Alltag konnte ich mich mit aller Kraft um mein Studium kümmern. Und mein Job als Deutschdozent erfüllte mich. Manchmal schien es mir, als ob ich das Gelernte aus dem Regiekurs gut in die Praxis umsetzen konnte, wenn ich unterrichtete.

Nach zwei Jahren endlich der Abschluss. Bei meiner Abschiedsfeier erklärte uns der Dekan der Universität in seiner Rede, dass wir in unserem Leben wahrscheinlich noch in mindestens fünf verschiedenen Tätigkeitsfeldern arbeiten würden, es drei davon bislang noch gar nicht gäbe, also erst noch erfunden werden müssten. Typische Worte im Zeitalter des Internetbooms. Zugegeben, vor zehn Jahren gab es noch keinen Jakobsweg-Coach, wie ich es einmal werden sollte. Zwar hatte der Pilgerboom schon an Momentum gewonnen, nicht annähernd jedoch in der Form, dass in diesem Zusammenhang Motivations- und Vorbereitungsseminare veranstaltet wurden. Vielleicht lag der Dekan gar nicht so daneben.

Eilen hilft nicht, entscheidend ist es, rechtzeitig aufzubrechen

Es gibt Studien, die belegen, dass Menschen, die öffentliche Verkehrsmittel benutzen, durchweg schlanker sind. Man denke nur an den Sprint, den man gelegentlich einlegen muss, um die Bahn noch zu erreichen. Manche dieser Sprints brauche ich gar nicht erst zu versuchen – mit meiner Form der Fortbewegung ist die Summe der Unplanbarkeiten eindeutig höher, als wenn man auf zwei Beinen unterwegs ist.

Ich war spät dran. Genau genommen zu spät. Ich wusste, dass ich es diesmal, wenn überhaupt, nur auf die letzte Minute schaffen würde. Wie am Schnürchen müsste es jetzt laufen, aber wann ist das schon der Fall, wenn es darauf ankommt? Ein Rennen vor der Ziellinie verloren zu geben verbot sich von selbst, also gab ich Gas. Vollgas. In der Kurve merkte ich, wie die Räder leicht seitlich wegrutschten, für mich das Signal, dass die Geschwindigkeit richtig ist. Die S-Bahn-Haltestelle erreichte ich gut, nur noch wenige Meter trennten mich von meiner Bahn, wenn man die Luftlinie nahm *(vertikal)*. Bereits von Weitem leuchtete dieses hässliche rote runde Licht mit dem Strich in der Mitte. Mist. Die Rolltreppe war also außer Betrieb. Also Plan B in Angriff nehmen und auf die andere Straßenseite wechseln. Die Chance, meine Bahn noch rechtzeitig zu erreichen, war inzwischen fast null. Die Treppen konnte ich nicht hinunterhasten, geschweige denn die der Rolltreppe, also war ich auf Gedeih und Verderben der normalen Laufgeschwindigkeit ausgeliefert. Auch Rolltreppe Nummer zwei war außer Betrieb. Netterweise boten zwei Passanten ihre Hilfe an; für die S-Bahn reichte das nicht mehr, der Zug fuhr ohne mich los. Gegen solche Unwägbarkeiten hilft konsequenterweise nur ein früheres Aufbrechen.

Es kann aber auch klappen. Knapper hätte es auf einer meiner Dienstreisen nicht sein können, und nur der Geistesgegenwart meines Kollegen verdankte ich es, dass sich die Tür schloss, und zwar *hinter* mir. Die Zugbegleiterin war einfach zu perplex, als sie mich um die Ecke schießen sah, und vergaß im entscheidenden Moment zu pfeifen. „Nehmen Sie mich noch mit?", rief ich ihr atemlos zu. Blankes Entsetzen machte sich in ihrem Gesicht breit, und bevor sie irgendetwas erwidern konnte, streckten sich zwei Arme aus der ersten Tür und zerrten mich flugs die zwei Stufen hoch.

Bei Flügen gönne ich mir den Luxus: viel Zeitpuffer. Das Einchecken mit dem Rollstuhl ist einfach zu komplex. Bis heute habe ich nicht verstanden, wer vom Flughafenpersonal mit wem sprechen muss, damit alles reibungslos klappt. Schon bei einem „normalen" Flug genieße ich ein Übermaß an Dienstleistungen, und das beginnt bereits mit dem Einchecken am Business-Class-Schalter, obwohl ich nur „Economy" gebucht habe. (Die Konsequenz ist, dass mein Gepäck am Anschlussflughafen zuerst auf dem Gepäckband liegt.) Nur wenige Augenblicke später möchte mich schon eine freundliche Person zum Gate begleiten. Ach, was sage ich – schieben. Das lasse ich natürlich nicht zu und es entwickelt sich ein fröhlicher Dialog. An der Sicherheitskontrolle nehme ich wie selbstverständlich den Crew-Eingang, überhaupt geht alles sehr schnell, nur durch den Sprengstofftest gibt es eine kleine Verzögerung. Wer kann schon wissen, was ich alles in die Rahmenrohre gesteckt habe? So glatt läuft es jedoch nur, wenn ich rechtzeitig da bin. Spontan geht da nix, dafür sind einfach zu viele Personen mit meinem Abflug beschäftigt. Ein bisschen VIP-Gefühl ist immer dabei, vorausgesetzt, ich lasse es zu, diese Perspektive auf die Dinge einzunehmen. Noch schöner ist es, wenn das Flugzeug eine Außenposition hat. Dann werde ich mit einem riesigen Bus dorthin gebracht und von zwei starken Männern die Stufen hochgehievt. Meistens bin ich auch der Erste im

Flugzeug. Oder wenn es irgendwo in dieser filigranen Prozesskette geklemmt hat, der Letzte. Haben wir dann noch wegen mir Verspätung, wechsle ich gern die Gesichtsfarbe. Den Vogel hat einmal ein Kapitän abgeschossen, als er folgende Durchsage machte: „Meine Damen und Herren, hier spricht Ihr Kapitän. Wir haben derzeit eine Verspätung von zwanzig Minuten. Das hatte einige Gründe. Jetzt muss nur noch der Rollstuhl verladen werden und wir können loslegen." Ich starrte etwas verlegen aus dem Fenster und hoffte, dass mich keiner beim Einsteigen bemerkt hatte. Die Rettungssanitäter wünschten mir jedoch zum Abschied lautstark einen guten Flug. Niemand lächelte. Faszination Rollstuhl.

Auffallen ist geil, um jeden Preis! Wie viele Jugendliche wollte ich am liebsten Rockstar werden und durch schrilles Aussehen auf mich aufmerksam machen. Doch Vorsicht, wie heißt das Sprichwort? „Pass auf deine Wünsche auf, sie könnten wahr werden." Heute errege ich Aufsehen, aber anders als ich mir je gedacht hätte: Die neue Gangart fällt aus dem Rahmen des „Normalen" und zieht Blicke auf sich. Selbstverständlich schaue ich auch anderen Männern und Frauen im Rollstuhl hinterher. Ich darf das. Auch Rollstuhlwitze sind in Ordnung, wenn sie aus meinem Mund kommen. Einen muss ich hier erzählen, ich habe ihn sogar selbst erlebt:

Die Attraktion: Meine Gäste nehmen sich einen Rollstuhl (es stehen immer einige Gefährte im Keller oder vor der Wohnungstür herum, zum Ausprobieren benutzen sie jedoch nur die abgebrühtesten Gäste) und gemeinsam kurven wir durch meine Wohnung. Drei Rollstühle sind das Maximum, sonst wird es zu eng und wir rempeln zu oft aneinander und gegen die Türrahmen. Die Gummispuren auf dem Boden sind hinterher schwer wegzubekommen, also verlassen wir die Wohnung. Es geht die Straße runter Richtung Kneipe. Guido, Diana und ich liefern uns ein kleines Rennen auf dem abschüssigen Gehweg. Für halsbrecherische Überholmanöver schere ich gnadenlos aus, zwischen den parkenden Autos hindurch auf die Fahrbahn. Den Rollstuhl-Bonus nutze ich schamlos aus. Niemand hupt, wahrscheinlich halte ich mit meinem Tempo den Verkehr auch gar nicht auf. Mit „Rollstuhl-Rambo“ hat das wenig zu tun. Statistisch gesehen ist die Wahrscheinlichkeit, zwei schwere Verkehrsunfälle zu erleben, fast null. Aber eben nur fast.

Vor der Kneipe eine Stufe. Die Freunde steigen entspannt aus, als würden sie von einem Pferd absteigen, und fragen den Türsteher, wo man denn die Stühle parken könne. Er verzieht keine Miene. „In der Garderobe, dort ist Platz genug.“ Bei der Lässigkeit wundert es mich, dass dort nicht noch mehr Gehhilfen parken, aber das Publikum ist im Schnitt um die zwanzig. Mit derselben Selbstverständlichkeit hilft er mir die Stufe hoch. Ich muss nicht in die Garderobe, sondern sitze direkt am Tisch.

„Warst du eigentlich letzte Nacht sehr betrunken?“, fragt mich meine Freundin am nächsten Morgen. „Wieso?“ „Du hast deinen Rollstuhl in der Kneipe vergessen.“

Wer will Stephen W. Hawking sein Lebensglück absprechen? Die Möglichkeit, ein erfülltes und abwechslungsreiches Leben zu führen, ist nicht an körperliche Unversehrtheit gebunden. Natürlich erfordert ein Leben mit einer Behinderung mehr Achtsamkeit. Ich empfinde einmal eingegangene Bindungen intensiver und halte sie für belastbarer, als sie es möglicherweise vor dem Unfall gewesen wären. Auch die Intensität, mit der ich den Alltag erlebe, nimmt zu, da schon kleine Barrieren (beispielsweise eine defekte Rolltreppe) einen anderen Weg (sprich: Improvisation) erfordern und ich die spontane Hilfe meiner Mitmenschen durchaus zu schätzen weiß.

Der Rollstuhl-Bonus ist in Deutschland nicht zu verkennen: Oftmals hat man freien Eintritt in Museen und zu Veranstaltungen. Die Begleitperson reist stets kostenlos bei der

Bahn mit. Natürlich würde ich auf solche Vergünstigungen gern verzichten, wenn ich dafür den Rollstuhl in die Ecke stellen könnte. Aber es ist, wie es ist. Wenn ich mich meiner Situation nicht stelle, zieht das häufig schwere Probleme nach sich. Verdrängen ist fatal, da die Konsequenzen (meist auf körperlicher Ebene) schnell folgen.

Nach meinem Unfall konnte ich gar nichts. Ich war unfähig, auch nur den Schraubverschluss einer Wasserflasche zu öffnen und musste nach einer Stationsschwester klingeln. Die ersten Jahre habe ich es abgelehnt, mich auch nur die kleinste Anhöhe hinaufzuschieben, da ich glaubte, die Gelenke würden dabei geschädigt werden. Als ich meine Einstellung änderte, waren Anstiege plötzlich leichter (auch bei extremer Hitze auf steinigen Jakobswegen). Das Leben offenbart sich in schillernden Farben, seit ich den anderen Blickwinkel akzeptiert habe. Nicht weglaufen zu können, eröffnet mir eine neue Realität. Das haben Perspektivwechsel meist so an sich.

Ich habe gelernt, dass ich meine Situation nicht mehr mit der anderer Menschen vergleichen kann. Welchen Maßstab sollte ich auch ansetzen? Lege ich die Messlatte zu hoch und bewerte meine Leistungen aus einer Perspektive, in der ich hypothetisch bessere Ausgangsbedingungen gehabt hätte, werde ich mich stets als ungenügend betrachten, weil ich erwartungsgemäß schlechter abschneiden würde. Nehmen wir beispielsweise das Thema Schnelligkeit beim morgendlichen Anziehen. Vergleiche ich meine Fähigkeiten mit denen, die ich zu Schulzeiten hatte – wo die gesamte Aktion, wenn es schnell gehen musste, weniger als eine Minute gedauert hat –, wäre ich heute frustriert. Ich bin sehr schnell, was sicherlich auch damit zusammenhängt, dass ich sehr gelenkig bin. Nur: schnell verglichen mit wem? Ich bin heute schneller als ich es jemals im Rollstuhl war, aber viel langsamer als noch zu Zeiten auf zwei Beinen. Es kann ziemlich zermürbend werden, wenn man ständig seine Leistung in Relation zu irgendetwas anderem setzt. Immer, wenn ich mich mit jemandem vergleiche, der es aufgrund optimalerer Rahmenbedingungen besser kann als ich, mache ich mich unglücklich. Das bedeutet nicht, dass ich nicht auch Vorbilder habe und gern von Menschen lerne, die Dinge besser können als ich. Es geht nichts über optimierte Abläufe, nur müssen sie mir, meinen derzeitigen Fähigkeiten und auch meinen Ausgangsbedingungen gerecht werden. In dieser neuen Realität angekommen stelle ich zunehmend fest, dass alle Vergleiche hinken. Unterschiedliche Startbedingungen haben nicht unbedingt einen Einfluss darauf, ob man das Ziel auch erreicht. So gesehen gewährt mir mein Glaube immer einen Vorsprung in puncto Optimismus. Ich bin zwar nur selten schneller, erreiche aber stets glücklich das Ziel. Manchmal frage ich mich, ob das Glücksbarometer überhaupt etwas mit Geschwindigkeit zu tun hat …

In den ersten Jahren im Rollstuhl quälte es mich bis an die psychische Belastbarkeitsgrenze, dass ich mit meinem Handbike, also einem Fahrrad mit Handkurbelantrieb, langsamer war als wenige Jahre zuvor auf meinem Mountainbike. Sosehr ich mich auch abmühte, ich war stets nur halb so schnell – ganz abgesehen von starken Steigungen, die ab einem bestimmten Neigungsgrad für mich gar nicht mehr zu bewältigen sind. Dieses ewige Vergleichen, das Denken in der Kategorie „vorher – nachher“, machte mich nicht schneller, sondern nur unzufrieden und nahm mir Lebensfreude. Ich musste auch erkennen, dass es nicht um das Fahrrad an sich ging, sondern um das ganze Drumherum, das ein Leben im Rollstuhl so mit sich bringt. Die Geschwindigkeit beim Fahrradfahren war etwas, woran ich mich herrlich festbeißen konnte. Sie stand für eine grundsätzliche Unzufriedenheit mit meiner neuen Lebenssituation. Erst, als ich aufhörte, mich gegen die Umstände aufzulehnen, und mich selbst und meine aktuelle Lage annahm, wuchs auch meine Freude an gemeinsamen Radtouren mit Freunden. Plötzlich stand nicht mehr der unterschwellige Drang, mich vergleichen zu müssen, im Vordergrund, sondern die Freude an der Betätigung an der frischen Luft. Heute hilft mir der technische Fortschritt. Ich bin bestimmt nicht besser trainiert als damals, aber aufgrund besserer Kraftübertragung und einem flachen Sitzwinkel so aerodynamisch unterwegs, dass ich problemlos mit Radfahrern mithalten kann. Das bedeutet nicht, dass ich Bestzeiten auf der Tour de France fahren könnte. Aber – noch einmal – warum sollte ich mich mit anderen vergleichen?

„Ich kann das nicht", lautet die Einstellung einiger Menschen, die mit einer Behinderung leben müssen, es ist ihr Mittel, sich gegen das schwere Los zu wehren. Sie sind dadurch möglicherweise bitter geworden oder voller Groll. Wenn ich aber mein Schicksal annehme, kann ich auch Mitgefühl, Weisheit und Liebe entwickeln. Ja, die Zeit des Verdrängens, der Wut und Trauer sind wichtig, aber danach sollte die „Phase 2" kommen. Entscheide ich mich für einen aktiven Umgang mit meiner Situation – nehme ich sie an –, werden Widerstände gebrochen, finden sich Mitmenschen, die mir weiterhelfen, genieße ich innerlichen Frieden.

In dieser Hinsicht fühle ich mich – wieder einmal – reich beschenkt. Es ist oft en vogue, über das eigene Land zu schimpfen, Missstände anzuprangern, ob sie nun zutreffend sind oder nicht. Deutschland sei kein barrierefreies Land, heißt es zum Beispiel. Das mag in vielerlei Hinsicht stimmen, spielt jedoch meiner Meinung nach einen Aspekt fatal herunter: Wir leben in einem der fortschrittlichsten Länder dieser Erde, einem der reichsten Staaten, in dem es selbstverständlich ist, dass das Thema „Barrierefreiheit" einen hohen Stellenwert genießt. Diesen Umstand allein betrachte ich als positiv. Und auch die Hilfsbereitschaft wird in Deutschland sehr groß geschrieben. Zugegeben, teilweise ist es für mich anstrengend, mit der damit verbundenen Unsicherheit umzugehen, die ewig gleichen Fragen geduldig zu beantworten. Aber die gute Absicht ist es, die zählt. Allein bedingt durch den demografischen Wandel werden in Zukunft immer mehr Menschen Übung im Umgang mit Personen haben, die mit einer anderen Mobilität leben. Bis 2020 soll unser Land laut Agenda der Bundesregierung barrierefrei sein, insofern spielt die Zeit für mich.

Heute (ein weiterer Aspekt, über den ich sehr dankbar bin) sitze ich in einem maßgeschneiderten Rollstuhl – deutsche Handarbeit, was zwei augenscheinliche Konsequenzen hat: Zum einen ist das Ding über Tausende von Kilometern, über Stock und Stein und durch Flussläufe nicht kaputtzukriegen. Zum anderen ist es kaum bezahlbar. Das Resultat ist nicht nur absolute Passgenauigkeit, sondern auch ein Minimum an Gewicht bei maximaler Stabilität. Ich bin mir sicher, mit einem anderswo hergestellten Rollstuhl wäre das Ding bereits bei Trainingsstrecken auf gut ausgebauten Wanderwegen in Deutschland unter mir zusammengebrochen. Was mich wieder zu dem Thema Dankbarkeit bringt. Meinen Rollstuhlhersteller im Ruhrgebiet sehe ich im Durchschnitt einmal im Jahr, und das bei einer Laufleistung von mindestens fünftausend Kilometern (wenn keine längere Wanderung dazukommt). Wenn ich mal wieder vor Ort bin, flachse ich immer ein bisschen herum und sage, dass ich keine Werbung für die Firma ohne Sponsoring mache. Vom Chef ernte ich dann höchstens ein müdes Lächeln, denn er weiß, dass ihm in puncto Technik nur wenige Wettbewerber das Wasser reichen können. „Viele Weltrekorde werden mit meinem Material gefahren“, antwortet er dann lakonisch, wenn er überhaupt darauf eingeht.

Ich bin dankbar, dass es Menschen gibt, die es mir ermöglichen, dass ich meinem Credo getreu überall hinkomme: Der Rollstuhl stoppt mich nicht, im Gegenteil, er bringt mich überallhin. Ich bin mir sicher: Sobald ich meine überschüssige Kraft kanalisiere und mich auf ein Ziel konzentriere, k ich mit meinem Willen und Glauben im biblischen Sinne ge versetzen. Alles scheint möglich, allein deshalb, weil ich fest daran glaube und das Ziel kontinuierlich im Blick behalte. Oft unterschätzen wir, wie viel wir in sieben Jahren erreichen können, überschätzen im Gegenzug jedoch, was in einem Jahr möglich ist. Im Leben ist es wie beim Marathon: Zwischensprints sind grundsätzlich möglich, die Gesamtstrecke wird dadurch aber nicht kürzer. Im Gegenteil: Wenn ich nach dem kurzen Sprint langsamer werde, verschlechtert sich meine Gesamtzeit. Vor sieben Jahren bin ich das erste Mal auf dem Jakobsweg gepilgert. In der Zwischenzeit sind daraus viele Wanderungen geworden. Heute kann ich mir vorstellen, die gesammelten Kilometer der letzten Jahre am Stück zu pilgern (nach Jerusalem beispielsweise) und bin überzeugt, dass die Erlebnisse das bisher Erfahrene in den Schatten stellen werden. Nicht, weil ich es erwarten würde, sondern weil ich mich verändert habe, weil die Wege mich verändert haben. Wenn man viele Monate lang unterwegs ist, bleibt kein Steinchen auf dem anderen, keine dunkle Ecke der Seele unausgeleuchtet. Für mich gilt nicht nur beim Pilgern ein anderes Tempo. Und das ist gut so. Mit der scheinbaren Langsamkeit bekommt mein Leben eine neue Qualität. Ich werde viele bewegende Geschichten von Menschen hören, die sie vielleicht noch nie jemandem erzählt haben. Und ich, was traue ich mich zu erzählen? Welche tiefen Einblicke möchte ich in das Leben mit Rollstuhl geben? Manche Dinge erzähle ich lieber einer anonymen Leserschaft als meiner Familie. Das hat mehrere Gründe. Der trivialste ist schlichtweg, dass ich im Alltag oft vergesse, darüber zu sprechen. Ich vergesse den Rollstuhl, denn nur von außen sieht es möglicherweise behindert aus. Ich sehe mich selbst nicht, wenn ich auf der Straße oder sonst irgendwo unterwegs bin. Ein anderer Grund mag sein, dass ich annehme, dass es für viele spannendere Themen gibt. Manchmal ist es jedoch nur Faulheit. Spreche ich darüber, muss ich mir selbstverständlich Rückfragen gefallen lassen. Das ist natürlich erlaubt, aber es zwingt mich auch gedanklich in den Rollstuhl, womit wir wieder beim ersten Punkt wären. Vielleicht ist mein Nicht-Reden auch nur ein gewiefter Trick, mit dem ich einer tiefer gehenden psychologischen Bewältigung meiner Situation aus dem Weg gehen will?

Noch nie habe ich erzählt, dass ich beispielsweise manchmal auf der Couch sitze und meine Beine bewege. Spannend? Finde ich auch. Einschränkend muss ich aber zugeben: nicht physisch, sondern nur im Kopf. Alle Verschaltungen sind dort noch aktiv. So versuche ich mitunter minutenlang, mit dem Fuß zu wippen oder mein Bein anzuwinkeln. Wie gebannt fixiere ich dann meine Gliedmaßen, lasse aber irgendwann wieder davon ab. Denn außer, dass ich ein starkes Kribbeln in den Füßen spüre, bewegt sich gar nichts. Keinen Millimeter. Dennoch mache ich diese Übung gelegentlich – mit ganzer Willenskraft – und komme ordentlich an meine Grenzen. Das ärgert mich nicht, im Gegenteil, ich finde es spannend. Vielleicht bewegt sich ja eines Tages mein Fuß plötzlich, und dann? Sicher würde ich vor Aufregung einen Herzkasper bekommen. Eine Frage, die ich gern augenzwinkernd stelle, obwohl sie trotzdem oft ernst rüberkommt, ist: Habe ich eine Auskunftspflicht? Regelmäßig verblüfft es mich, wie einige Menschen eine gar zu offensichtliche Methode nutzen, ihr Gegenüber kennenzulernen. Über Krankheiten, soweit es sich nur um körperliche und nicht um seelische Symptome handelt, plaudert man mit dem Nachbarn oder Kollegen auch schon mal beim gemeinsamen Mittagessen. Aufrichtiger Anteilnahme kann man sich sicher sein. Nun hat nicht jeder gleich Rüdiger Dahlkes Nachschlagewerk „Krankheit als Symbol“ zur Hand, um das hinter einer Krankheit liegende psychische Muster analysieren zu können. Bereits der Hinweis auf die Diagnose lässt nämlich erstaunliche Einblicke in die Seelenwelt des Erkrankten zu. Muss ich mich jetzt als Voyeur fühlen, der private Informationen erschnüffelt? Ich habe in all den Jahren noch keine Person außerhalb des medizinischen Dunstkreises getroffen, die Interesse daran hatte, Zusammenhänge einer Erkrankung zu verstehen. Nun bin ich kerngesund und sehe meinen Hausarzt seltener als meinen Rollstuhlmechaniker. Wer jedoch leicht charakteristische Dinge über mich oder andere Personen (beispielsweise den derzeitigen Finanzminister), die im Rollstuhl sitzen, lernen will, muss nur ein Handbuch über Querschnittslähmung studieren. Zugegeben, ein Fachbuch ist kein Roman, die Einblicke sind dennoch – nicht nur aus medizinischer Sicht – spannend. Ich hatte mal eine Bekannte, die an den Auswirkungen einer schweren Psychose litt. Je mehr ich über diese Krankheit lernte, desto besser konnte ich mit ihrer Art umgehen. Und umgekehrt fühlte sie sich besser verstanden. Oft haben wir nicht die Zeit, uns Fachbücher auszuleihen oder stundenlang im Internet zu recherchieren, daher schreibe ich die wichtigsten Fragen, die mir oft gestellt werden, und die dazugehörigen Antworten *aus meiner Perspektive* auf. Mein Wille, dieses Leben im Rollstuhl mit Humor zu nehmen, ist ungebremst, daher versuche ich, die vermeintliche Schwere eines Alltags mit Behinderung immer wieder durch die eine oder andere Anekdote zu entschärfen.

Nicht behindern lassen durch ein Handicap

Wie funktioniert das mit der Toilette?

„Machst du es wie die meisten Männer und zielst vor der Toilette einfach drauflos – in dem Glauben, deiner ist vierzig Zentimeter lang?"

Nein, ich lege keinen Gartenschlauch in die Toilette! Die Harnblase kann durch verschiedene Techniken entleert werden. Der Vorgang ist also reine Technik, die jeder im Anfangsstadium lernen muss, um ein selbstständiges Leben führen zu können.

Viel wichtiger ist die Frage: Komme ich überhaupt ins Bad? Zwei Aspekte sind hier relevant: Stufen und Türrahmen. Jeder Rollstuhl hat eine andere Breite, und in kleinen Art-déco-WCs mit schmalem Durchgang kommt es schon mal zum Stau. Mein Stuhl ist 59 Zentimeter breit und passt damit problemlos durch die meisten Türen, ohne dass der Hausherr hinterher den Maler bestellen muss. Durch den schmalen Gang im Großraumabteil eines ICE komme ich jedoch nicht: Die Breite zwischen den Sitzen misst gerade einmal 55 Zentimeter.

Befinde ich mich erst einmal vor der Toilette, läuft alles wie geritzt. Es dauert nicht lange, ein oder zwei verstohlene Blicke, dann höre ich die Frage, die ich schon tausende Male gehört habe: „Kann ich dir irgendwie helfen?" Wirklichen Bedarf sehe ich keinen, wobei denn auch? Also antworte ich wahrheitsgemäß (lieber einen Freund verlieren als einen Spruch verschenken): „Der Arzt hat verboten, dass ich schwere Dinge hebe!" Jedes Mal amüsiere ich mich dabei köstlich, geteilt wird meine Freude allerdings nicht, im Gegenteil, sie wird als brüske Zurückweisung verstanden. Dabei handelt es sich nur um ein Filmzitat aus „Last Boyscout". Bruce Willis hat es in einer ähnlichen Situation gesagt.

Kannst du mich besuchen, ist meine Wohnung „rollstuhltauglich"?

Ich hasse das Wort „behindertengerecht". Sieht zeitgemäßer Sprachgebrauch nicht anders aus? Politische Korrektheit mal beiseite: Die Welt ist nicht barrierefrei! Wenn es keine Stufen und entsprechend breite Türen gäbe, bräuchte sich niemand mehr den Kopf zu zerbrechen. Nun gibt es aber etwa ebenso viele Stufen auf dieser Welt wie hilfsbereite Menschen, und deshalb empfiehlt sich der altmodische „Aufzug". Konkret bedeutet das: Der Rollstuhl wird leicht nach hinten gekippt und rückwärts Stufe für Stufe hinaufgewuchtet – knapp zwei Zentner, also Körpergewicht (im Schnitt 77 Kilo) plus Rollstuhl (10 Kilo). Eine Person zieht hinten an den Griffen, und die andere schiebt von vorn. Die Person, die vorn schiebt, ist für das Sicherheitsgefühl meist wichtiger als die Person, die hinten die Hauptarbeit leistet. Denn lässt die Person hinten aus unerfindlichen Gründen los (weil sie beispielsweise das Gleichgewicht verliert), falle ich wenigstens weich auf die Person vor mir. Das ist zwar noch nie geschehen, aber für die *gefühlte* Sicherheit unentbehrlich.

Kennen Sie noch „Schubkarrefahren" aus Ihrer Schulzeit? Sie packen die Unterschenkel der vor Ihnen auf dem Boden liegenden Person. Sie stützt sich hoch, und nun geht es Schritt für Schritt auf den Händen voran, immer die Treppe hinauf. Zugegeben, etwas bizarr und vielleicht nicht beim ersten Kennenlernen zu empfehlen. Und nicht jeder Rollstuhlfahrer schätzt dieses Training der Oberarm- und Brustmuskulatur!

Ist die Treppe für den Rollstuhl zu schmal, ist „huckepack" eine weitere Alternative. Als sportliche Abrundung zur „Schubkarre" wird bei dieser Technik auch die Oberschenkelmuskulatur trainiert.

Die Liste technischer Hilfsmittel, die man im Fachhandel bekommt, ist zwar lang, aber bei einem Spontanbesuch sind Treppenlift und Rampen nur höchst selten vorrätig.

Wenn man betrunken Rollstuhl fährt, ist der Führerschein dann weg?

Ein Party-Klassiker: „Möchtest du noch etwas trinken, ich kann es dir *holen*?" Die angebotene Hilfe abzulehnen, wird in der Regel als unhöflich verstanden, schließlich will der Fragende doch nur *nett* sein. Eine falsche Antwort, und man befindet sich in den Fallstricken der Anti-Diskriminierungs-Debatte. Wie formuliert man schonend, aber bestimmt, dass man sich selbst bedient und der Weg in die Küche nicht zu anstrengend ist? Die Antwort: Einfach gleich bei der Wahrheit bleiben: „Nein, ich darf nichts mehr trinken, ich muss noch fahren."

Dazu fällt mir eine amüsante Anekdote mit der deutschen Polizei ein. Am zweiten Weihnachtsfeiertag fand abends bei Jan eine Feier statt. Die Mehrzahl der Gäste arbeitete zwischen den Feiertagen und musste am nächsten Morgen wieder raus. Ein unwichtiges Detail, denn bei Jan wurde immer gefeiert, wie die Isländer feiern, nämlich unter dem Vorzeichen: Wer weiß, ob morgen nicht der Vulkan ausbricht und die Insel endgültig von der Landkarte verschwindet … Die Stimmung war ausgelassen, wie gut, dass die Nachbarn im Urlaub waren. Durch die bis zum Boden reichenden Fenster der Erdgeschosswohnung bestaunten wir in den kurzen Tanzpausen, wie im gedämpften Licht der Straßenlaternen dicke Schneeflocken wirbelten. Sie blieben liegen und tauchten die Stadt in dämpfendes Weiß. Um Mitternacht waren bereits fünfzehn Zentimeter Schnee gefallen, und das Gestöber wollte nicht aufhören. Die Bockenheimer Landstraße glich mittlerweile einem Schneefeld. Die Romantik verzauberte uns, und wir genossen die Vorstellung, eingeschneit zu werden. Die Party war noch lange nicht zu Ende, als ich mich um fünf Uhr morgens auf den Heimweg machte. Zweimal war ich bei meinen Tanzpirouetten schon aus dem Rollstuhl gestürzt, ein paar Stunden Schlaf würden mir sicherlich helfen, dachte ich mir. Der Gehweg war um diese Zeit natürlich noch nicht geräumt. Bis zum Knöchel steckten meine Füße im Schnee. Beim Fahren schob ich einen gewaltigen Schneeberg vor mir her, mein Rollstuhl hatte kurzerhand die Funktion eines Schneeschiebers übernommen, wie wunderbar. Wahrscheinlich würden meine Füße zu Hause wieder blau angelaufen sein, aber Kälte spürte ich nicht. Wie eine Schneeraupe hatte ich in kürzester Zeit genug Material für einen Iglu zusammengeschoben. Aber ich kam nur mühsam voran.

Die Straße war meine Rettung! Ein paar Reifenspuren zeichneten sich ab, Meter für Meter arbeitete ich mich auf der rutschigen Fahrbahn voran. Meine eiskalten Hände spürte ich, im Gegensatz zu meinen Füßen; an den Rädern klebte der Schnee. „If you don't like it, you can lock me up!", sang ich, aber wer würde mich schon einsperren, um diese Zeit, völlig allein auf der Bockenheimer Landstraße?

Den Polizisten bemerkte ich erst, als er direkt vor mir stand. „Sie dürfen hier nicht auf der Straße fahren!" Wo kam der denn jetzt auf einmal her? Um diese Uhrzeit hatte ich keine Streife vermutet! Ich musste meinen Kopf in den Nacken legen, um ihn sehen zu können, hünenhaft stand er vor mir. Ein wenig keck erwiderte ich: „Warum nicht?" Ob er mein Lallen dem Rollstuhl oder der Kälte zuschrieb, die Erklärung war auf jeden Fall freundlich: „Sie könnten übersehen werden." Ich deutete auf den zugeschneiten Gehweg: „Dann müssen Sie mich aber nach Hause schieben." Spätestens jetzt wäre der Alkoholtest fällig gewesen. Aber dann – vielleicht, weil Weihnachten war oder die Kollegin im Hintergrund stand – rückte er seine Dienstwaffe zurecht und schob mich nach Hause. Auf der Straße! Die Kollegin fuhr mit eingeschaltetem Blaulicht hinter uns her.

Darf ich schieben?

Nein! Geschoben zu werden bedeutet für mich, die Kontrolle abzugeben, und das ist schlechterdings unmöglich. In der Rehaklinik habe ich gelernt, dass der Rollstuhl meine Beine *ersetzt* und es nun gilt, so gut wie möglich damit wieder *laufen* zu lernen. Als ehemaliger Leistungssportler lechze ich geradezu nach Bewegung.

Mich zu fragen, ob man mich schieben darf, ist so, als würde eine Person, die sich zu Fuß einen Berg hinaufquält, gefragt: „Entschuldigung, darf ich Sie tragen?"

Jedes Zuviel an Hilfe wirkt lähmend und raubt mir die Entwicklungsmöglichkeit. Ich muss ja die Muskeln trainieren.

Von anderen Menschen im Rollstuhl bekomme ich oft zu hören: „Du kannst das, du bist ja fit." Nach meinem Unfall, frisch im Rollstuhl, war ich alles andere als fit. Im Gegenteil, ich fühlte mich wie ein Wrack. Dennoch hatte ich einen Entschluss gefasst, ein selbstständiges Leben zu führen, und dazu gehört für mich an erster Stelle das eigenständige Antreiben des Rollstuhls.

Kannst du allein verreisen?

Mit Rollstuhl zu verreisen ist ähnlich wie mit Kleinkindern unterwegs zu sein. Man muss halt etwas mehr Gepäck mitnehmen: Ersatzteile für den Rollstuhl, medizinische Ausrüstung, verschiedene Hilfsmittel. Wo früher, also vor dem Unfall, die kleine Sporttasche ausreichte, benötige ich heute eine etwas größere. Anfänglich war es noch ein Koffer, aber ich habe im Laufe der Zeit gelernt, auf Dinge zu verzichten (im Fachjargon heißt das „abtrainieren"). Nach der Devise *travel light* möchte ich am Gepäck sparen, nicht an den Erlebnissen.

Spannender ist eine Reise im Rollstuhl allemal, besonders im Ausland. Da sprechen mich Fremde einfach so an und teilen mir am Times Square ungefragt intimste Dinge mit.

Regelmäßig muss ich andere Eingänge benutzen, Steinchen ans Fenster werfen, damit einer rauskommt, da sich der Eingang hinter zig Stufen befindet, oder auf spezielle Transportmittel ausweichen. Das beginnt schon am Flughafen: Nicht der Bus bringt mich ans Gate, sondern ein speziell umgerüstetes Fahrzeug. Ich setze mich in einen schmalen Bord-Rollstuhl und werde Stufe für Stufe die Treppe zum schmalen Einstieg hochgezogen. Kurz vor der Landung spreche ich das innige Stoßgebet, dass der Rollstuhl bitte am Gate stehen möge, und diesmal bitte ohne Defekte.

Es gibt wenige Länder, die so gut auf die Bedürfnisse von Rollstuhlfahrern eingestellt sind wie Deutschland, insofern fängt das Abenteuer erst bei der Landung auf ausländischem Boden richtig an.

Wanderer zwischen den Welten

„Du hast ein Engagement auf einem Kreuzfahrtschiff." Der Anruf meiner Agentin schwappt wie eine Woge über mich. Wie passend, schmunzle ich noch. Ungläubig frage ich sie: „Was soll ich dort denn machen?"

„Ach, nur zwei Vorträge und drei Workshops zum Thema Kommunikation und Motivation." Wenn der Jakobsweg eine Marke wäre, würden Marketing-Experten den hohen Bekanntheitsgrad des Labels nutzen. Der Weg steht ja als Symbol für Freiheit, Selbstfindung, Spiritualität und unendliche Weite. Im Kontrast dazu der Rollstuhl, der in den Köpfen der meisten Menschen mit ganz anderen Assoziationen belegt ist. Diesen Spagat finden Leute, die vorhaben, den Weg selbst zu begehen, aber sich noch von irgendwelchen Bedenken abhalten lassen, sofort spannend. Ich spüre dann immer, dass eine unausgesprochene Frage in der Luft hängt: „Geht das überhaupt?" Ein wenig Voyeurismus mag auch am Interesse an meinen Vorträgen liegen, man spricht ja bei uns immer noch nicht offen über Rollstuhlthemen, aus Angst, dem Betroffenen zu nahezutreten. Aber mein Bericht über den Jakobsweg konterkariert dieses Tabu schnell, das merkt das Publikum sofort, die Berührungsängste verpuffen. Dafür wird den Menschen schnell klar, wenn sie mich hören: Jeder geht den Weg mit mehr oder minder schwerem Gepäck, seinen ganz persönlichen Weg.

Ich habe zwar keine große Ahnung von langen Seereisen, aber ich bin mir nicht sicher, ob diese Menschen an Bord die Dinge, die ich zu erzählen habe, hören wollen. Normalerweise kann ich meine Zuhörerschaft gut einschätzen. Aber in diesem Falle muss ich passen, und genau das lässt mich schlucken. Wie soll ich bitte schön in ein auf Sommer, Sonne und gute Laune geeichtes Veranstaltungsprogramm hineinpassen?

„Sicher wird mein Seminar ‚Steuern Sie Ihren persönlichen Erfolg – wie ich Krisen meistere' ein Renner", merke ich leicht ironisch an, während ich schon meine Teilnehmer mit einem Cocktail in der Hand vor mir sehe.

Meine Mutter brachte mir, als ich noch klein war, bei: „Sag erst mal ja, nein sagen kannst du immer noch." Heute bin ich mir nicht mehr so sicher, ob das der Ratschlag war, den sie mir geben wollte. Nein sagen gehört nicht zu meinen größten Stärken, weil sie den guten deutschen Tugenden widerspricht. Zu diesen gehört aus meiner Sicht, dass ich tue, was ich sage, und man auf mein Wort zählen kann. Letztendlich bleibt es meist beim Ja. Schließlich möchte ich mich im Gegenzug auf ein gegebenes Wort auch verlassen können.

„Na, dann mache ich mich also an die Arbeit und konzipiere seefeste Veranstaltungen", entgegne ich halbherzig.

Natürlich war ich gespannt auf die Reise, konnte mir jedoch anfangs kein richtiges Bild machen. Das änderte sich aber schnell. Ab einem gewissen Zeitpunkt hatte ich mich selbst davon überzeugt, dass die Vorträge und Workshops einfach nur gut laufen müssen. Was sollte denn auch schiefgehen? An Routine mangelte es mir nach dem Vortragsmarathon des letzten Jahres nicht und Parallelen zwischen dem Jakobsweg und der Weite des Meeres würde ich schon herstellen können.

Also, es kann losgehen. Freude macht sich breit und ich drehe das gesamte Vorhaben in meinem Kopf Richtung Urlaub. Den allgegenwärtigen Blick aufs Meer, wunderbares Essen und viele schöne Gespräche schreibe ich auf meinen Wunschzettel. Gut, ich muss ein Namensschild tragen, kann mich also nicht hinter der Anonymität verstecken wie die übrigen Gäste. Will ich ja auch nicht, denn ich möchte an Bord Werbung für mein Angebot machen. Ich bin bereit und freue mich, aus der Stadt herauszukommen, in der der Winter nicht enden will.

Und meine Erwartungen? Auf keinen Fall werden die Bilder in meinem Kopf der Realität entsprechen. Es wird besser oder schlechter, ganz bestimmt aber anders. Spätestens seit dem Jakobsweg müsste ich diese Lektion doch verinnerlicht haben. Vor meinem inneren Auge sehe ich die *Via de la Plata*. Vielleicht gibt es ja Parallelen zwischen der Reise auf dem Jakobsweg und meiner bevorstehenden Kreuzfahrt? Vielleicht ermöglicht mir die Weite des Meeres, einen weiteren Weg zu mir selbst zu finden?

Ich war keine halbe Stunde an Bord, da war der Rest des Tages bereits verplant. Der Flug über Mallorca war so angenehm gewesen, in Gedanken würde ich gern weitersegeln, zumindest erst einmal ankommen. Aber zum Schwelgen bleibt leider keine Zeit. Bis zum planmäßigen Auslaufen des Schiffes um 22 Uhr stehen bereits einige Termine auf meinem Zettel: mit dem Leiter des Clubteams, dem Entertainment-Manager, der Technik-Crew und dem Sicherheitsoffizier. Zeit und Ablauf der Vorträge sollen besprochen werden. Das könnte sich als schwierig erweisen, dem Programm nach ist die Bühne fast nonstop belegt. Aber auf dem Schiff gibt es keine größeren Probleme, ich lerne, dass sich die meisten Dinge *ad hoc* regeln lassen. Die Terminauswahl fällt mir denkbar leicht, zu groß ist der zeitliche Spielraum ja nicht. Am zweiten Seetag um 11 Uhr morgens, also in drei Tagen, werde ich auf der Bühne stehen. In meiner Wahrnehmung ist es bis dahin noch eine gefühlte Ewigkeit. Ich sehe die leeren Ränge schon bildlich vor mir, mein Auftritt findet schließlich kurz vor dem Mittagessen statt. Es liegt an mir, zu verhindern, dass ich allein dastehe. Jeden zweiten Tag werde ich abends für eine Stunde einen Infotisch besetzen und Fragen beantworten. Zwei kurze Auftritte im Schiffsfernsehsender sind außerdem geplant, bereits morgen um 11 Uhr soll ich auf dem Pooldeck den Gästen vorgestellt werden. Puh, mag ich immer noch von Urlaub sprechen? Eine leise Ahnung kriecht in mir hoch, dass ich hier weniger Ruhe haben werde als gedacht. „Den Ausdruck deiner Terminliste lege ich dir aufs Zimmer“, erklärt Tobi unbeirrt. Als Clubteamleiter ist er mein erster Ansprechpartner für alle Belange während meines Aufenthalts.

Als Nächstes habe ich zusammen mit dem neu aufgestiegenen Teil der Crew an Bord ein Sicherheitstraining zu absolvieren. Als Edutainer (eine Mischung aus den englischen Wörtern *education* und *entertainment*) habe ich uneingeschränkten Zugang zu allen Mannschaftsbereichen an Bord. Tobi ruft mir noch zu, dass ich meine Schwimmweste mitnehmen solle. Wir sind zu dritt, mehr neue Besatzungsmitglieder sind diesmal nicht aufgestiegen. Ich bin der Einzige mit Schwimmweste und fühle mich, um es mit den Worten von Hape Kerkeling zu sagen, wie ein Vollhorst. Zum Glück habe ich sie nicht gleich angezogen.

Endlich komme ich zum Luftholen. Die ersten Stunden sind hektischer verlaufen als geplant, Hunger ist gar kein Ausdruck für das Gefühl, das ich im Moment spüre. Ich muss mich zwar nicht umziehen, die Weste will ich dennoch beim Abendessen nicht dabeihaben. Es könnte missverstanden werden …

An einem der runden Tische sitzt eine ältere Dame, allein. Es ist der einzige Tisch, an dem noch Plätze frei sind. Einem Impuls vertrauend setze ich mich zu ihr. Schon nach wenigen Sätzen bietet sie mir das Du an. „Macht man so auf einem Schiff“, fügt sie verschmitzt hinzu. Dies sei ihre vierzehnte Kreuzfahrt, erklärt sie mir, da müsse sie das wissen. Bärbel macht einen frischen und unkomplizierten Eindruck und ich fühle mich wohl in ihrer Gesellschaft. Der Stress der Hinreise fällt sichtbar von Moment zu Moment in großen Brocken von uns ab. Es ist ihr sichtlich unangenehm, alleinreisend zu sein. Noch bevor ich den Vorspeisenteller geleert habe, packt sie bereits ihre Lebensgeschichte aus. Vor wenigen Jahren ist ihr

Mann gestorben. Als Witwe fühlt sie sich in dieser Gesellschaft weniger wertgeschätzt. Bei allem angemessenen Ernst genieße ich ihre Berliner Schnauze sehr. Sie entspannt sich zusehends und beginnt, kernige Witze zu erzählen. „Wir Frauen lieben die einfachen Dinge im Leben." Sie schaut mich herausfordernd an. „Männer!" Möglicherweise liegt es an unserem Altersunterschied, dass ich diesen Witz nicht kenne, und ich überschlage mich fast vor Lachen. Nachdem sie noch ein paar Witze nachgelegt hat, verabschieden wir uns schließlich gut gelaunt, das Auslaufen des Schiffes wollen wir auf keinen Fall verpassen. Wie heißt das Sprichwort noch mal? „Einmal im Leben sollte man aus einem wirklich großen Hafen ausgelaufen sein."

Zentimeterweise lösen wir uns vom Pier. Alles geschieht in Zeitlupentempo. Die Wellen kräuseln sich leicht, im Hintergrund emotionale Musik. Ich könnte heulen. Abschied. Wovon eigentlich? Einem Ort, den ich in nur wenigen Stunden flüchtig beguckt habe? Es geht hinaus auf das weite Meer, einem unbekannten Abenteuer entgegen. Furcht darf nicht aufkommen, der Glaube an die Technik, an die Unsinkbarkeit dieses Schiffes, ist unumstößlich. Was ist es dann? Langsam fährt der schwimmende Koloss aus der schützenden Hafenmauer. Im schönsten Licht angestrahlt leuchtet vor uns die Kathedrale von Palma de Mallorca. Unaufhaltsam geht es hinaus. Ich will nicht. Wie ein kleiner Junge, der lieber bleiben will. Ich heule. Andere Passagiere strömen an die Reling. Viele sind ebenso gerührt wie ich. Andere schenken dem Ganzen nur flüchtige Beachtung und machen lieber Fotos. Für später. Nun bin ich für die nächsten zehn Tage Teil einer anderen Welt, einer von fast dreitausend Menschen in diesem Mikrokosmos.

Wir haben den Hafen verlassen, vor uns liegt Weite. Unendlich erscheinende Weite, bis zum Horizont nur Wasser. Die

Musik packt mich und schon wieder laufen mir die Tränen. Was werden die anderen von mir denken?

Sehnsucht. Mein Herz wird so unfassbar groß und dennoch fühle ich mich so klein und verloren. Die Wellen schlagen bereits sichtbar höher und den 47.000-PS-Dieselmotor kann man jetzt deutlich hören. Die Musik ist verstummt. Die Mitreisenden sind fast vollständig verschwunden. Sie wollen auf dem Pooldeck tanzen. Ich stehe hinten auf dem Schiff – achtern, wie es in der Seemannssprache heißt – und kann mich gar nicht satt sehen. Plötzlich spüre ich einen tiefen Frieden. Der schmerzhafte Aufbruch ist vollzogen, und ich fühle mich geborgen, weiß, dass eben alles für mich gut ist.

Die Stimmung auf dem Pooldeck ist auf dem Höhepunkt angelangt. Die Party hat begonnen, die Schlagerpalette wird rauf- und runtergespielt. Ein frischer Wind weht, aber das scheint niemanden zu stören. „Ein Stern, der deinen Namen trägt", tönt es aus den Lautsprechern, dann schließt sich die Aufzugstür. Ich befinde mich auf dem Weg zu meiner Kabine auf Deck 4. Als ich das Licht lösche, summt in meinem Kopf noch immer dieser Ohrwurm. Ein Stern …

Stockdunkle Nacht. Kein Lichtstrahl dringt in meine Innenkabine. Wenn ich unter diesen Bedingungen die restliche Zeit tief und fest schlafen werde, freue ich mich geradezu über die fehlende Sicht.

Zeit zum Frühstücken bleibt mir nicht mehr, um zwanzig Minuten nach zehn ist eine Seenotrettungsübung anberaumt, an der jeder teilzunehmen hat. Pflichtprogramm, ohne Ausnahme. Mit Schwimmweste auf dem Schoß komme ich als Letzter zu meinem designierten Sammelpunkt auf Deck fünf. Die übrigen Passagiere tragen ihre Westen bereits und gucken mich an, als wäre ich ein Fremdling. Nun bin ich ja Blicke gewohnt, aber schnell merke ich, dass irgendetwas nicht stimmt. Ist es wirklich notwendig, die Weste schon umzulegen? Zu allem

Überfluss helfen mir andere Passagiere beim Anziehen. Die Peinlichkeit hätte ich nur noch durch die Maßnahme „Mann über Bord" verhindern können. Ich ziehe es vor, so zu tun, als ob ich nicht da wäre, und stelle mich für die Durchzählübung ganz nach hinten an die Wand. Dort höre ich erst, als meine Kabinennummer das dritte Mal durchgesagt wird, dass tatsächlich ich gemeint bin und hebe die Hand.

Das Entertainment-Team umfasst siebzig Mitarbeiter. Ich bin nicht der einzige Neue hier, mit jedem Auslaufen des Schiffes mischt sich die Gruppe neu. Wir sind eine bunt gemischte Mannschaft, Inder, Philippinos, Ukrainer, Holländer, die Mehrzahl des Teams kommt aus Deutschland.

Gesprochen wird auf englisch, nur gelegentlich hört man bei den Ukrainern ein „Dawai, dawai". Die Stimmung ist ausgelassen, und nach jedem kurzen „Hallo, ich bin der und der und mache das und das" gibt es tosenden Applaus. Willkommen im Team. Eine freundlichere Aufnahme hätte ich mir nicht wünschen können.

Im Anschluss lädt mich der Entertainment-Manager auf einen Kaffee ein. Ein unkomplizierter Typ, der das Witzerepertoire von Bärbel locker in den Schatten stellt. Er ist einer der ranghöheren Offiziere an Bord. Wir trinken Espresso mit Zitronensaft. „Das ist mein Aspirin", erklärt er. „Wächst auf Bäumen, enthält Koffein mit Vitamin C." Eine ungewöhnliche Mischung, die mir unerwartet gut schmeckt. Der Startschuss für ein kurzes Gespräch über Ernährung ist gefallen. Er orientiert sich dabei besonders an der Philosophie von Montignac: keinen weißen Zucker und kein Weißmehl. Er klopft mich auf eine sehr sympathische Art und Weise ab. Sicherlich habe er in seiner Abteilung mit den größten Egos zu tun, erklärt er schmunzelnd. Ich greife den Hinweis auf, sage ihm, dass mir bewusst sei, dass ich eine Erweiterung des Angebots darstelle, ohne die das aufwändige Programm jedoch nicht ernsthaft geschmälert würde. Der Ansatz gefällt ihm. „Ich hatte ohnehin nicht erwartet, dass du eine echte Einführung brauchst. Aber bitte bedenke immer: *Guests first.* Also Gäste haben zu jedem Zeitpunkt Vortritt, vergiss das bitte nie." Wir stehen auf und gehen. Die Bar füllt sich und unser Platz wird nun gebraucht.

Auf meinem persönlichen Plan steht nun Bewegung, die in dem langen Winter in Deutschland spürbar zu kurz gekommen ist. Im Fitnessstudio empfängt mich Saunaklima. Viele Gäste treibt das schlechte Gewissen hierhin, das viele gute Essen soll sich ja nicht gleich auf die Hüften legen. Die Empfangsmädels schauen etwas gequält, als ich das gerappelt volle Studio betrete, sagen aber nichts. Mein Namensschild ist für jeden sichtbar und ich habe als Mitglied der Crew um diese Uhrzeit hier nichts zu suchen. Ich nehme ja niemandem den Platz weg, denke ich etwas verunsichert, beschließe aber, das nächste Mal außerhalb der Stoßzeiten zu kommen. Schnell lerne ich zwei Männer kennen, die mir sehr unkompliziert ihre Hilfe anbieten. Im Fitnessstudio erlebe ich so etwas oft und denke mir auch nichts weiter dabei. Die Weise, in der ich mich auf die Geräte wuchte, gibt sicher ein ungewohntes Bild ab, und das sind die meisten Leute nicht gewohnt. Heute nehme ich ein Angebot der besonderen Art an, denn ich will Klimmzüge machen: Ich lege meine Arme um die Schultern der beiden Männer und lasse mich an die Stange in 2,50 Meter Höhe heben. Ich schaffe mehr Wiederholungen als gedacht, zu Ruderzeiten waren es einmal zwanzig gewesen. Fantastisch, einfach mal auszuhängen, den Zug auf der Wirbelsäule zu spüren. Als mir nach ein paar Übungen an anderen Geräten Wolfgang und Andreas ihre Hilfe noch mal anbieten, sage ich nicht nein.

Ich glaube, es war die viele Arbeit während der letzten Wochen. Kaum einen Tag war ich vor halb acht zu Hause, und jetzt, weit weg vom Alltag, spüre ich das sprichwörtliche „Leinen los". Wo, wenn nicht hier, kann ich mich in Feierlaune begeben? Abends beim Tischwein greife ich kräftig zu. Direkt im Anschluss an das üppige Abendessen findet die Theatershow statt. Ich bin mit Tobi dort verabredet, der mich zu einem weiteren Drink einlädt. Es geht mir prächtig, die Show ist kurzweilig und amüsant. Der Abend ist noch jung. Ganz oben auf dem Schiff befindet sich die Diskothek, fast wie von selbst steuere ich dorthin. Bei meinen Tanzpirouetten komme ich manchmal mit meinen Reifen bedrohlich nahe an die Füße anderer Gäste, aber alles bleibt im grünen Bereich. Nach diesem Tag falle ich nur noch müde, aber glücklich ins Bett.

Am nächsten Tag gebe ich ein Interview im Bord-TV, mache meine Vorträge und Workshops bekannt. Als besonderes Bonbon verlose ich ein Exemplar meines ersten Buches. Jess, die Moderatorin, die mit mir am Infotisch steht, ist sehr locker und wir plaudern in entspannter Atmosphäre. In der nächsten Stunde werde ich dann persönlich zu meinem Angebot Rede und Antwort stehen. Bärbel ist die Einzige, die sich zu mir verirrt. Um diese Uhrzeit ist hier sonst kaum jemand, die meisten sind schon beim Abendessen. Bärbel kommt gerade von dort. Workshops will sie keine besuchen, die sind ihr zu teuer. „Ich kriege die Info doch auch so“, erklärt sie mir mit ihrem typischen verschmitzten Lächeln. Wir verstehen uns.

Die Durchsage des Kapitäns ist lang, sehr lang. Erst nach fünf Minuten rückt er mit der Sprache raus und erzählt, worum es wirklich geht: eine Routenänderung. Über Madeira tobt ein Sturm der Stärke 12 Beaford (also der höchsten Stufe), weshalb wir am Rand des Tiefs entlangfahren und stattdessen Lanzarote ansteuern werden. „Um schnellstmöglich von hier wegzukommen (er sagt es wirklich so), werden alle vier Dieselmotoren ‚volle Kraft voraus‘ fahren. In der Nacht wird es zu erhöhten Schiffsbewegungen kommen.“ Wie nett er die Passagiere vorwarnt, dass wir ordentlich durchgeschaukelt werden, denke ich. Sollten sehr viele Passagiere seekrank werden, dann werde ich meinen Vortrag morgen Mittag wohl vor leeren Rängen halten müssen. Wenn ich das mit der maximalen Schiffsgeschwindigkeit richtig verstanden habe und das Schiff mit über dreißig Sachen über den Atlantik heizt, werden wir über fünftausend Liter Diesel die Stunde verbrennen. Mir wird schwindelig bei dem Gedanken.

Nachts werde ich im Bett hin- und hergeworfen. Ich genieße das Geschaukel und fühle mich wie im Mutterleib. Ob meine Mutter früher viel getanzt hat, als sie mit mir schwanger war? Habe ich ein Glück, nicht nur damals, auch heute. Mir bleibt es erspart, die Spucktüte zu benutzen.

Zu Hause hatten wir früher einen Abreißkalender. Jeden Tag stand dort ein neuer Spruch. Einer ist mir besonders gut hängen geblieben. Verstanden habe ich ihn erst, nachdem mein Vater ihn mir erklärte. „Faulheit ist, mit dem Cocktailshaker in der Hand aufs nächste Erdbeben zu warten." Der Aufhänger für meinen Vortrag ist geboren, bin ich doch auf dem Schiff genauso faul: Jedes Mal, wenn sich das Schiff in die Richtung neigt, in die ich möchte, dann lasse ich das Gefährt einfach laufen. Wenn es sich in die andere Richtung neigt, warte ich so lange, bis es wieder „bergab" geht.

Meine Zuhörer nehmen diese kleine Einlage zu Beginn meines Vortrages dankbar an. Die Ränge sind überraschend voll besetzt. Es ist wie immer: Zwei, drei Lacher am Anfang und der Rest des Vortrages läuft wie am Schnürchen. Tiefgang sieht anders aus. Etwas muss ich mir schließlich für meinen zweiten Vortrag in ein paar Tagen aufheben. Ich kenne mein Publikum nicht, habe dafür in den nächsten Tagen in den Workshops und bei den Tischgesprächen ausreichend Gelegenheit, näher Tuchfühlung aufzunehmen. Nichts ist schlimmer, als die Zuhörer falsch abzuholen. Und weglaufen wird an Bord sehr schwierig.

„Steuern Sie Ihren persönlichen Erfolg!" Wen wird der Titel des ersten Workshops ansprechen? Haben die Menschen an Bord überhaupt Interesse an einem Persönlichkeitscoaching? Ich bin gespannt, es liegen erst wenige Anmeldungen vor. Möglicherweise klingt der Ankündigungstext etwas hochtrabend: „Fokus, Aufbruch, Umsetzung. Steuern Sie Ihren persönlichen Erfolg – konsequent!" Klingt nicht unbedingt nach leichter Urlaubskost.

Gemeinsam mit den Teilnehmern möchte ich losgehen. Ich lade sie ein, sich konkrete Ziele zu setzen und mit der Umsetzung sofort anzufangen.

Puh, mir selbst wird beim Lesen etwas schwindelig. Wie es wohl den zweitausend Gästen an Bord gehen wird? Hier bin ich mir nicht sicher, ob ich meinem Anspruch und den Erwartungen der Zuhörer gerecht werde. Das Durchschnittsalter liegt, die Kinder nicht mit eingerechnet, bei 55 Jahren. Mal sehen, wer sich noch spontan zur Teilnahme am Workshop entschließt.

„Bitte schreibt zwei Situationen aus eurem Leben auf, in denen ihr gescheitert seid, also etwas mit ganzer Kraft und ganzem Willen erreichen wolltet, es aber nicht geschafft habt." Die vier Teilnehmer, die es letztendlich geworden sind, blicken mich verdattert an. Ein derartiges Entree hatten sie nach der angenehmen Vorstellungsrunde wohl nicht erwartet und starren auf das weiße Blatt Papier vor ihrer Nase. Zu dem Wunsch, Urlaub zu machen, scheint mein Vorschlag nicht gerade zu passen. Vor mir sitzen drei Selbstständige und ein Angestellter in leitender Position. Jeder bringt gewisse Wünsche an das Ergebnis dieses Seminars mit, dazu gehört aber ganz sicher nicht, vor fremden Menschen einen seelischen Striptease hinzulegen, das weiß ich. Die Zeit ist jedoch eng, vorgesehen sind 90 Minuten, maximal zwei Stunden, daher habe ich keine Wahl, als gleich mit der Tür ins Haus zu poltern. Ich ertrage die leichte

Spannung für eine gefühlte Ewigkeit, erlöse die Teilnehmer schließlich von der fast unlösbaren Aufgabe und bin hoch zufrieden. „Wenn ihr euch einmal weniger gut fühlt, dann erinnert euch bitte an dieses weiße Blatt Papier. Ihr seid eine hundertprozentige Erfolgsgeschichte und habt euch gerade selbst bewiesen, dass ihr stets euer Ziel erreicht!" Ich sprühe vor Elan und muss mich zügeln, sie nicht zu überfahren. „Sehr wahrscheinlich hat jeder von uns schon mal die Erfahrung gemacht, seine Ziele nicht erreicht zu haben. Nur, was war die Ursache? Habe ich vielleicht das Ziel geändert oder es gar fallengelassen? Auf die Entscheidungsfreiheit meiner Mitmenschen habe ich in den wenigsten Fällen Einfluss, die eigene Situation hingegen kann ich in gewissem Maße steuern."

Noch habe ich die Gruppe nicht ganz, ich will sie noch weiter an die Hand nehmen und führen. „Bitte nennt vier Beispiele, in denen ihr eure Ziele erreicht habt." Ein fast unmerkliches Nicken geht durch den Raum, sofort beginnen die Teilnehmer, sich Dinge zu notieren. Beim Aufschreiben lächeln alle vor sich hin. Dieses Gefühl will ich sichtbar machen. Die Zahnärztin spricht es aus. „Ich fühle mich zufrieden, wenn ich das aufschreibe." Nicht immer ist es ein leichtes Unterfangen, am Ziel festzuhalten, darin sind sich alle einig. Jeder aus der Gruppe hat schon auf dem Weg zum Ziel neue und unbekannte Wege einschlagen müssen und freut sich noch heute darüber, es getan zu haben. Das Eis ist gebrochen. Wie Leuchttürme erscheinen mir die einzelnen Lebensgeschichten. Nun geht es darum, Erkenntnisse transportfähig zu machen, in eine Form zu bringen, die es ermöglicht, die positiven Erfahrungen bei Bedarf abzurufen. Ich schließe eine einfache Übung an, bitte jeden, fünf Dinge zu notieren, für die er heute dankbar ist. Diese Übung hat, wenn man sie regelmäßig durchführt, das Potenzial, das eigene Leben nachhaltig zu verändern. Das vormals weiße Blatt ist nun vollständig beschrieben. Fünf Dinge sind schnell gefunden. Manches von dem, was notiert wird, zählt zu den Kleinigkeiten, aber gerade sie besitzen ja die Kraft, einen Menschen fröhlich zu stimmen. Es sind oft die Dinge, über die ich im Alltag so leicht hinweggehe. So ganz kann ich mir den theoretischen Teil doch nicht verkneifen und beende den Workshop mit einem Mini-Referat: Aus psychologischer Perspektive sind Denken und Schreiben etwas sehr Verschiedenes. Gedanken sind häufig unstrukturiert, manchmal sogar chaotisch. Das Schreiben kann helfen, einen roten Faden zu erkennen und auf eine Lösung hinzuarbeiten.

Ein Gefühl der Dankbarkeit stimmt uns allesamt glücklich und lachend verlassen wir den Raum.

Vor mir liegen ein paar freie Tage, der nächste Workshop wird erst wieder in vier Tagen stattfinden. Voller Euphorie (ich kenne hier an Bord eigentlich kein anderes Gefühl) besuche ich das Fitness-Studio – näher und bequemer werde ich die Geräte so bald nicht wieder haben – und beschließe, ein leichtes Training einzulegen. Die Arme schmerzen noch leicht von der letzten Einheit. Egal, das feudale Abendessen verdiene ich mir auf diese Weise. Andreas trainiert auch wieder, ich freue mich, ihn zu sehen. Irgendwie treffe ich immer die richtigen Menschen zur richtigen Zeit. Andreas plant für morgen, den nächsten Landtag auf Lanzarote, in der Hafenstadt Arrecife mit seiner Freundin ein Taxi zu nehmen und auf eigene Faust eine Rundtour zu machen. „Du kannst gern mit uns kommen, wenn du magst.“ Ein ganzer Tag erscheint mir zu lang und ich sage Nein. Jetzt brauche ich Zeit für mich selbst. Nach dem aufregend schönen Trubel auf dem Schiff möchte ich jetzt alleine die Stille und festen Boden unter den Füßen genießen. Ich lerne die Vorzüge eines Lebens an Land zu schätzen. Zu Hause kann ich, wenn ich mal nicht mag, nach Feierabend einfach die Wohnungstür hinter mir zufallen lassen und sehe dann keine Menschenseele. Natürlich ist das auf dem Schiff auch möglich, aber die acht Quadratmeter große Kabine lädt nicht gerade zum langen Verweilen ein. Zugegeben, hier muss ich nicht einkaufen gehen oder Hemden bügeln, allerdings kann ich an Bord auch kein romantisches Abendessen bei Kerzenschein verbringen, dafür ist die Feuergefahr zu groß. Auch Rauchen ist nur an ausgewählten Stellen und in der Crew-Bar erlaubt. Davon machen die meist jungen Leute hier ausgiebig Gebrauch. Als ich am nächsten Morgen aufwache, kratzt mein Hals und ich muss husten, als ob ich unzählige Zigaretten geraucht hätte. Es ist schon später Vormittag und ich möchte noch ein wenig die Insel erkunden.

Arrecife ist so hässlich, wie es eine Hafenstadt nur sein kann. Nichts lädt zum Verweilen ein. Fast zum Greifen nahe und von wunderschöner Erhabenheit zeigen sich die vulkanischen Berge am Horizont. Sie ohne Bus zu erreichen wäre allerdings in der kurzen Zeit des Landganges unmöglich. Auf der anderen Seite der Insel trainieren die Profi-Radfahrer in ihren Trainingscamps, bei 27 Grad das ganze Jahr über wirklich angenehm. Ganz zum Schluss entdecke ich eine kleine Hafenfestung: Ihre Wände sind einen Meter dick. Hier habe ich einen wunderbar weiten Blick auf den Atlantik. Unten befindet sich ein Restaurant, ich bin der Einzige vom Schiff hier. Warum sollte man sich auch hierher verirren, schließlich ist das schwimmende Restaurant in Sichtweite. Aber dort gibt es nicht den unschlagbaren Café con leche.

Zurück auf dem Schiff mache ich mich allein auf den Weg zu einer Crew-Party im Bauch des Schiffes. Ich tue so, als ob es das Selbstverständlichste der Welt wäre und bitte Henrike von der Rezeption, auf der Brücke anzurufen und die Erlaubnis einzuholen, die großen Stahltüren zu öffnen. Das Okay kommt prompt, ich bin überrascht, wie schnell und unkompliziert die Genehmigung erfolgt. Der Weg dahin ist allerdings kein Selbstläufer. Ich verlaufe mich in den gleich aussehenden, weiß getünchten Gängen; die Bezeichnungen auf den Hinweisschildern sagen mir nichts. Nach einigem Herumfragen finde ich die richtige Tür endlich. Sie ist mir unheimlich, ihre Kraft furchteinflößend. Schneller als ich normalerweise durch Türen zu gehen pflege, husche ich zwischen den wuchtigen Stahltürflügeln hindurch. Ich glaube, auch ein Rollstuhl wäre kein wirkliches Hindernis, würde sich die tonnenschwere Tür plötzlich schließen … Ich sehe den zerquetschten Stahl meines Gefährts schon vor mir.

Um Viertel vor eins wird durch ein Glockenläuten die letzte Runde angekündigt. Jeder sollte noch genug Schlaf bekommen. Ein bisschen wird die Maßnahme dadurch konterkariert, dass sich die Bar in den nächsten zehn Minuten bis auf den letzten Platz füllt und sich jeder einen Vorrat zulegt. Das Bier ist hier deutlich billiger als an Deck, anscheinend die Zigaretten auch. Ich unterhalte mich mit dem Dienstältesten an Bord. Bärbel hat mir bereits von Jürgen berichtet, mit dem sie schon vor dreißig Jahren unterwegs gewesen sei, damals auf einem Flussdampfer. Er spielt Klavier und ist für die Musik verantwortlich. Kein Weltmeer, das er nicht gesehen hat, keine Hafenstadt, die er nicht kennt. Seine nachdenkliche Art zieht mich an. Wenn irgendein Mensch behaupten kann, Lebenserfahrung zu haben, dann er. „Wie fühlt sich das an, wenn man immer von den Menschen wegfährt?“, frage ich ihn. Er merkt, dass es wirklich seine Person ist, die mich interessiert. „Auf der einen Seite ist es ein schönes Leben, immer aufregend. Ich treffe viele spannende Menschen. Bei einem längeren Landgang merke ich allerdings schnell, dass ich nirgends zu Hause bin. Nach ein paar Wochen in der Heimat juckt es mich wieder und ich will hinaus aufs weite Meer.“ Seine Antwort steht exemplarisch für viele Seemänner. Er spricht von seinen Kindern und davon, dass Manches aus der Distanz betrachtet eben nicht unter einen Hut zu bekommen sei. Höre ich eine leichte Wehmut über verpasste Chancen im Leben in seiner Stimme? Bestimmt haben sich manche Dinge von selbst geregelt, nur auf welche Art und Weise? Er ist weise genug, um zu erkennen, wie reich sein Leben ist und welchen Preis er dafür bezahlt hat. Ich wünsche ihm von Herzen, dass er nie vom Schiff absteigen muss, sondern es so erlebt, wie es sich jeder Schiffspianist wünscht: Herzschlag am Flügel. Von der Weite des Meeres heim zum Vater.

Markus, der Florist, ist auch noch da. Als Kopf seiner Abteilung, die für Blumenschmuck und Tischgedecke verantwortlich ist, genießt er viele Vorzüge an Bord. Er darf sich ohne vorherige Erlaubnis in jedem Bereich des Schiffes frei bewegen, hat eine Kabine mit Tageslicht und generell den Status eines Offiziers. Seit drei Wochen ist er an Bord und findet sich auch noch nicht ganz zurecht. Er ist gern unterwegs und für ihn war es deshalb nur allzu logisch, auch mal auf einem Schiff zu arbeiten. „Jetzt sehe ich mir erst mal die Welt an, und wenn ich einen schönen Flecken gefunden habe, bleibe ich dort." Das ist die Sehnsucht, die jeder hier auf dem Schiff auf die eine oder andere Weise spürt. Bis vor kurzer Zeit war er ein paar Jahre in Australien. „Als meine Bausparkasse mir sagte, dass ich dreitausend Euro angespart hatte, nahm ich das Geld und flog hin. Was ich dort genau tun würde, wusste ich noch gar nicht." Wie gut, dass er nicht weiß, dass Altersvorsorge zu meinem „normalen" beruflichen Aufgabengebiet gehört. „Ich bin jung und genieße das Leben jetzt", erklärt er mit leuchtenden Augen. Wer kann ihm da im Grunde seines Herzens widersprechen? Phillip, der Moderator, ist auch hier. Seine Tage an Bord sind gezählt, gemeinsam mit einigen anderen und mir wird er in einer Woche absteigen. Er weiß, dass es richtig ist, er will sein Jurastudium beenden. Nun sucht er Gründe dafür, was ihn an Bord genervt hat, um sich den Abschied leichter zu machen. Viel findet er nicht und das scheint ihn unbewusst zu stören. Seine Moderation geht immer „nach vorn", ein Begriff aus der Künstlerszene, den er selbst gern verwendet, wenn seine ganze Energie auf den Zuschauer prallt, ungebremst, voller Leidenschaft. Es ist unmöglich, ihm nicht zuzuhören. „Ich habe es satt, immer von den Leuten wegzufahren", sagt er fast zu sich selbst. „Kontakte lassen sich nur schwer pflegen, und wenn ich einmal jemanden anrufe, dann ist die Verbindung über Satellit zeitverzögert. Auf Dauer nervt das, da man sich oft ins Wort fällt. Auch die Internetverbindung ist extrem langsam." Luxusprobleme, die irgendwann zum Nervenkrieg werden. Wie die unverschlossene Zahnpastatube, die manchmal den finalen Trennungsimpuls liefert. Noch an diesem Abend beschließen wir, uns irgendwo in Deutschland zu treffen. Natürlich interessiert mich, wie er auf die Zeit auf dem Schiff zurückblicken wird.

Es fällt mir schwer, an Bord irgendetwas anderes in mich aufzunehmen als den jetzigen Augenblick. Ich lasse mich treiben und genieße das. Dabei komme ich zwar nicht zur Ruhe, aber ich erlebe bei meinem Umherstreifen stets viele neue, spannende Dinge. Mal ist es eine Versteigerung von Kunstwerken, mal der Auftritt einer Crew-Band oder einfach die Begegnung mit einem Gast, der mich zum Jakobsweg befragen möchte. Die Zeit ist so angefüllt, ich möchte sie nicht einmal anhalten, um ein Foto zu machen. Ich weiß, dass ich das später bereuen werde. In diesem Augenblick bin ich jedoch unfähig, diesen Glücksstrom auch nur für eine Sekunde anzuhalten.

Als das Schiff nach dem Landausflug in Las Palmas wieder ablegt, überkommt mich das gleiche sentimentale Gefühl wie beim Ablegen von Palma de Mallorca. Wehmut, Abschied und Freude auf Neues paaren sich in einem einzigen Moment. Langsam verschwinden die Lichter des Hafens und ich winke wie ein kleines Kind. Es geht weiter nach Gran Canaria, wo wir morgen erst am späten Vormittag eintreffen werden. Genug Zeit für ein ausgedehntes Abendprogramm. Passenderweise steht „Hot und sexy“ als weiterer Punkt auf dem Programm der Diskothek. Besatzungsmitglieder bedienen sich aus der Klamottenkiste und verkleiden sich. Pflicht, wenn sie hier dabei sein wollen. Vorher noch eine Darbietung des Offizierschores, mit bekannten Seemannsliedern. Der Saal kocht, alle singen mit. „Liegt es am Altersunterschied?“, frage ich mich. Von den Liedern kenne ich höchstens „My Bonnie is over the ocean“ und „Auf der Reeperbahn nachts um halb eins“; verlege mich also aufs Schunkeln. Bei meinem anschließenden Spaziergang übers Schiff treffe ich den Entertainment-Manager und den Club-Direktor, Atze und Heiko. Die beiden wirken wie ein gut eingespieltes Team, es ist ein harmonisches Chef-Mitarbeiter-Verhältnis. Sie winken mich zu sich und laden mich auf ein Bier ein. Beide sind fasziniert vom Jakobsweg und planen, ihn bald, vielleicht noch in diesem Jahr, zu bewandern. Heiko befragt mich über den besten Reisezeitpunkt, die realistische Durchschnittsgeschwindigkeit, wenn man den Weg zu Fuß pilgert, und nach weiteren Kniffen und Tipps. Beide sind sich sicher, dass sie den Weg jeder für sich allein gehen würden. Wir sind uns einig, dass eine große Parallele zwischen dem Weg und der Weite des Meeres existiert. Auch hier, im Anblick des Meeres, habe ich das Gefühl, dass mein Horizont weiter wird. Nur selten begegnen wir einem anderen Schiff. Nicht ungewöhnlich, denn die Hauptrouten für Frachtschiffe verlaufen anders.

Gran Canaria. Hier hatte mich mein Vater vor dreißig Jahren aus einem Pool gefischt. Ich hatte mit einem anderen Jungen gerangelt und war ins Wasser gefallen. Deutlich sehe ich noch die blaue Wasseroberfläche über mir und Fliesen, viele Fliesen. Das nächste Bild: ein triefnasser Mann vor mir. Mein Vater war in voller Montur hineingesprungen, nicht einmal seine Halbschuhe hatte er ausgezogen. Das ist das Einzige, woran ich mich erinnern kann. Jetzt bin ich mit zwei anderen Mitreisenden am Hafen, zwei andere Kreuzfahrtschiffe liegen neben uns und es hat fast 30 Grad. Ein Strand wäre jetzt perfekt, mit Badesachen schlendern wir zum Taxistand. Der Fahrer bietet uns eine Rundtour zum im Süden der Insel gelegenen Strand an – zu einem Preis jenseits von Gut und Böse. Insgesamt verbleiben uns magere vier Stunden auf der Insel, eine 90-minütige Taxifahrt lockt uns also nicht wirklich. Wir entscheiden uns daher für einen Bummel durch die laute Stadt. Auf dem Rückweg zum Schiff übe ich „Knocking on heaven's door", das ich gleich bei der Probe vorsingen darf. Jürgen hatte mich eingeladen, bei der Show „Crew meets Band" dabei zu sein. Ich solle einfach meinen Lieblingssong vorsingen.

„Wie kommst du eigentlich die Reling hinauf?", fragt mich eine Mitreisende. Die lieb gemeinte Kontaktaufnahme wirkt auf mich unbeholfen. Mal wieder. Ohne Zweifel ist das eine legitime Frage, schließlich sind es bis zum Deck gute zehn Meter, die mittels einer schmalen wackligen Treppe überwunden werden müssen. Genau in diesem Moment kommen vier orange gekleidete Crew-Mitglieder die Treppe hinunter, so muss ich nur auf sie zeigen und lächeln. Gott sei Dank. Mir fällt nämlich auch sonst nie ein, was ich auf so eine Frage antworten soll, als Reaktion auf diese spürbare Unsicherheit im Umgang mit mir verkrampfe ich regelmäßig. Hoffentlich merkt man mir das nicht an, hatte ich doch in den letzten Jahren genügend Trainingsmöglichkeiten, die körperlichen Signale zu unterdrücken. Innerlich dreht sich mir der Magen um und mir ist bewusst, dass ich äußerst unfair bin. Natürlich haben meine Mitreisenden keine Routine mit Menschen in meiner Situation. Nur: Wie soll ich mich verhalten, wenn mir gespiegelt wird, dass ich anders bin, dass mein Leben so offenkundig bescheiden sein muss? Wer will schon im Rollstuhl sitzen? Selbst meine Stiefmutter, die starke Knieschmerzen hatte, humpelte lieber unbeholfen durch die Wohnung, als sich einen meiner unzähligen Ersatzrollstühle von mir zu leihen. Die Angst vor dieser Art der Fortbewegung ist bei vielen einfach zu stark. Gibt es ein Symbol, das stärker für Hilflosigkeit steht als dieses Gefährt? Ohne Frage, es hat sich etwas verändert in Deutschland, seit der Finanzminister im Rollstuhl sitzt (und seit einige Leistungssportler im Rollstuhl gezeigt haben, was alles möglich ist). Niemand zweifelt an den intellektuellen Fähigkeiten von Herrn Dr. Schäuble, aber kaum einer möchte mit ihm tauschen: „Nein, danke, wenn ich dann auch den Rollstuhl nehmen muss." Ein solches Gedankenmuster lehne ich schlichtweg ab, weswegen ich auf derartig anmaßend wirkende Kommentare immer sehr mitleidsvoll reagiere. „Wie kann ich es denn besser machen?", antwortet dann manchmal mein Gegenüber, eine selten gestellte Frage allerdings, da viele ihre eigene Verhaltensweise gar nicht wahrnehmen. Meine Antwort ist meist schwer zu ertragen. „Du musst gar nichts machen. Sei einfach natürlich, aber denke nicht, dass dieses Leben besser oder schlechter ist als deins. Es ist anders, mehr nicht. So eine Einstellung schafft Normalität, einen ungezwungenen Kontakt und eine authentische Begegnung."

Für meinen Kreativ-Workshop „Schreiben Sie sich in die Herzen Ihrer Leser" habe ich lediglich zwei Anmeldungen erhalten, beide Interessenten haben allerdings kurzfristig auf den Folgetermin umgebucht. Insgeheim freue ich mich schon über den freien Nachmittag. Endlich einmal ungestört Tagebuch schreiben, bisher sind erst wenige Zeilen zusammengekommen. Spontan melden sich jedoch zwei Frauen an und der Workshop findet doch statt. Elfriede aus Österreich erzählt fast genauso viel wie ich, und ich merke, dass die beiden Damen eher an meinen Erlebnissen auf dem Jakobsweg als an den Inhalten der Veranstaltung interessiert sind. Der rote Faden des Workshops ist schwer einzuhalten. Ungebremst ist der Mitteilungsdrang. Elfriede erzählt von den Delfinen, die uns eine Zeitlang begleitet haben. Wenn wir aus dem Fenster blicken, sehen wir mal den Himmel und mal das Meer, so stark ist der Seegang. Diesmal muss ich das Seminar pünktlich beenden, die „nautische Fragestunde“, Offiziere von der Brücke beantworten technische Fragen rund ums Schiff, möchte ich auf keinen Fall verpassen.

Abschied. Wieder einmal ist es für einige Crew-Mitglieder Zeit zu gehen. Die Menschen, die auf dem Schiff arbeiten, wirken wie eine große Familie, dementsprechend wird die gemeinsame Zeit an Bord feierlich mit einer Party beschlossen. Voller Wehmut hofft man, sich irgendwo und irgendwann wiederzusehen. Das Fest beginnt erst spät nach Dienstschluss, an einem Ort, an dem ich bisher noch nicht war: im Besatzungsbereich ganz hinten im Schiff. Es ist ein besonderer Moment, der Wind weht mir um die Nase, ein voller Mond steht am nachtschwarzen Himmel, die Wellen schlagen gegen das Schiff. Romantik pur. Man spürt die Kraft der Motoren, die das Schiff mit über dreißig Stundenkilometern vorantreiben. Die Stimmung ist ausgelassen, niemand will in einem anderen Augenblick leben als dem, der jetzt ist. Ich sitze neben Linda, der Galerieassistentin, und den beiden Bühnentechnikern Matthias und Achim. Linda sieht unendlich müde aus, hat tiefe Ränder unter den Augen und ist verständlicherweise etwas wortkarg. Bald muss sie sich verabschieden, morgen wird sie wieder bis zehn Uhr abends in der Galerie stehen. Matthias, auch „Bärchen“ genannt, leiht mir vor dem Gehen noch seine Jacke. Es ist zwar nicht kalt, aber durch den Fahrtwind sehr frisch. In einer der Taschen finde ich ein Deo. Es erinnert mich daran, dass es an Bord keine Privatsphäre zu geben scheint. Die Geschichten, einmal in Umlauf gebracht, werden von Besatzung zu Besatzung weitergereicht. „Bärchen“ ist bereits über zwei Jahre an Bord, André, ein langjähriger Seefahrer, klärt mich auf: „Man sagte ihm wiederholt, dass er stinkt.

Nun, das hat er wohl geändert.“ Auch er hat etwas Bäriges an sich, eine raue Schale und einen weichen Kern. Zu Hause warten eine Frau und zwei Kinder auf ihn, er selbst ist mindestens hundert Tage im Jahr auf See. „Wenn ich da bin, übernehme ich alle Pflichten. Ich koche jeden Tag und schmeiße den Haushalt.“ Seine Frau weiß offenbar, mit wem sie verheiratet ist. André ist ein überaus sympathischer und interessanter Kerl, der die Dinge stets mit einem breiten Lächeln erzählt. Noch weiß er nicht genau, wo sein nächster Auftrag ihn hinführen wird, sicher ist nur, dass er bereits für weitere drei Wochen gebucht wurde. Auch er sieht müde aus. Ich habe schon länger nicht mehr in den Spiegel geblickt und sehe möglicherweise genauso aus, fühle mich aber so lebendig wie sonst nur auf dem Jakobsweg. Morgen werde ich ausschlafen. In die hässliche marokkanische Hafenstadt Tanger lohnt es sich ohnehin, wie ich gehört habe, nicht einen Fuß zu setzen.

Das Meer flößt mir Respekt ein, ich spüre die unfassbare Kraft, die mich jeden Moment umgibt. Im Bewusstsein dieser Größe halte ich demütig inne und stelle fest, dass ich auf dieser Reise ständig kleine Wunder erlebe. Jeder Mensch, dem ich begegne, wirkt heiter. Selbst bei denen, die schwere Lasten mit sich herumzutragen scheinen, sehe ich das Licht in den Augen. Ich spüre, dass ich meinen Nächsten lieben kann, ohne etwas zu erwarten oder im Gegenzug bekommen zu müssen. Wieder muss ich an Bastian Balthasar Bux aus der „Unendlichen Geschichte“ denken, der seinen letzten Wunsch erfüllt bekommt: lieben zu können. Ab und zu gibt es Crew-Mitglieder, die mürrisch sind. Mag sein, dass sie meinen Sonderstatus beneiden oder ich ihnen versehentlich auf den Fuß gestiegen bin oder ihnen sonst was widerfahren ist. Es ist nicht wichtig für mich, in meinem Verhalten bin ich frei. So frei, dass ich nicht auf ihren Schmerz eingehen muss. Im Gegenteil, ich strahle sie an, zolle meinen Tribut an ihre Schönheit, die sich mir ungefiltert präsentiert. Es ist, als ob ein Band um meinen Brustkorb zerspringen möchte. In dieser Phase fühle ich mich unendlich stark und gleichzeitig ebenso verletzlich. Mein gesamter Panzer ist weg, einzig auf Gottes Schutz kann ich zählen. Völlig unerwartet hat diese Reise in mein Herzensinneres geführt, an einen Ort, den Paulho Coelho als „geheimen Ort" bezeichnet. Diese Reise ist der letzte Weg, auf den wir uns machen *sollen*. Die meisten hält jedoch die Angst vor der Leere ab, jemals den ersten Schritt zu wagen, denn es gibt keine Landkarte, und es ist sehr schwer, umzukehren.

Es ist Zeit für meinen letzten Vortrag und den Workshop. Ich hatte mir diese beiden Veranstaltungen extra auf den letzten Tag gelegt, denn ich wollte zuvor Gelegenheit haben, mein Publikum kennenzulernen, es zu spüren und zu erkunden: Was treibt die Menschen an? Was sind ihre Sehnsüchte, Ängste und Wünsche? Wie kann ich sie am besten abholen? Ich wollte mein Publikum nicht gleich am Anfang der Reise mit meinen Gedanken überfordern.

Was für ein intensiver Workshop! Der kleine Raum ist bis auf den letzten Platz belegt. In der Ankündigung beschrieb ich meinen Workshop zum Thema „Aufbrechen" mit einem starken Bild, das auch mich morgens aus dem Bett bringt. *„Spüren Sie Freude am Leben! Über die Macht der inneren Haltung. Sitzend, im Rollstuhl, haben Sie eine andere Perspektive. Sie sind eben nicht auf Augenhöhe. Das bedeutet, die Dinge aus einem anderen Winkel wahrzunehmen, zu bemerken, wenn jemand aus Unsicherheit unruhig mit dem Fuß wippt oder mit der Hand in der Hosentasche herumspielt … Es bedeutet aber auch, anders wahrgenommen zu werden: von oben, unterlegen, schwach. Dieser Umstand erfordert eine kraftvolle innere Einstellung zu dem, was es zu erreichen gilt. Die innere Einstellung ist wesentlich, wichtiger noch als eingeübte Verhaltensweisen. Sie steuert, gibt Kraft und hilft, Durchsetzungsvermögen zu ent-*

wickeln. Im Workshop werden Sie erfahren, wie man durch eine (erlernbare) starke innere Haltung einen positiven Umgang mit kritischen Situationen und umbrechenden Lebenssituationen – sowohl privat als auch im Beruf – erreicht.“

Wir spielen Standardsituationen nach. Rollenspiele sollen auf plastische Art und Weise das Kommunikationsverhalten im Spiegel zeigen. Gern würde ich eine Kamera einsetzen, dafür fehlte hier jedoch, ebenso wie für das theoretische Konstrukt, die Zeit. Normalerweise biete ich diesen Workshop als Ganztagesseminar an. Niemand der Anwesenden ist es gewohnt, sich vor der Gruppe auf diese ungewohnte Weise zu präsentieren. Anfänglich befremdet einige die künstliche „Laborsituation“. Mit jeder weiteren Szene schmilzt jedoch das Eis und ich fühle mich zurückversetzt in die Zeit meines Regiekurses.

Wir überziehen maßlos und mir bleiben noch genau zehn Minuten, um an das andere Ende des Schiffes zu kommen, den Computer anzuschließen und den Sound zu checken. Der jetzt folgende Vortrag wird gefühlt zum persönlichen Waterloo. Mich überkommt ein ungutes Gefühl, ich hatte noch in der Nacht und am Morgen letzte Dinge umformuliert und dabei den dramaturgischen Bogen verloren. Ich beginne ernst und überrasche mich dabei selbst. Im Workshop haben wir doch gerade noch gelacht, dass sich die Balken bogen. Was ist jetzt nur los? Ich bin hier auf der Bühne aus unerfindlichen Gründen plötzlich schwerfällig, schaffe es nur wenige Male, das Publikum zum Lachen zu bringen. Auf mich wirkt es wie eine Welle der Erleichterung, die zu mir aus dem Zuhörerraum herüberschwappt. Ich arbeite und mühe mich ab, dabei war beim letzten Vortrag noch alles so leicht. Durch die Änderungen, die ich in der letzten Minute vorgenommen habe, stolpere ich zweimal über den eigenen Faden. Aber das ist nicht die Ursache für meinen Aussetzer. Ich wollte den besten

Vortrag meines Lebens halten, herausgekommen ist eine lauwarme Darbietung. Sicher, ich bin ein wenig streng mit mir, denn für einen Verriss gibt es keinen wirklichen Grund. Ich beende den Vortrag mit einer zeitlichen Punktlandung und schaffe es sogar noch, einen kleinen Film einzuspielen.

Jetzt erwartet mich das Allerschwerste. Keine Rückmeldung kommt, kein Gast, kein Besatzungsmitglied gibt mir Feedback. Ich bin wild entschlossen herauszufinden, was nicht optimal gelaufen ist. Mein Publikum soll in der mir möglichen Form in der besten Art und Weise unterhalten werden, das ist mein Wunsch. Wenn ich bei ähnlichen Darbietungen im Publikum sitze, lege ich die Latte ja genauso hoch an.

Ich bemerke, dass ich nicht klar denken kann und emotional zu verstrickt bin, also beschließe ich erst einmal, Stresshormone abzubauen. Ich bin der einzige Mensch weit und breit, den es um diese Uhrzeit an seinem letzten Bordabend ins Fitnessstudio verschlägt. Ist auch kein Wunder, es gibt bereits Abendessen und das Gala-Dinner verspricht ein Highlight zu werden. Ich hätte im Moment eh keinen richtigen Hunger, rede ich mir ein. Die Gewichte schaukeln bei diesem Seegang, der stärker ist als gewöhnlich, eigenartig hin und her. Neigt sich das Schiff in meine Richtung, bekomme ich die Stange kaum noch gestemmt, geht es in die andere Richtung, reicht ein Arm, um sie hochzudrücken. Elfriede kommt mit ihrem Mann vorbei, sie sind auf dem Weg zum Abendessen. Sofort überschütten sie mich mit Lob, sie seien restlos von meinem Vortrag begeistert. Auf meine verhaltene Reaktion auf ihre Komplimente erklärt mir Elfriede: „Dein Ego hat sich vielleicht eine andere Show gewünscht, du hast aber viele Menschen erreicht. Normalerweise bleibt mein Mann nicht bei dieser Art von Vorträgen sitzen." Sie streichelt ihn dabei zärtlich am Arm, er lächelt sie an. Wie dankbar bin ich den beiden, dass sie mir genau das sagen, was ich anscheinend hören muss! In diesem Moment wird mir bewusst: Ich habe das bunt gemischte Publikum bei der Stange gehalten. In einem anderen Kontext wären viele bestimmt erst gar nicht zu einem derartigen Vortrag gekommen.

Ich fühle mich gelöst und bin dankbar für die bisher erlebte, fantastische Zeit. Jetzt kann ich die letzten Stunden genießen. Ich bin auf dem Weg zur Kabine, um mich für das Abendessen umzuziehen, und beschließe, den Entertainment-Manager anzurufen und ihm für die großartige Zeit an Bord zu danken. Ich möchte ihn zu einer Runde einladen. „Nach dem Abschiedsauftritt von Heiko und mir gehen wir am besten in die Weinbar", lautet sein Vorschlag.

Hier war ich noch nie. Zugegeben, Stehtische wirkten auf mich noch nie sonderlich einladend. „Stören dich die Tische?" Atze fragt nach. Ich winke ab, mir geht es viel zu gut, als dass mich irgendetwas stören könnte. Wir bekommen ausgezeichneten Wein. Die Show ist zu Ende, die Bar füllt sich zusehends. Es liegt etwas Unausgesprochenes zwischen uns, spüre ich. Klar, ich möchte auch sein Feedback zu meiner Zeit hier an Bord bekommen. Ich durfte für einige Zeit eintauchen in eine vollkommen neue Welt, in der andere Naturgesetze gelten. Nicht einmal im Fitnessstudio sind fünfzig Kilo fünfzig Kilo. „Gibt es etwas, das du mir mitgeben willst?", frage ich vorsichtig. Sein Lächeln kann ich nicht ganz deuten, wie immer wirkt es sympathisch und aufrichtig. „Bleib so, wie du bist. Du gibst den Leuten etwas." Damit habe ich nun nicht gerechnet und schwanke zwischen Freude über die netten Worte und Enttäuschung. Es liegt nicht in meiner Absicht, ein Kompliment zu fischen. Ich will etwas lernen, merke aber, dass jetzt nicht der Zeitpunkt ist, das Thema zu vertiefen. Die Bar ist fast voll und getreu dem Motto „Gäste zuerst" gehen wir ein Stockwerk tiefer. Im Hintergrund laufen die bekannten Hits, Atze scheint sie gar nicht mehr wahrzunehmen. Gelegentlich gesellen sich Gäste zu uns und stellen Fragen. Die Offiziere sind immer ansprechbar, nehmen jede Frage ernst und meistern in jedem

Moment den Spagat zwischen Situationskomik und Professionalität. Ein etwas betrunkener Gast steuert auf uns zu und fragt: „Warum haben Sie eigentlich kein Kabelfernsehen an Bord?" Ich will losprusten, sehe, wie Atze sich extrem zurückhält und lächelnd antwortet: „Etwas schwierig, eine Leitung in zwei Kilometer Tiefe zu verlegen, aber wir arbeiten dran."

Die Stunden an Bord sind gezählt und ich sauge wehmütig jeden Augenblick in mich auf, als ob es der letzte wäre. Das laute Klacken der wasserdichten Türen unter Deck, wenn sie jetzt auf dem Weg zur Crew-Bar tonnenschwer ins Schloss fallen, ist mir so unheimlich wie beim ersten Mal. Überhaupt fühlt sich alles ähnlich aufregend an wie am ersten Abend hier unten. Das brillante Weiß der Stahlwände strahlt noch heller als sonst. Im Kontrast dazu das schummrige Licht der Bar, rauchverhangen sehe ich nur Silhouetten von Menschen, die in Grüppchen zusammensitzen. Wie in einem Film fliegen die vergangenen Tage vor meinem inneren Auge vorbei. In meiner Rolle als Vortragsredner und Seminarleiter hatte ich Annehmlichkeiten, von denen viele der hier Anwesenden nur träumen können: mehr Freiheit, weniger Arbeit und den absoluten Gästekomfort. Das hat mich niemand spüren lassen, sondern ich wurde aufgenommen in ihren Reihen. Sie haben mit mir ihre Geschichten geteilt und gemeinsam gefeiert, so, wie man auf dem Jakobsweg und auf hoher See das Leben eben feiert: im gegenwärtigen Augenblick.

In großer Runde sitzen wir beieinander, sprichwörtlich sitzen wir alle im gleichen Boot. Wie würde das nach einem Monat an Bord sein? „Die Gespräche hier sind immer oberflächlich", hallen die Worte von Veronique in mir nach. Ich erlebte das jedoch von Anfang an anders. Rufus winkt mir von der Bar zu. Irgendwie wirkt er fehlplatziert auf diesem Schiff. Sein Englisch ist hervorragend, Deutsch eher eine Krücke. Wie viele Monate hat er noch, bis er Spa-Therapie in Kanada studieren kann? Jeden Monat legt er Geld auf die Seite, um sich das Studium leisten zu können. Er lädt mich ein, ihn dort einmal zu besuchen. Wird es jemals dazu kommen? In diesem Moment ist das unwichtig. In weniger als drei Stunden werden wir im Hafen von Palma de Mallorca einlaufen. Wir alle tun so, als ob wir niemals irgendwo ankommen würden.

Jacqueline nimmt mich bei der Hand, zerrt mich von Rufus weg. „Ich möchte dir noch eine Geschichte erzählen", sagt sie mir. Sie war heute bei meinem Vortrag gewesen und hatte Fotos gemacht. Auf der Bühne hatte ich sie einige Male singen gesehen. „Dieses Leben an Bord schafft Nähe und Distanz zugleich." War ich wirklich noch in der Stimmung für ein ernstes Gespräch? Ihre nachdrückliche Art lässt keinen Zweifel: Das hier muss ich ganz hören, schließlich hat sie mir heute auch bis zum Ende zugehört.

„Ich habe mich an Bord verliebt, wie die meisten es hier tun", beginnt sie. Ich lehne mich nach vorn, um sie besser verstehen zu können, die Musik übertrifft Zimmerlautstärke. Mir ist klar, dass ich von ihr etwas Neues erfahren werde, das sich wie ein Mosaiksteinchen einreiht in das große Bild der Erfahrungen, die hier gemacht werden. Zu kurz war mein Einblick in das Leben auf dem Schiff, zu keinem Zeitpunkt war für mich so etwas wie Alltag eingekehrt, die Zeit war eine Urlaubsreise. Jacqueline erzählt ihre Geschichte zu Ende, auch für sie ist es das letzte längere Gespräch an Bord, denn in wenigen Stunden wird auch ihr Vertrag ausgelaufen sein. Während sie mir erzählt, hört sie sich selber zu, zieht ein Resümee.

„Ich wurde schwanger und bemerkte, dass der Typ für eine Vaterrolle überhaupt nicht in der Lage war. Wir trennten uns, und ich sagte ihm nicht weiter, was ich tun würde. Er fragte nicht nach und ich sprach mit niemandem sonst darüber. Unendlich allein habe ich mich in diesen Wochen gefühlt. Die Weite des Meeres verschaffte mir keine Linderung, im Gegenteil. Natürlich ging ich meiner Arbeit nach, es war aber trostlos. Niemand war da, der mich stützte. Ich beschloss, das Kind abtreiben zu lassen. Wir waren gerade in Italien. Allein fuhr ich mit einem Taxi in die Klinik. Nach dem kurzen Eingriff brach ich zusammen, alles Aufgestaute wollte sich Gehör verschaffen. Das Krankenhauspersonal erreichte an Bord des Schiffes niemanden, keiner konnte oder wollte mich abholen. Irgendwie wurde ich schließlich in ein Taxi verfrachtet, das mich nur bis zum Pier bringen durfte. Achthundert Meter waren es von dort noch, die ich außerstande war zu laufen. Ein philippinischer Kollege kam nach einigem Bitten und stützte mich. Ich war fix und fertig. Erst Wochen später habe ich dem Vater davon erzählt. Er reagierte gleichgültig."

Deutlich spüre ich ihren Schmerz, ihren Wunsch nach Halt und Geborgenheit. Ich kommentiere ihre Geschichte nicht, sondern höre nur zu. Innerlich habe ich die Zeit hier immer wieder mit dem Jakobsweg verglichen. Trotz oft starker Gemeinschaft gab es im Kontrast dazu die Momente großer Einsamkeit und das Gefühl, verlassen zu sein. Rational betrachtet ergibt das Sinn, jeder trägt eine Last mit sich herum, ist deswegen auf dem Weg. Auch auf ein Schiff zu gehen ist ein Wagnis, auf das man sich einlassen muss.

Von außen betrachtet wirken manche Verhaltensweisen einiger Crew-Mitglieder egoistisch, bei genauem Hinschauen und -hören vernimmt man aber den Hilfeschrei und die Unfähigkeit des Betroffenen, anders damit umzugehen, und nicht sich und den eigenen Schmerz ins Zentrum des Universums zu stellen. Für viele ist die Zeit auf dem Schiff eine langersehnte Auszeit. Weg von den lästigen Verpflichtungen des Alltags, den Schmerzen einer unglücklichen Kindheit oder der Trauer über eine gescheiterte Beziehung. Die Biografien ähneln sich so sehr.

Jacqueline schreibt mir ihre E-Mail-Adresse auf und will, dass wir uns wiedersehen, wenn sie absteigt. Ich muss lächeln.

Wie oft hat sie das wohl schon gesagt? Wie oft habe ich das schon gehört? Aber vielleicht irre ich mich ja.

Auf jeden Fall verfehlt die lange Unterhaltung mit ihr nicht ihre Wirkung. Linda hat sich neben mich gesetzt. Außerdem ist Matze plötzlich auch da, er lässt sie nie wirklich aus den Augen. Ach ja, ein Abschiedsfoto noch.

„Jetzt haben wir ja nicht mehr viel Zeit." Lindas Augen funkeln ein wenig ärgerlich. Ihre verschlossene Art ist authentisch, ihr Ärger auch. Sie sollte mehr schlafen, denke ich. Ihre Augenringe werfen sogar in diesem Schummerlicht lange Schatten. Wie wird das erst im Mai sein, wenn sie absteigt? Partout verweigert sie die Aussage darüber, was sie dann machen will oder wer auf sie wartet. „Mein Vater sagt mir immer: Ich kann machen, was ich will, solange ich nur irgendetwas mache. So bin ich jetzt hier", erklärt sie vage.

Mittlerweile hat das Schiff am Hafen festgemacht. Ich habe jedes Zeitgefühl verloren. Ich bin unfähig aufzustehen, dabei muss ich die Kabine um neun Uhr geräumt haben.

Ein schwitzender Philippino empfängt mich im Aufzug, schon seit Stunden verladen sie Koffer, die ersten Gäste haben das Schiff bereits verlassen.

Eine Durchsage weckt mich gerade noch rechtzeitig. Jetzt gilt es, im Rekordtempo zu packen. Ich will den Abschied so lange hinauszögern, wie es nur geht. Nur schwer kann ich mir vorstellen, in wenigen Stunden im Flugzeug auf dem Weg nach Deutschland zu sein …

Gerade als ich in den Aufzug einsteigen will, kommt mir Linda entgegen. Sie begleitet mich zum Taxi. Leichtfüßig und strahlend kommt sie mir vor. Gemeinsam gehen wir die Landungsbrücke hinab. Der Abschied von der Crew ist unerwartet herzlich. Unter den Offizieren ist auch Heiko. Ein letzter Händedruck, ein letztes Danke. Für ihn geht die Reise weiter, eigentlich ist sie nie wirklich zu Ende. Und wer weiß, vielleicht führt es ihn irgendwann auch auf den Jakobsweg? Im Taxi blicke ich noch lange zurück. Immer wieder sehe ich das Schiff, stelle mir vor, wie es heute Abend wieder ausläuft, sich neue Geschichten spinnen. Ich fühle mich ruhig, ein bisschen wehmütig, in erster Linie aber unendlich dankbar.

Am Flughafen empfängt mich eine völlig andere Welt. Auf dem Schiff habe ich die Gäste immer zuerst gegrüßt, ihnen ein Lachen zugeworfen oder ein kurzes Gespräch geführt. Jetzt werde ich ständig gegrüßt und winke zurück. Dann ein vertrautes Gesicht. Uwe. Wir hatten uns die ersten Tage an Bord nur beobachtet, höchstens flüchtig gegrüßt. Auch Uwe fiel aus dem Rahmen. Ein Strahlemann im Rollstuhl. Nach meinem ersten Vortrag wollte ich ihn ansprechen, aber er war zu schnell in der Menge verschwunden. Die Wahrscheinlichkeit, sich auf dem Schiff zu begegnen, ist nicht sonderlich groß (es sei denn, man verabredet sich), so hatte ich wenig Hoffnung, ihn noch einmal zu treffen. Irgendwann kam er dann zu meinem Infotisch und wir sprachen miteinander in einer solchen Offenheit, wie es alte Bekannte tun. Er selbst sitzt seit dreißig Jahren im Rollstuhl, ich habe ihn nie gefragt, warum. Eigentlich auch egal. Ich wundere mich immer, wenn Menschen das Gesicht verziehen, wenn ich erkläre, dass ich einen Motorradunfall gehabt habe. Das ist nun lange her. Wenn ich jetzt immer noch gern darüber sprechen würde, wäre herzlich wenig in meinem Leben passiert. Der Rollstuhl spielt in unserem Gespräch eine untergeordnete Rolle. In seiner Freizeit bietet Uwe Segeltörns an, bildet auch aus. Ich kann ihn mir dabei gut vorstellen: hinter dem Steuerrad, seine halblangen blonden Haare flattern im Wind.

Wieder zu Hause in Frankfurt angekommen, wirkt die vertraute Wohnung plötzlich fremd auf mich. Ich verspüre den starken Wunsch, die Veränderung, die ich in meinem Inneren erlebt habe, auch in äußerlichen Dingen weiterleben zu lassen.

Aber hier ist alles noch genau so, wie ich es verlassen habe. Nur meine Betrachtungsweise hat sich verändert. Ich bin ein wenig berauscht von der Fülle dessen, was ich so intensiv erlebt habe. In den folgenden Tagen habe ich den Eindruck, dass die Zeit sich verlangsamt hat. Ich fühle mich tief verwurzelt in meinem Leben, bin mit Optimismus und Vertrauen angefüllt, dass dies ein gutes Leben ist. Ja, ich bin anders zurückgekommen als ich aufgebrochen bin. Die Rückblicke auf den Weg, der hinter mir liegt, meinen „inneren Jakobsweg", zaubern ein Lächeln auf mein Gesicht. Es soll nicht abgehoben klingen: Die Fähigkeit, neu, aus einer anderen Perspektive auf das Leben zu schauen, nenne ich heute „biografische Lebenskunst". Jeden Tag begreife ich als eine Komposition aus Anregungen, Verarbeitungen und fortwährenden Wahrnehmungsprozessen, die mich im Kern verändern. Und dabei fühle ich mich, als ob ich erst am Anfang dieser großartigen Reise stehe …

Immer wieder aufbrechen

Dafür bin ich wirklich dankbar: Nie kann ich morgens sagen, was mich heute erwartet, weder im Job noch privat. Im Alltag will sich Routine meist nicht einstellen, dabei glaube ich nicht, dass sich mein Tagesablauf im Alltag so grundlegend unterscheidet. Jeden Tag passieren unzählig viele Dinge, manches ist mir vertraut, anderes unbekannt. Wie reagiere ich darauf? So, wie ich es schon immer getan habe? Oder schaue ich mir die Sache mit offenen und wachen Augen an und probiere mit ein wenig Mut mal etwas Neues aus? Wenn das im Job nicht klappt, gehe ich hin und wieder einfach auf einem anderen Weg zur Arbeit (wenn ich nicht gerade spät dran bin) und lasse mich überraschen. An anderen Tagen nehme ich mir fest vor, auf dem bekannten Weg etwas Neues zu entdecken. Ich hörte einmal einen Theaterregisseur sagen, dass die Fähigkeit, im Bekannten Neues zu entdecken, eine Leidenschaft ist. Vom Weg, den ich jeden Tag gehe, lasse ich mich fortwährend verändern und wachse dadurch – wie eine Bambuspflanze. Der Bambus steht für Elastizität, Ausdauer und Hartnäckigkeit. Bei starkem Wind biegt sich der Stamm, bricht aber nicht. Der zentimeterdicke Halm gibt nach und bleibt gerade deshalb stehen. Diese „Bambusmentalität", wie sie in Japan genannt wird, bedeutet auf den Punkt gebracht: Kompromisse schließen, nachgeben und doch ungebrochen aus einer Situation herausgehen.

„Auf dem Jakobsweg findet Felix Bernhard Ausgleich zu langen Arbeitstagen und Zeit zur Muße und Reflexion." So oder ähnlich werde ich meinem Publikum bei Vorträgen manchmal vorgestellt. Ich lächle dann meist gequält, steht dieser Satz doch prominent auf dem Klappentext meines ersten Buches. Aber stimmt das denn noch? Zu viel ist in der Zwischenzeit passiert. Mein neuer Job macht mir Freude. Regelmäßig spüre ich nach Feierabend noch den Drang, in das bunte Leben einzutauchen, jedoch nicht als Flucht oder Kontrast zu einem öden Arbeitsalltag, wie es früher mal gewesen sein mag. Ich schöpfe aus dem Vollen, nach einem schönen Tag wartet noch ein wunderbarer Abend auf mich. Die Zeit und Muße zur Reflexion auf dem Jakobsweg sind nicht folgenlos geblieben. Ich habe Entscheidungen gefällt, die mir öfter Gelegenheit geben innezuhalten. Work-Life-Balance, das heißt die Gewichtung von Arbeit und Leben, nicht mehr ausschließlich am Wochenende zu erfahren. Zwei Aspekte, die mich glücklich machen, fließen dabei ineinander, das eine bedingt das andere. Spüre ich also heute das Glück besonders, dann befinde ich mich im Jetzt. In der Gegenwart Gottes. Je intensiver ich sie erlebe, desto mehr Glücksmomente erlebe ich – spüre ich, wie sich die vielen Jetzt-Momente wie Perlen aneinanderreihen. Je häufiger ich mich auf das Gegenwärtige einlasse, desto intensiver erfüllt mich die gerade erlebte Situation. Das klingt banal, ist es auch: Es wird kein Gedanke an den nächsten oder vorangegangenen Moment vergeudet, einzig das Jetzt zählt. In diesem Jetzt weiß ich ohne zu denken, was zu tun ist, oder auch, dass ich einfach nur still sein soll. Heute lehne ich mich bewusst zurück und sehe mir mein Gegenüber genau an. Wie inszeniert er sich und was ist ihm wichtig? Der Körper lügt nicht. Wenn wir ins Theater gehen, achten wir ganz selbstverständlich bewusst auf die Authentizität der Schauspieler, im Alltag tritt diese Fähigkeit oft in den Hintergrund und wird eher unbewusst eingesetzt, aus dem Bauch heraus.

Es ist viel zu spät für dieses Gespräch. Nach einem sehr harmonischen Abend fahren Sabine und ich volles Risiko. Wir kommen gerade von der Geburtstagsparty ihres Bruders, der Regen trommelt auf das Autodach. Wir steigen nicht aus, obwohl wir vor meiner Haustür stehen. Das Gespräch tanzt permanent auf Messers Schneide, das Thema ist purer Sprengstoff. *Nähe.* Wie sind wir nur hierhin gekommen? Und vor allem: Wie finden wir wieder aus der Nummer heraus? Es ist weit nach Mitternacht. Wir beide haben nichts getrunken, es ist Fastenzeit, dennoch ist der Gedankennebel bleiern schwer, Müdigkeit macht sich breit. „Ich spüre immer, wenn du weit weg bist. Ich habe einen guten Radar für Nähe und Distanz." Mein Solarplexus nimmt die Spannung auf. Wie ein Hund, der an einem zugeworfenen Knochen nagt, verbeiße ich mich in einen Monolog über geistige Disziplin. Was um Himmels willen reitet mich und warum stoppe ich nicht genau an dieser Stelle? An wen sind meine Gedanken eigentlich adressiert? Sicherlich nicht an sie, ihre Gedanken schwirren ganz woandershin. Es ist so offensichtlich, dass sie mir nicht zuhört. Sie kann mit meiner Wahrheit nicht respektvoll umgehen, der Boden ist noch nicht vorbereitet, und das führt zwangsläufig zu Missverständnissen. Vielleicht müssen wir uns einfach auch nur noch besser kennenlernen.

Es gibt bessere Gesprächszeitpunkte, ohne Frage. Ich kann (und will) nicht gewinnen, stelle jedoch voller Erstaunen fest, dass ich mir selbst zuhöre – wie bei meinen Vorträgen, wenn plötzlich etwas über meine Lippen kommt, das ich in dieser Form noch nie ausdrücken konnte. „Ich brauche nichts und niemanden", blafft sie ein wenig mürrisch zurück. „Deine Zen-Sprüche sind mir ein bisschen fremd." Hatte ich das so gesagt? Finde ich nicht! Jetzt die Stopp-Regel beachten, denke ich mir. Hier geht es nicht ums Rechthaben, was zurückbleibt, wird lediglich ein Gefühl sein. Die Inhalte sind – wenn überhaupt – bereits morgen nur noch diffus rekapitulierbar, in einer Woche fast vollständig vergessen. Wir umstricken die Gesprächsinhalte im Nachhinein oft mit dem Gefühl, das wir in der Situation hatten. Auf diese Weise schaffen wir Vergangenes neu. Besonders das Ende eines Abends, eines Gespräches, einer Situation bleibt sehr tief im Gedächtnis haften; unser

Gehirn ist dann auf maximalen Empfang geschaltet und registriert alle Eindrücke besonders intensiv. Aus diesem Grund versalzt ein Streit zum Schluss nicht nur die letzten Minuten, sondern meist den gesamten Abend. Was bleibt also? Spannung oder Gelassenheit, Friede oder Stress? Zu viel von dem einen wirkt toxisch, auf Dauer gesehen. Warum sollte dieser Abend in der Mülltonne landen? Ich spüre nicht den geringsten Grund dazu und entspanne mich.

Du kannst den Pilger vom Jakobsweg nehmen, aber nicht den Jakobsweg vom Pilger. Dieser Jakobsweg, der innere Weg, über den ich so viele Vorträge gehalten habe, erklärt mir manches aus einer neuen Perspektive. Spreche ich darüber, spüre ich die große Konzentration des Publikums, die Nähe, die Intensität des Austauschs. Jeder Zuhörer pickt sich dann das für ihn Passende heraus. Hier im Auto ist es eng, keiner kann flüchten, Denkansätze, die sich über Jahre entwickelt haben und auf endlosen Kilometern getestet wurden, sind schwerlich in der Kürze zu übermitteln.

In Gedanken zähle ich die Stunden Schlaf, die mir jetzt noch bleiben. Vor fast zwei Stunden hatten wir die Party als Letzte verlassen.

Eine unerwartete Wendung. „Du lässt dich nie wirklich fallen, wenn du bei mir bist, du hältst etwas zurück.“ Darum geht es also. Halbherzig widerspreche ich und erzähle etwas von meinen hundert Prozent, die ich gebe, und spüre nur zu deutlich: Ein neues „Jakobsweg-Thema“ bricht sich Bahn.

Plötzlich ist mir klar, wie eins nach dem anderen kam, warum Sabine überhaupt in mein Leben getreten ist. Sie ist eine unglaublich spannende Frau mit einem enormen Spektrum an spannenden Themen und Ansichten. Auf der einen Seite spüre ich ihre hohe emotionale Intelligenz, auf der anderen Seite zeigt sie mir ihren messerscharfen analytischen Verstand. Die Gespräche mit ihr erlebe ich stets als wunderbar inspirierend, egal, um welche Uhrzeit. Nur, was kommt nach der Inspiration? In meinem Kopf tummeln sich unzählige Bilder, Wunschvorstellungen, Gedankenstränge, Fetzen. Die in mir schlummernde Antwort auf das Fallenlassen kämpft sich langsam an die Oberfläche. Ich spüre es deutlich, bevor ich es weiß. Wo habe ich den freien Fall schon einmal so deutlich erlebt?

Auf 4.300 Meter öffnet sich plötzlich die Tür des kleinen Sportflugzeugs. Im nächsten Augenblick hänge ich schon in der Luft, ohrenbetäubender Lärm. Um mich herum das Gestänge der Tragflächen, unter mir die Landschaft, grobe Umrisse von Feldern und Wäldern, von vielen Flugreisen ein vertrautes Bild. Wie kalt und windig es hier ist. Nein, das hier war ein Fehler, ich will nicht springen. Wie kann ich jetzt noch sagen, dass ich umdrehen möchte? Jetzt gilt es zu handeln, es gibt keine Alternative. Schon im nächsten Moment ist das Flugzeug bereits hundert Meter über mir. Totaler Schock, ich schreie in einem fort, halte mich krampfhaft an dem Gurt an meinen Schultern fest. Als ob das irgendetwas verändern würde. Noch nie habe ich diese elementare Angst gespürt. Todesangst. In einem Wahnsinnstempo rast die Erde auf mich zu, das Geräusch ist ohrenbetäubend. Ich erlebe die Erdanziehungskraft in einer ungekannten Wucht. Das Höchste, was ich zuvor im freien Fall erlebt hatte, war der Sprung vom Drei-Meter-Brett im Schwimmbad. Unterhalb des Flugzeugs bin ich wie ein kleines Stück Eisen, das gleich ungebremst auf dem Magneten aufschlägt. Es sei denn, es passiert etwas, das diesen Fall stoppt … Mit weit aufgerissenen Augen sehe ich die Erde näher kommen, unfähig, auch nur einen einzigen Gedanken zu fassen. Dieses Tempo, diese unbekannten Eindrücke sind zu viel für mein Gehirn. Ich fühle nur die Kraft, die mich unbarmherzig mit sich reißt. Gut, dass ich nicht selbst die Reißleine vom Fallschirm ziehen muss, ich wäre damit heillos überfordert. Mir geht das alles zu schnell, viel zu schnell. Dabei sind es nur circa zweihundert Kilometer pro Stunde. Plötzlich ein harter Ruck, meine Beine fliegen hoch, die Knie stoppen kurz vor meiner Nase. Vollbremsung. Langsam segeln wir über den Boden, ich erwache aus meinem Schock, bin unfähig, das eben Erlebte zu verstehen. Der Tandemmaster drückt mir die zwei Leinen des Fallschirms in die Hand. Erde an Felix: aufwachen! Ziehe ich rechts, machen wir eine Rechtskurve, ziehe ich links, geht es genau in die andere Richtung. Nach dem steilen Fall macht es jetzt richtig Spaß, sanft durch die Luft zu gleiten. Unendliche Dankbarkeit überkommt mich, ohne meinen Tandemmaster würde ich nicht mehr leben, wäre ungebremst aufgeschlagen. Es ist gut gegangen. Wieder einmal. Wie sooft.

Unendlich größer ist meine Zuversicht in weniger extremen Situationen. Ich fühle mich getragen vom Leben, von Gott. Dieses Leben ist so reich, dass ich regelmäßig vor schierer Dankbarkeit Tränen in den Augen habe. Mehr als ein Danke kommt dann kaum aus mir heraus. Das sind eben die Momente, in denen ich einen winzig kleinen Einblick in den großen Schöpfungsplan erhalte, und mich fühle, als ob mich die Sonne direkt anstrahlt. Ich habe die Zuversicht, dass alles gut ist. Mit dieser Einstellung unterscheide ich mich zum Beispiel von Sabine, die nicht müde wird zu betonen: „Alles *wird* gut." Ganz still frage ich mich, wann dieses zukünftige Ereignis denn eintreten darf, ob es überhaupt jemals so weit kommen wird, und falls ja, was dazu vorher passieren muss.

Mit meiner Haltung gehe ich ständig Risiken ein, leide ich wie ein geschlagener Hund, wenn es einmal schiefläuft. Selten verliere ich jedoch das Vertrauen, dass ich behütet bin. Es muss sich nicht einmal sonderlich dunkel anfühlen, so sicher bin ich mir: Gott macht keine Pausen während seines 24-Stunden-Jobs. Mit dieser Gewissheit ist das Leben leicht. Ich spüre es mit jeder Pore, demütig, voller Staunen und Ehrfurcht. Alles ist gut. Genau dann offenbart sich mir die Schöpfung, wie sie war, wie sie ist und immer sein wird. Meine Gedanken mögen sich wandeln, an dem Ewiggleichen werden sie nicht ein Jota verändern. Was für ein Geschenk!

„Mein Joch ist einfach und meine Last leicht", hat Jesus gesagt. Mit diesem Vertrauen starte ich in den Tag, sanft geleitet von Abenteuer zu Abenteuer. Manches geht mir leichter von der Hand, anderes dauert ein wenig länger, aber alles geschieht in seinem natürlichen Rhythmus. Für mich ist das ein starkes Bild: Ich werde den Fluss nicht antreiben können. Wer steht schon im Main und versucht mit schaufelnden Handbewegungen zu erreichen, dass sich die Fließgeschwindigkeit des Flusses erhöht? Im Leben bilden wir uns manchmal ein, dass wir die Dinge vorantreiben können, es geht uns oft nicht schnell genug.

„Sind zehn Minuten zu lang für Sie?" Die Frage des Service-Mitarbeiters der Bahn beeindruckte mich. Nach einem erholsamen Urlaub wollte ich zur entlegenen S-Bahn-Station sprinten, obwohl der weitergehende Zug bequem am selben Gleis abfuhr. Der Zeitgewinn: zehn Minuten. An einem Urlaubstag ist das eine vernachlässigbar kleine Zeitspanne, die in keinem Verhältnis zur Hektik steht. Mit einem Lächeln stelle ich mir die Frage gern selbst, wenn ich zu einem Ziel hechte, das ich ohne Konsequenzen auch später erreichen kann. Nicht Stunden später, nur wenige Minuten. Ich will nicht unpünktlich sein, aber auch nicht überpünktlich.

Auf jedem Jakobsweg hat mich ein zentrales Thema begleitet. Warum sollte das beim Begehen des inneren Weges anders sein? Es ist außerdem noch viel aufreibender, sich auf den inneren Weg zu machen, selbst wenn man keine Flugbuchungen und Herbergen benötigt. Nur das Erkennen ist wichtig. Und schon liegt das Thema offen vor mir. Weglaufen geht nicht.

„Wenn du dich fallen lässt, fange ich dich auf", verspricht mir Sabine. Volltreffer. Ich glaube ihr kein Wort und spüre, wie mich das stutzig macht. Der Einzige, der mich zeit meines Lebens aufgefangen hat, ist mein göttlicher Vater. Er war immer da und hat mich bis jetzt getragen, ihm vertraue ich bedingungslos. Ihr kann ich doch gar nicht in dieser Form vertrauen. Es gibt viele Menschen, die sich nicht gehalten fühlen im Leben, man spricht von vierzig Prozent. Das Gefühl des Gehaltenwerdens entwickelt sich meist in den ersten Jahren der Kindheit und spiegelt die Beziehung der Mutter zum Kind wider. Alles, was wir später mit unseren Partnern, unseren Chefs, Mitarbeitern und Kollegen erleben, hat damit zu tun, welche Beziehungs- und Kommunikationsstrukturen wir in unseren Familien gelernt haben. Was Sabine sagt, erinnert mich an Fritz Riemanns Bestseller „Grundformen der Angst". Da wir die meisten dieser Muster unbewusst leben, ist es sehr heilsam, Klarheit und Bewusstheit darüber zu erlangen und sich wieder neu mit der eigenen Mitte zu verbinden. Wie will mich jemand halten, der sich selbst nicht vom Leben getragen fühlt? Unbeirrt fährt Sabine fort: „Das war schon in der Schule so. Ich war anders als die anderen. Fühlte mich in der Gruppe nicht zu Hause. Eigentlich ist es immer noch so." Es macht klick bei mir. Ich verstehe sie in der Tiefe, spüre ihre unerfüllte Suche nach Geborgenheit.

Ich bin Sabine sehr dankbar und fühle mich auf den richtigen Pfad gesetzt. Es ist der Startschuss für eine neue Reise, ein Aufbruch im ewigen Kreislauf des Unterwegsseins. Ich umarme Sabine zum Abschied, der morgige Tag erfordert von uns volle Konzentration, und wir hoffen auf so viel Schlaf wie möglich. Die Vögel zwitschern bereits laut, Lebensfreude pur. Mit diesem Gefühl schlafe ich ein und bin gespannt auf die bevorstehende innere Reise. Im Gepäck habe ich ein altes Thema, das ich aus dem Weg räumen will. Es hat (mal wieder) mit meiner Familie zu tun …

Wie oft warf ich meinem Vater an den Kopf, dass er immer viel zu spät nach Hause käme, andere Väter doch so viel früher daheim wären. Waren das wirklich meine Worte oder äffte ich einfach unreflektiert Worte meiner Mutter nach? In seiner endlosen Geduld nahm er mich bei der Hand und erklärte mir: „Wer etwas mehr im Leben erreichen will, muss etwas mehr arbeiten." Seine Bescheidenheit strahlte, in jeder Hinsicht war mein Vater ein Freund des Understatements, nicht prahlerisch, sondern bodenständig war sein Wesen. So wollte ich auch sein. Wie anders waren da meine zwei Brüder. Schon früh traf ich andere Entscheidungen als sie, mir imponierte der stetige Pfad meines Vaters. Schritt für Schritt wollte ich gehen, nicht hastig die Abkürzung nehmen, die dann im Nirgendwo endet. Erst rückblickend wurde mir klar, dass wir Brüder uns in entgegengesetzte Richtungen entwickelten, das einzige Bindeglied, das uns zusammenhielt, war unser Vater. Als er starb, brach das Gefüge auseinander.

Filme wie „Chemin de Saint Jacques – Pilgern auf Französisch" beschreiben Familienkonflikte oft auf anschauliche Weise. Viele fanden sich in dem Film wieder, sonst wäre er weniger erfolgreich gewesen. In dem Streifen geht es um gestörte Familienzusammengehörigkeit und um die Auflösung von Blockaden. Die Geschichte ist schnell erzählt:

Die Mutter vermacht ihren – mittlerweile allesamt in den 40ern steckenden – zwei Söhnen und der Tochter ihr Vermögen, jedoch nur, wenn sie sich für einige Wochen gemeinsam auf den Jakobsweg begeben. Nun wäre das halb so wild, wenn sie nicht testamentarisch die Bedingungen klar festgezurrt hätte. „Gemeinsam" bedeutet, zu dritt den Weg zu gehen und abends unter einem Dach zu schlafen. Bei der Verlesung des letzten Willens rasten die Kinder aus. Sie können verschiedener gar nicht sein. Der eine ist erfolgreicher Unternehmer, der andere, ein Landstreicher, hängt an der Flasche und besitzt nichts. Die Schwester ist eine überforderte Hausfrau und Mutter. Nun hat die weise Mutter auch bekundet, dass ihre Kinder natürlich das Recht hätten, die Wanderung nicht anzutreten. Dann aber würde das gesamte Vermögen einer Stiftung vermacht werden und sie würden allesamt leer ausgehen. Die Geschwister ringen sich schließlich zu der Reise durch. In der Gruppe befinden sich noch andere Pilger, allesamt mit ähnlich bewegendem Hintergrund, auch der Pilgerführer trägt schwer an persönlichem Ballast. Es kommt, wie es kommen muss: Verkrustete Strukturen brechen auf, es wird geweint, gehasst und irgendwann liegt man sich in den Armen. Ab einem bestimmten Punkt der Wanderung geht es nicht mehr um das Geld, sondern um den Familienzusammenhalt und inneren Frieden. Zum Ende des Films sieht man noch einmal das gütig lächelnde Gesicht der alten Dame, die sich über den neu gewonnenen Frieden ihrer Kinder freut.

Ein letztes Mal kamen wir Söhne am Sterbebett meines Vaters zusammen. Er konnte sich fast nicht mehr artikulieren, die Morphium-Dosis war mittlerweile deutlich zu hoch. Mit weit aufgerissenen Augen lag er vor uns, wie ein Mensch, der sich innerlich auf die nächste Reise vorbereitet. Mein Vater sagte nicht viel, und meine beiden Brüder redeten umso mehr. Das, was sie sagten, wirkte auf mich wie irgendein Blödsinn. Scheinbar wollten sie diesen bewegenden Moment weniger an sich ranlassen. Mein Vater musste anders gelagert werden, die beiden Brüder griffen beherzt zu. Der eine nahm die mittlerweile abgemagerten dünnen Beine, der andere den Oberkörper. Ich sah mir die Situation an, für drei war nicht genug Platz am Bett. Für einen Augenblick trafen sich unsere Blicke. Ganz tief in seinem Hinterkopf meinte ich lesen zu können, dass ihm das jetzt zu viel sei, er sich nicht von seinen Söhnen bewegen lassen wollte. „Wir haben Kinder, da müssen wir auch manchmal ran“, sagte der eine. Sein Lachen klang hohl in meinen Ohren. Ich erlebte hier die Heiligkeit dieses Momentes. Wäre er ein bisschen wacher gewesen, hätte er vielleicht bemerken können, dass er seinen Vater nicht zu seinem Kind machen durfte, nicht einmal in Gedanken. In diesem Moment spürte ich deutlich, dass mein Vater beschloss, dem Ganzen ein Ende zu setzen und zu gehen. Es lag etwas Endgültiges in der Luft. Wenige aufgewühlte Tage und unruhige Nächte später bekam ich frühmorgens den Anruf von meiner Stiefmutter. Auch wenn es absehbar gewesen war, weinte ich bitterlich und fühlte mich, als ob mir der Boden unter den Füßen weggezogen worden wäre. Meine Stiefmutter bat mich, die Brüder zu informieren. Als ich den Zweitältesten anrief, sagte er lediglich: „So ist das Leben." Konnte er sich seine Sprüche nicht endlich einmal verkneifen? Warum konnte er nicht einmal angesichts des Todes unseres Vaters vor seinem Bruder Gefühle zulassen und musste weiterhin die Gute-Laune-Nummer abziehen? Erst viel später, als ich etwas darüber in „Psychologie Heute" las, wurde ich milder und ich erkannte, dass Menschen in Extremsituationen – besonders, wenn die eigenen Eltern sterben – auf das älteste und bewährteste Muster zurückgreifen, um den Schmerz auszuhalten. War ich zu streng? „Vergib deinem Bruder sieben mal siebzig Mal", sagt Jesus. Nach all den Verletzungen, die ich seit dem Tod meines Vaters einstecken musste, bin ich da sicherlich auf gutem Weg. Heute kann ich sagen, dass ich meinem Bruder vergeben habe. Mein Vater hat sich die Wirren seiner Söhne stets zu Herzen genommen, meine wilde Art hat ihn sicher die eine oder andere schlaflose Nacht gekostet. Meine Brüder werde ich nicht verändern können, vertraue aber darauf, dass die innere Arbeit an mir nicht umsonst war. Hinter all den vermeintlichen Gegensätzen haben wir etwas, das uns tief im Inneren verbindet: die Liebe zu unseren Eltern. Das ist genug, um uns die Hand zu reichen. Ich bin Gott dankbar dafür, dass er mir die Kraft gibt, dieses Paket zu tragen. An manchen Tagen erscheint es mir wie eine Last, unter der ich fast zusammenbreche. Dann schickt er mir Engel. Menschen, die mir bedingungslos und freiwillig zeigen, dass sie zu mir stehen. Und so erkenne ich in dem Jammertal, in dem ich wandere, dass ich nie allein bin. Bisher kam wirklich jedes Mal eine Armada, um mir wieder auf die Füße zu helfen. Abseits von jeglichem Psychologie-Tschaka fühle ich heute, dass ich innere Ressourcen habe, mit schweren Aufgaben fertig zu werden, und kann aus vollem Herzen sagen: Das ist ein wunderbares Leben, oder einfacher ausgedrückt: Danke, Gott!

Die andere Perspektive aufs Leben

„Wir danken Felix, dass er den weiten Weg aus Frankfurt zu uns gefunden hat. Jetzt wissen wir, wie gut wir es auf dem Jakobsweg haben, im Vergleich zu ihm, schließlich haben wir zwei Beine …"

Hä? Welchen Teil meines Vortrags hat mein ansonsten liebenswerter Gastgeber nicht verstanden? Für die Mitleidsnummer bin ich nicht hier, oder um es unmissverständlich auszudrücken: Dafür bin ich nirgendwo zu haben. So hart will ich ihm aber nicht über den Mund fahren und versuche es mit Humor.

„Hat doch auch Vorteile. Berg runter bin ich bestimmt schneller als die meisten zu Fuß, besonders in liegender Position." Ich demonstriere ihm, wie ich den Rollstuhl nach hinten kippe und mich im Dreißig-Grad-Winkel nach hinten gelehnt vorwärtsbewege. „Wirklich bequem, es sei denn, es wird zu steil, dann beginnen die Greifreifen des Rollstuhls zu glühen."

Während ich diese Anekdote erzähle, spüre ich eine neue Erkenntnis in mir reifen. Ein gepflanztes Samenkorn. Erstmals sehe ich die grüne Spitze, die aus dem Boden bricht. Etwas in meinem Kopf hat sich grundlegend verändert. Aus einer Mischung von „Gefühlsfarben" ist ein neuer Farbton entstanden, es fühlt sich an und sieht aus wie die nächste Entwicklungsstufe. Ich verwende derartige naturwissenschaftliche Begriffe ein wenig zögerlich. Das, was ich beschreiben will, klingt fast zu groß, nur mit äußerster Anstrengung kann ich es fassen. Dann bleibe ich lieber beim Begriff einer neuen Farbmischung. Hat nicht jeder von uns als Kind schon einmal gemalt? Mit Wasserfarben herumexperimentiert, aus zwei oder drei Farben eine neue geschaffen?

Farbe eins: Bereits in sehr frühem Alter habe ich begonnen, in schlechten Situationen die Vorteile zu suchen. Nicht immer lag ich damit richtig, manche Vorteile haben sich im Laufe der Zeit ohne jeden Zweifel in ihr Gegenteil verwandelt. Es war aber ein Anfang, eine Technik, die mir half, nicht nur zu überleben, sondern dieses Leben als grundsätzlich lebenswert anzunehmen. Vorteile finden: Nach dem frühen Tod meiner Mutter glaubte ich ganz fest daran, dass unsere Familie durch diesen Schlag enger zusammenwachsen würde. Damals war ich zu jung, um zu erkennen, dass Menschen nach schweren Schicksalsschlägen vereinfacht gesprochen in eines von zwei Mustern fallen: Entweder sie verändern etwas an ihrer Lebenssituation oder sie leben weiter, als ob nichts geschehen wäre. Meine Familie bildete da keine Ausnahme. Der Status quo ist bequem und wird oft als etwas Erstrebenswertes und als sicheren Hafen angesehen. Auch meine Brüder lebten nach diesem Muster. Nun bestand der Vorteil, der sich aus meinem Schicksalsschlag ergab, eben nicht darin, dass wir in „kleiner Besetzung" zueinanderfanden, sondern darin, dass mir die veränderte Familiensituation später half, meinen Motorradunfall besser zu verarbeiten. Stopp! So habe ich nie gedacht. Ich habe bis heute keinen Vorteil darin finden können, dass wir Brüder nach dem Tod meiner Mutter nicht näher zusammenrücken konnten. Manchmal gibt es schlichtweg keine Vorteile. Nicht jeder verpasste Zug bringt mir Chancen, dennoch versuche ich, mir die Freude und die Fröhlichkeit nicht nehmen zu lassen und verströme dabei etwas von meinem Glück, das diese Haltung mir bringt. Mit Sicherheit kann ich sagen, dass der Verlust meiner Mutter mich zwang, sehr früh reifer zu werden als dies beispielsweise meine Klassenkameraden mussten. War das nun ein Vorteil oder nicht? Um es deutlich zu machen: Es geht mir hierbei in erster Linie nicht um den *einen* Vorteil, der aus schwarz weiß macht, sondern darum, auch in der Dunkelheit nicht zu vergessen, dass es

Licht – also die positiven Seiten – gibt. Sie mögen unscheinbar sein, aber es gibt sie. Bei Ereignissen, die weniger schicksalsschwer sind, funktioniert diese Strategie sehr gut, die Vorteile liegen auf der Hand, wenn ich sie annehme. Auch wenn es mich früher ankotzte, als Einziger auf der anderen Seeseite zu wohnen und nach einem anstrengenden Rudertraining noch eine weitere Radeinheit am Berg absolvieren zu müssen, hat mich das zusätzliche Training gekräftigt und im Mannschaftskader nach vorn gebracht.

Farbe zwei: Der Motorradunfall. Von hundert auf null. Ein unabhängiges Leben könnte ich nun zu den Akten legen, erklärte mir meine Umwelt bei jedem Blick. Doch jeder Schritt in Richtung Wiedererlangung der gewohnten (und dennoch neuen) Selbstständigkeit ließ mich tief in mir spüren, dass ich alle notwendigen Ressourcen habe, um mit dieser Situation klarzukommen. Und immer wieder konnte ich das Fazit ziehen: Das Leben fordert mich zwar, ja, aber es überfordert mich nicht.

Farbe drei: In den USA lernte ich einen neuen Aspekt kennen, der mir half, mich mit meinem neuen Leben zu arrangieren: Positives Denken, die Kunst, jeder, wirklich jeder Situation etwas Gutes abgewinnen zu können. Anfänglich wendete ich diese Technik wie eine Art Gehirnwäsche an. Ich versuchte krampfhaft, den Dingen das Positive abzuringen, alles erschien in meiner Wahrnehmung positiv, das Negative blendete ich konsequent aus. Als ich meinen ersten Job bereits drei Monate später wieder verlor, war ich euphorisch über die neuen Möglichkeiten, die sich mir nun bieten würden. Nun, ich fand noch innerhalb der kurzen Kündigungsfrist eine neue Stelle; ob sie besser war, wage ich jedoch im Nachhinein zu bezweifeln. Alles musste von der positiven Seite betrachtet werden, Positives Denken wurde mein Opium. Will ich es erreichen, kann ich es erreichen? Ein klares Ja. Nirgendwo stand geschrieben, dass es nicht geht. Zum Glück vermengte sich das positive Denken mit der Zeit mit den bekannten Farben auf meiner Mischpalette und kreierte somit einen weiteren Farbton. Eine neue Farbe war entstanden, die stärker leuchtete als die anderen. Eine neue Erkenntnis reifte in mir. Ging es mir anfangs nur darum, die Vorteile zu finden, zu wissen, dass ich alle notwendigen Ressourcen habe, um mit der Situation klarzukommen, und das Ganze schließlich mit einer positiven Denkhaltung zu verknüpfen, so verstand ich jetzt: Diese Reise hat einen tiefen emotionalen Sinn und am Ende wartet ein erfülltes Abenteuer auf mich. Dabei geht es mir nie um das Erreichen eines konkreten Zieles, sondern um die Ahnung oder die Faszination, welche eine neue Richtung andeutet. Darum, der neuen Energie freudvoll Raum geben zu können, ohne sie jedoch krampfhaft festzuhalten. Ein Wort des ehrwürdigen Augustinus kommt mir hier in den Sinn: *Im Menschen lebt eine Sehnsucht, das unruhige Herz ist die Wurzel der Pilgerschaft.* Jetzt fanden zwei Entwicklungsstränge zueinander: die Reise, die vor meinem Motorradunfall begann, und die, die mich nach meinem Unfall auf den Jakobsweg führte. Vor diesem Hintergrund erscheint mein Motorradunfall in einem anderen Licht, ich verstehe nun, dass dieser Schlag, der mich von den Füßen geholt hat, einen Sinn ergibt.

Farbe vier. Nähere ich mich langsam dem Prisma, das weißes Licht in die sieben Spektralfarben bricht?

Lange gab es für mich nur eine Zeitrechnung: vor und nach dem Unfall. Schmerzerfüllt grenzte ich knallhart zwei Lebensabschnitte strikt voneinander ab: eine unbeschwerte Zeit grenzenloser Freiheit (auch wenn das so nicht stimmte), in der ich auf zwei Beinen durch diese Welt marschierte, und die Zeit danach, in der es so schien, als ob nun deutlich weniger machbar wäre. Aus meiner ablehnenden Haltung der neuen, ungewollten Situation gegenüber schöpfte ich viel Kraft. Der Trotz wurde mein Antrieb: Das „Es geht trotzdem!" setzte einen Prozess in Gang, der über Jahre stetig anhielt. Mit jedem Scheitern kam ich einem totalen Richtungswechsel näher, mit jedem Schritt änderten sich alte, gewohnte Verhaltensmuster, die meiner neuen Entwicklung im Wege standen. So war es für mich – als vor Kraft strotzendem jungem Mann – beispielsweise schwierig, Hilfe anzunehmen. Ich fing schließlich an, einen Satz aus der Physiotherapie zu befolgen: So viel wie nötig, so wenig wie möglich. Es waren weitere Male hinfallen und wieder aufstehen nötig, bis ich es verstanden habe. Dieses Leben ist *jetzt* absolut wertvoll. Der Weg, das lange Ringen mit der ausweglos erscheinenden Situation hilft vielleicht, das Fazit besser zu verstehen. Zwei Zeitrechnungen bringen mich nicht weiter, im Gegenteil. Es kann nur eine geben. Zugegeben, diese Einsicht klingt simpel und ist stark verkürzt, wenn man nicht den Weg sieht, der mich dahin geführt hat.

Ich war zu jung, um dieses Leben wegzuwerfen. Der Rollstuhl mindert meine Lebensfreude nicht, nein, er ist Teil meiner Erfahrung, die jeden Tag zu einem wahren Abenteuer macht. Klar helfen mir dabei meine ganz persönlichen Drogen. Genauer gesagt eine einzige: meine körpereigene, die ich völlig legal jeden Tag in hohen Dosen ausschütte. Was für ein Geschenk, ich habe keine Schmerzen, nehme keine Tabletten, nicht einmal Aspirin. Diese Kraft treibt mich jeden Morgen aus dem Bett und lässt mich singen. Im Moment ist es das Lied: „Herr, deine Liebe ist wie Gras und Ufer." Es ist mir geschenkt, einfach so, wie dieser wunderbare Tag.

Vor langer Zeit wachte ich mit anderen Liedtexten auf: zu einer Zeit, in der ich Motorrad fuhr, lange Haare hatte und nur Leder an meinem Körper trug. Ich war wild und ungezähmt, wollte alles, aber nichts dafür tun. Das Motorrad war meine Kraftquelle. Ich stieg auf die Maschine und bereits nach wenigen Metern spürte ich einzig den Wind, grenzenlose Freiheit und den unbeschreiblich glücklich machenden Augenblick. „Born to be wild" war mein Schlachtruf, das Lied, das ich oft spielte, bevor ich in der Garage verschwand, um meine Kawasaki zu starten. Um jeden Preis wollte ich cool sein. Noch heute klingen mir die Worte meines Schulkameraden Sven im Ohr: „Felix, immer, wenn du deine Lederjacke trägst, hat man das Gefühl, du müsstest jedem beweisen, dass du das auch darfst." Ich machte einen auf übercool. Sicherlich war das nichts Ungewöhnliches für mein Alter, wahrscheinlich nur eine Phase.

Die Momentaufnahme gab ein korrektes Bild ab, ich schadete niemandem in meiner Umwelt, nahm nichts mit, was nicht mir gehörte, und prügelte mich auch nicht. Da gab es immer eine Barriere, eine Hemmschwelle in mir, die nicht überschritten werden durfte. Und dennoch wusste ich in meinem tiefsten Inneren, dass ich auf einem Trip war, der nichts Gutes verhieß. Ich befand mich in einer Einbahnstraße, die nur ein Ziel hatte: Wilder, lauter, mehr Provokation. Meine Vorbilder hießen nicht mehr Jesus oder Gandhi, wie noch in den Jahren davor, sondern waren Rockstars, die einzig durch respektloses Verhalten ihre Jünger entzückten. Liebe und rücksichtsvolles Verhalten war in jeder Hinsicht – nett formuliert – uncool. Meine Familie nervte mich so sehr, dass ich nur noch wegwollte. Weit weg. Sie lehnte mein Erscheinungsbild ab, meine Lieblingsmusik hatte in der Wahrnehmung meiner Eltern nichts mehr mit der Definition von Geschmack gemein. Ich weiß noch, wie ich bei einem Familienfest eine neue CD von „The Almighty" abspielen wollte. Das war das härteste an Rockmusik, das ich damals kannte. Die offenkundige Blasphemie berauschte mich geradezu. Ich wollte sie alle provozieren, hatte nur eins im Sinn: dass sie sich endlich von mir abwenden. Jeder sollte sich abwenden, der nicht dem neuen Glauben angehören wollte. Nur an einem Menschen hielt ich fest. An einem Menschen, der genauso haltlos war wie ich. Der so tat, als hätte er noch weniger zu verlieren als ich. Frank und ich fühlten uns beide wie Außenseiter, das war ausschließlich der Tatsache geschuldet, dass wir andere Musik hörten als unsere Klassenkameraden. Er sang in einer Band und ich fand ihn cool. Gemeinsam kauften wir CDs, unterhielten uns über Videos, die auf MTV gespielt wurden, und guckten Filme. Wir trafen uns in seinem Zimmer unterm Dach, einer Art verrauchten Höhle. Sogar der Laser des CD-Spielers verklebte in diesem Qualm irgendwann. Rauchen fand ich uncool, es schmeckte mir nicht. Seine Familie bekam ich nie zu Gesicht. Sein Vater arbeitete als selbstständiger Steuerberater und seine Mutter hatte – das erfuhr ich erst viel später – Krebs. Zu mir nach Hause kam er nie, auf eine fast unheimliche Art war er extrem phlegmatisch, hinter der Fassade des scheinbar unnahbaren Coolen sah ich es lange Zeit überhaupt nicht: Frank war eine löchrige, depressive und stark verwundete Gestalt. Hätte ich das früher in dieser Klarheit erkennen können, hätten sich unsere Wege bereits zu Schulzeiten getrennt. Ich wollte einfach nichts bemerken, schließlich war er doch mein Gefährte. Ein nicht ganz loyaler Gefährte, wie er mir regelmäßig bewies, wenn er wieder einmal in unserer Clique nicht zu mir hielt. Deutlicher als nach meinem Unfall hätte er nie werden können: Er besuchte mich während meines fünfmonatigen Aufenthaltes im Krankenhaus nicht ein einziges Mal. Einen härteren Test hätte es für das, was ich für Freundschaft hielt, nicht geben können. Ich verzieh ihm jedoch – wieder einmal. Was ließ mich so stark an einer derart dysfunktionalen Freundschaft festhalten? Wie viele Menschen gab es in meinem Leben, die sich von meiner harten Schale eben nicht abschrecken ließen? Allesamt vernachlässigte ich sie, wollte der Harte und Unnahbare sein. Frank fungierte als mein Ausbilder und begann mit dem, was ich für Freundschaft hielt: Nie ließ er mich an sich heran. Dabei kam ich noch relativ gut weg, sich selbst hasste er. Zwei konkurrierende Gefühle kämpften in meinem Herzen um die Vormachtstellung. Mit aller Härte wollte ich alles Sanfte und Liebevolle totschlagen, um endlich keine Gefühle mehr zu haben. Oft fragte ich mich, warum mich keiner weckte, aufrüttelte und mir erklärte, dass ich auf der falschen Spur war.

In meinem Kopf spielte ich Filme, die nur einen einzigen Inhalt kannten: Respektlosigkeit. So stellte ich mir vor, wie ich am Tag der Abiturzeugnisausgabe mit meinem Motorrad die Stufen in die Aula hochfahre, den Wisch in Empfang nehme – Frank wollte mit von der Partie sein – und dann mit durchdrehenden Reifen davonrausche. Und den verdutzten Rektor einfach stehen lasse … Sahen wir zu viele Filme, dass unsere Fantasie derart seltsame Blüten trieb? Vielleicht waren wir auch nur ganz normale, frustrierte Schüler. Wie dem auch sei, es kam anders, mein Motorradunfall machte jeglichen Filmen dieser Art einen Strich durch die Rechnung. Jetzt rang ich nur noch um mein Leben. Meine Chance: fünfzig Prozent.

Nie zuvor war ich derart auf mich allein gestellt. Kein Mensch konnte mir die Schmerzen wegnehmen, bewegungsunfähig lag ich im Bett, ohne Aussicht auf Besserung. Im Gegenteil, die Ärzte gaben sich größte Mühe, auch das kleinste Fünkchen Hoffnung zu zertrampeln, so groß war ihre Angst, dass ich in ein Loch fallen würde, wenn es anders käme. Die Medikamente hatten schon häufig Depressionen als Nebenwirkung, das wollte man nicht noch verstärken. Mein Krankenhausbett würde für Monate mein Zuhause sein. Es war eher Quarantäne-Station als Zufluchtsort. Die Welt da draußen brachte mein Besuch in kleinen, wohlverpackten Dosen (nein, kein Bier, ich war abgefüllt genug) oder strahlte surreal matt durch ungeputzte Fensterscheiben herein. In den einsamen Stunden kreisten meine Gedanken um die Zeit *davor*, die jetzt in der

Rückblende absolut verklärt wurde. Was für ein Quatsch! Das sagte mir jedoch niemand, alle gingen nach meinem Unfall so behutsam mit mir um, ich wurde mit den samtigsten Samthandschuhen angefasst. Keiner getraute sich, mir zu sagen, dass ich mich vor meinem Unfall oft wie die Axt im Walde aufgeführt hatte. Wenn es nach mir gegangen wäre, dann hätte sich an meinem Verhalten auch nichts geändert. Ganz im Gegenteil. Aber die nächsten Schritte waren schon vorgezeichnet …

Guido und ich hatten uns geeinigt, dass er mein Motorrad kaufen würde. Auf meinem Einkaufszettel stand bereits eine schwerere Maschine, 1.400 Kubik. Mehr und mehr fand ich beim Motorradfahren eine Lösung für sämtliche Konflikte: weglaufen, wegfahren, nicht mehr darüber nachdenken. Unangenehme Momente gehörten ab jetzt der Vergangenheit an, mein Bike stand jederzeit abfahrbereit direkt am Hauseingang. Wenn es stressig wurde, war ich schneller weg, als irgendwer bis drei zählen konnte. Die Route kannte nur ein Ziel und eine ein-zige Richtung: Einsamkeit. Viel schlimmer noch, so sehe ich es heute, die Endstation hieß Gottverlassenheit und Trostlosigkeit. Es fiel mir schwer, mich an genau diesem Punkt der Erkenntnis zu öffnen. Von außen betrachtet waren die Auswüchse meines Freiheitsdrangs in diesem Stadium allesamt unkritisch, tief in meinem Inneren wusste ich es besser, ahnte ich, welche Auswirkungen dieser Freiheitsirrsinn auf mich hatte. Hätte ich überhaupt zu Ende studiert? Mit welcher Konsequenz und Disziplin? Ich wurde bewahrt vor einer hoffnungslosen Suche nach Liebe, die ich dort, wo ich suchte, nie hätte finden können. Dann kam der Knall und alles war von einem auf den anderen Moment völlig anders. Alles. Meine rücksichtslosen Verhaltensweisen funktionierten genau wie meine Beine seit dem Unfall nicht mehr. Ich würde mich ändern müssen, ohne Wenn und Aber. Es war die harte Realität, die ungefragt in mein Leben hineingrätschte und mir mit der

Brechstange signalisierte: Endstation. Der Rollstuhl knallte in mein Leben, eine harte Schule begann, der ich mich anfangs zäh widersetzte. Zahllose Rollstühle habe ich verschlissen, wahnwitzige, endlose Kämpfe mit meinem veränderten Körper ausgefochten. Alles, was sich mir in den Weg stellte, wurde zermalmt. Am Ende würde ich gewinnen und wieder aufstehen, das war zumindest mein Plan. Dafür trat ich an, das war meine Kampfansage, Energie hatte ich mehr als genug.

In dieser Hinsicht war die Ansage von Christopher Reeve, dem amerikanischen Superman-Darsteller, Wasser auf meine Mühlen. Öffentlich erklärte er, die medizinische Diagnose Querschnittslähmung gehöre der Vergangenheit an. Er gründete eine Stiftung, sammelte viel Geld – und ich glaubte ihm. In Tagträumen flüchtete ich mich in eine Scheinwelt und arbeitete in Gedanken an einem Buch, das ich nach erfolgter Heilung schreiben würde. Rührselig würde ich, frei nach amerikanischem Vorbild, von einem erbitterten Kampf mit mir selbst berichten, der mich schließlich aus dem Rollstuhl holte. Blitzlichtgewitter, Pressetermine, Talkshows, so stellte ich mir das vor. Mit meiner tatsächlichen Situation hatten diese Bilder jedoch nichts gemeinsam. Die Jahre vergingen und an meiner Lebenssituation änderte sich nichts. An meiner äußeren Situation wohlgemerkt, innerlich war ich schon längst auf einer Reise, für die ich mir gern noch zehn Jahre Zeit gegeben hätte. Zumindest war ich damals dieser Meinung, heute kann ich diese Aussage nicht mehr unterschreiben. Süß ist die Frucht des Erkennens, wenn es oft auch nur Teilaspekte sind, die wir begreifen. Christopher Reeve war mittlerweile verstorben. Über die Jahre hatte ich seine Ambitionen verfolgt und mich dabei mehr und mehr von seinem Vorhaben abgewendet. Nie konnte ich das Gefühl abschütteln, dass er seinen Rollstuhl wohl nicht wirklich akzeptierte und er somit den notwendigen ersten Schritt in eine neue Lebenssituation verweigerte. Ich bin dankbar, dass ich schließlich diesen ersten Schritt gehen konnte. Im übertragenen Sinne hat der bisherige Weg im Rollstuhl meiner Seele auf die Beine geholfen, mich zu mehr Wachsamkeit und Nächstenliebe geführt. Der Rollstuhl war es, der meinen eingeschlagenen, spätpubertären Weg um 180 Grad änderte, sodass ich jetzt einer anderen Spur in tiefer Demut und Vertrauen folgen konnte. In meinem ersten Buch konnte ich bereits einige Themen verarbeiten und möglicherweise dem einen oder anderen etwas Mut machen, den eigenen „Rollstuhl" im Kopf – die inneren Begrenzungen – anders zu bewerten, auf andere Weise, neu damit umzugehen. Heute bin ich überzeugt davon, dass es ein Zeichen der unendlichen Liebe meines Schöpfers ist, mich an Aufgaben heranzuführen, die mich täglich wachsen lassen, Potenziale zu wecken, die vorher brachlagen und mir jetzt Kraft schenken. Wie die Singdrossel begann ich schließlich, den neuen Lebensabschnitt mit fröhlichen Liedern zu feiern. Jetzt bin ich in meinem Alltag ständig auf der Suche nach dieser Freude und verströme gern etwas von diesem Gefühl an meine Umwelt. Nicht nur im Büro hat das zuweilen ansteckenden Charakter.

Immer häufiger begegne ich Menschen, denen es in unterschiedlichen Situationen ähnlich zu gehen scheint wie mir. Meine Arbeitskollegin murmelte einmal in einer stressigen Situation fast unhörbar vor sich hin: „Auch das schaffe ich, schließlich habe ich ohne Betäubung ein Kind zur Welt gebracht." Wir kannten uns schon lange, deswegen traute ich mich nachzufragen. „Die Geburt war bereits seit zehn Stunden im Gange und ich spürte so viel Kraft wie noch nie in meinem Leben. Als die Presswehen einsetzten und ich vor Schmerzen brüllte, ist mein Mann in Ohnmacht gefallen." Es ist der Grenzbereich, der uns aufzeigt, welche ungeahnten Reserven in uns darauf warten, ausgeschöpft zu werden. Wachstum findet selten in der Komfortzone statt. Oft muss erst etwas aufreißen, die ursprüngliche Gestalt zerstört werden. Alte Strukturen müssen aufbrechen. Nichts ändert sich, wenn man am Status quo festhält. Wenn eine Pflanze nicht mehr wächst, dann stirbt sie. Unser Leben unterliegt beständiger Veränderung. Wenn mir das Leben eines gezeigt hat, dann das. Ein einziges Ereignis hat mir eine völlig neue Richtung vorgegeben. Hatte ich wirklich jemals eine andere Wahl gehabt als diesen neuen Weg einzuschlagen? Mich in die Fluten des unbekannten Gewässers zu stürzen, um herauszufinden, was da noch kommt? Rückblickend betrachtet ist ja alles gut gegangen. Aber konnte ich das damals schon wissen?

Wer sich nicht verändert, der bleibt innerlich stehen. Er entwickelt sich nicht, er wird starr. Leben heißt heute für mich, ständig in Bewegung zu bleiben, sich eben nicht auszuruhen auf den eigenen Erfolgen, auf dem Besitz, den ich erworben habe, auf dem Reifegrad, den ich erreicht habe. Mittlerweile empfinde ich große Freude, mich auf den Weg zu machen, um innerlich wie äußerlich weiterzukommen, um lebendig zu bleiben. Nie kann ich sagen: „Jetzt weiß ich, wie das Leben funktioniert." Das Leben ist voller Überraschungen. Nur wenn ich bereit bin, diesen sich stetig ändernden Weg weiterzugehen, bleibe ich im Herzen jung. Sonst werden die Worte, mit denen ich bisher auf die Fragen des Lebens geantwortet habe, spröde, bleibe ich stehen und verweigere es, mich dem Fluss des Lebens anzuvertrauen.

Manchmal vergleiche ich den Grenzbereich, in den mich das Leben hin und wieder treibt, mit dem Winter. Diese Jahreszeit ist ein harter Test für den Rollstuhl, genauso wie für mich. Im Schnee komme ich nicht so recht voran, die kleinen Vorderräder verwandeln sich sehr schnell in Minischneepflüge. Dennoch freue ich mich darüber, überhaupt vorwärtszukommen, denn zu dieser Jahreszeit sehe ich keinen anderen Menschen, der allein im Rollstuhl unterwegs ist.

Was höchst brutal klingt, ist Gottes Versprechen, dass dieses Abenteuer nie enden und auch im Alter nicht aufhören wird. Deswegen kann ich heute gar nicht mehr anders als mich zu fügen. Die Tatsache, dass ich schon in sehr jungen Jahren erkennen musste, dass es wenig (äußerliche) Konstanz im Leben gibt, hat mich auf eine Art und Weise geprägt, die ich erst jetzt langsam begreife. Ist das der Grund, warum ich immer wieder so beherzt aufbreche, neugierig und zugleich voller Vertrauen? Tief in mir spüre ich, dass dieser Schritt gerade ansteht und gemacht werden muss. Ich glaube, dass jeder Mensch weiß, wann es Zeit ist, aufzubrechen. Ich hatte unzählige Möglichkeiten zu üben, fast mein halbes Leben lang befinde ich mich nun schon in diesem „Intensivtraining". Manchmal frage ich mich, was sonst die Kraft gehabt hätte, mich zu zähmen, wenn nicht dieser Rollstuhl. Toben und wüten bringt mich niemals weiter. Ich muss meine Grenzen akzeptieren. Und ich muss weitergehen, auch wenn in der Konsequenz der Fall auf den Hintern schmerzhafter ist als der auf die eigenen Füße. Nein, ich übte nicht freiwillig mit dem sperrigen Teil und meiner gesamten Situation klarzukommen. Ich wollte überleben, und dazu musste ich etwas ändern, denn mein Körper begann zu streiken. Meine Beine zuckten so sehr, dass ich sie nur noch mit Mühe bändigen konnte. Positiv gesehen bauten sich dadurch Muskeln auf. Aber auch mit noch so großer Willensanstrengung konnte ich sie nicht bewegen. Mich ärgerte das maßlos. Denn die Körperkräfte sind ungleich verteilt, die Beinmuskulatur ist ungemein leistungsfähiger als die Arme es sind. Mich darüber aufzuregen nutzte mir nichts, sondern machte alles nur noch schlimmer: Noch heftigeres Zucken war die Antwort. Ich musste den Krieg, den ich mit mir selbst führte, deeskalieren. Was sich so einfach liest, gelang nur durch langsames Lernen. Das war nur dadurch möglich, dass ich, nachdem ich zum tausendsten Mal vor die Wand gelaufen bin, endlich mein Verhalten änderte. Möglichkeiten zum Üben boten sich mir hinreichend – jeden Tag gleich mehrere. Verhaltensmuster sind im Allgemeinen sehr zäh und klebrig, lassen sich nur schwer ändern. Sie kommen ans Tageslicht, ohne dass ich viel darüber nachdenken muss. Und das ist genau der Punkt: Ich handle so, weil ich so handeln muss. Ein Aktionsmuster entwickelt sich oft früh im Leben. Wir entwickeln eine Art Standardrepertoire. Ohne groß nachzudenken reagiere ich auf eine Situation oder eine Verhaltensweise in einer bestimmten Form. Vor Kurzem saß ich in der S-Bahn auf dem Weg zu einer schönen Wanderung in den Taunus. Mir gegenüber saß ein junges Pärchen. Sie war sichtlich unzufrieden, er redlich bemüht, sie aufzuheitern. Ich versuchte wegzuhören (was sich jedoch als schwierig erwies, da sie nur gefühlte zehn Zentimeter von mir entfernt saßen). Plötzlich hörte ich einen Satz, der mich auf der Wanderung lange nachdenken ließ. Sie sagte zu ihm: „Ich bin halt so." Und?, fragte ich mich, bedeutet das, dass man deshalb ein solches zickiges Verhalten tolerieren und dafür eine Absolution erteilen muss? Ich war wütend über diese Aussage, die mich ja eigentlich überhaupt nichts anging. Dennoch ärgerte ich mich darüber, dass sie es sich anscheinend so wunderbar leicht machte. Mit einer solchen Haltung muss sie nichts an sich verändern, kann so bleiben, wie sie ist. *Soll die Umwelt doch sehen, wie sie damit klarkommt.* Bei genauerem Hinsehen und einige Wanderkilometer später konnte ich erkennen, welchen „Knopf" diese Aussage bei mir gedrückt hatte. Ich war – wie immer, wenn ich im Wald bin – wieder vollständig bei mir angekommen. Wenn alte Muster aktiviert werden, reagiere ich völlig unangemessen auf eine neue Situation, stehe mir dann oft selbst im Weg. Wie oft habe ich das schon getan und tue es noch heute. Wie eine Brechstange hat mich der Rollstuhl gezwungen, genau hinzusehen und alte Muster auszuhebeln. Schritt für Schritt, im übertragenen Sinne natürlich. So sage ich heute: Ich bin jetzt so, und ich verändere mich gern. Vielleicht ist das die Hauptmotivation, warum ich immer wieder so gern aufbreche. Jedes Mal, wenn ich das tue, erlebe ich, wie ich auf eine bestimmte Situation nicht mehr „zeitgemäß“ reagiere, und merke, dass ich die alte Reaktion gegen eine neue eintauschen muss. Am Ende der Reise tue ich mich leichter, gehe wieder ein Stück unbeschwerter durchs Leben, habe plötzlich eine neue Antwort gefunden. Wenn ich heute noch der gleiche breitbeinig durchs Leben gehende Motorrad-Rocker wäre, dann befände ich mich jetzt bestimmt an einer anderen Stelle im Leben. Ich würde nach meinem heutigen Erkenntnisstand jedoch nicht mehr mit dieser Zeit tauschen wollen. Ich bin dankbar dafür, dass ich gelernt habe, mich Stück für Stück zu verändern, neue Lebensmuster einzuüben und freue mich auf den Prozess, der noch vor mir liegt. Es gibt noch genug zu tun …

Nach siebzehn Jahren im Rollstuhl kann ich nunmehr auf eine sehr lange Übungszeit zurückschauen, die mich im Kern stark verändert hat. Aber bin ich wirklich gelassener oder besser geworden?

In den neunziger Jahren wurde an der Berliner Hochschule der Künste eine Untersuchung gemacht. Dafür wurden drei Gruppen von Violinisten gebildet, die an der Hochschule studierten. In der ersten Gruppe waren die Stars, die das Potenzial zu Weltklassesolisten hatten. Die zweite Gruppe bestand aus „guten“ Künstlern, während die dritte Gruppe aus solchen bestand, die wahrscheinlich niemals als professionelle Konzertmusiker ihren Lebensunterhalt bestreiten, sondern eher als Musiklehrer tätig werden würden. Allen Studierenden wurde dieselbe Frage gestellt: Wie viele Stunden haben Sie seit dem ersten Tag, an dem Sie das erste Mal eine Geige in der Hand hielten, geübt?

Die Startvoraussetzungen waren ähnlich, die Teilnehmer aller drei Gruppen hatten im Alter von fünf Jahren begonnen und jeweils zwei bis drei Stunden in der Woche geübt. Im Alter von acht Jahren gab es die ersten erkennbaren Unterschiede. Die Gruppe der Studenten, die zu den Besten gehörte, begann nun, mehr zu üben als die anderen. Waren es anfänglich nur wenige Stunden mehr, übten sie im Alter von zwölf Jahren bereits etwa acht, im Alter von 14 rund 16 Stunden die Woche, immer mit dem klaren Ziel, ihr Spiel zu verbessern. Mit 20 Jahren hatten sie so bereits zehntausend Stunden geübt. Verglichen damit kamen die „guten" Studierenden nur auf etwa achttausend Stunden und die Musiklehrer auf knapp über viertausend Stunden. Faszinierend ist die Erkenntnis der Forscher, dass sie in keiner der drei Gruppen Naturtalente fanden, die es mit deutlich weniger Übung an die Weltspitze geschafft hätten. Es gab auch keinen Einzigen, der überdurchschnittlich viel geübt hatte, ohne jemals zu den Besten zu gehören.

Das gibt mir Mut. Bisher bin ich bestimmt tausendmal aus dem Rollstuhl gefallen (da ich jedoch reflexartig mein Kinn auf meinen Brustkorb drücke, brauche ich keinen Helm, *meistens* zumindest). Das ist eine Grenzsituation, in der ich die Nerven bewahren muss. Von den umstehenden hilfsbereiten Menschen kann niemand wissen, was genau zu tun ist. In überschäumendem Aktionismus zerren sie gern nur an einem einzelnen Arm. Wie schön, dass mich noch nie jemand am Schopfe gepackt hat.

Mein Urologe in Bad Wildungen warnte mich einmal sehr nett, aber eindringlich: „Sie haben mit dieser hochmodernen Art der Blasenentleerung wieder alle Freiheiten. Sie benötigen auch nicht mehr Gepäck als eine Person ohne Rollstuhl. Nur eins sollten Sie unbedingt vermeiden: Die Kontrolle über sich in irgendeiner Form abzugeben. Die Konsequenzen sind für Sie fataler, deshalb: Übertreiben Sie es besser nicht." Auch wenn ich mich insgesamt daran hielt, gab es noch bestimmt zehntausend Platten, Unfälle und andere peinliche Momente, die mich insgesamt abgehärtet haben. „Abhärten" meine ich hier im positiven Sinne. Ich muss abwägen: Lohnt es sich aufzuregen? Unter Umständen ist der Preis fürs Luftablassen unangemessen hoch. Für solche Situationen habe ich mir also ein neues Muster angeeignet: Egal, was passiert, ich bleibe erst einmal ruhig und schaue mir die Situation an.

Ein Arbeitskollege erklärte mir, dass ich im Vergleich zu anderen Kollegen oft gelassener wirken würde. Das gab mir natürlich zu denken, denn ich weiß, dass mein Schreibtisch mindestens ebenso voll ist. Zugegeben, ich klage weniger über die Arbeitslast als andere. Während manche Kollegen keine Möglichkeit auslassen, über die hohe Belastung zu jammern und ihren Schmerz mit Seufzern und verzerrtem Gesichtsausdruck zu unterstreichen, bleibe ich ruhig. Operative Hektik bringt ja niemanden weiter. Ich arbeite lieber, als anderen zu erzählen, wie viel zu viel es ist. In der Zeit, in der ich darüber spreche, wäre ich bereits einen Schritt weitergekommen, hätte die Aufgabe vielleicht schon bearbeitet. Allein deswegen lohnt es sich schon, den Mund zu halten. Da Klappern zum Handwerk gehört, lasse ich die Ergebnisse für die Arbeitsqualität sprechen. Wichtig ist doch nicht, wie viel ich gelitten habe, also, wie viel Input ich gegeben habe, sondern wie gut das Ergebnis, der Output ist. Das Rollstuhltraining hat meine Stresstoleranz stark erhöht. Selten geht es im Büro um Leben und Tod, und dessen bin ich mir bewusst. Diesen Kampf habe ich schon einmal ausgefochten. Was ich im Arbeitsalltag erlebe, fühlt sich anders an. Hat mich früher die besonnene Art meines Vaters aufgeregt, habe ich mir heute Aspekte seines Wesens angeeignet.

Das hat mich kürzlich vor Schlimmerem bewahrt. Es war ein turbulenter Tag im Büro, ich kam später nach Hause als geplant und hatte noch genug zu erledigen. Am liebsten hätte ich alles gleichzeitig gemacht: Post öffnen, Waschmaschine anwerfen, Abendessen machen, Computer hochfahren. Nichts ging mir schnell genug, denn natürlich wollte ich nicht zu spät ins Bett. Plötzlich verschluckte ich mich an meinem Brot – auf eine Art und Weise, wie ich es noch nie erlebt habe. Nichts ging mehr, ich konnte weder schlucken noch atmen. Irgendetwas hatte sich fatal verklemmt. Wie beim Tauchen unter Wasser war mein Mund weit geöffnet, aber nichts passierte. Aber ich spürte keinen Adrenalinstoß. Ich betrachtete mich von außen und wunderte mich darüber, dass ich ruhig blieb und meine Situation analysierte. Mir war klar, dass ich nicht viel Zeit hatte. Du musst etwas trinken, schoss es mir durch den Kopf. Die Kiste Sprudel war leer, also ging ich zum Wasserhahn, öffnete ihn und hielt ein Glas darunter. Schon mit dem ersten Schluck löste sich das Brot und gierig saugte ich die Luft ein. Das war noch mal gut gegangen. Ich war dankbar für das Leben, das so schnell hätte zu Ende sein können. Ich wollte zu viel auf einmal tun, hatte mich am Leben verschluckt. Den Rest des Abends und auch die nächsten Tage verbrachte ich glücklicher und dankbarer. Und als ich weiter über das Erlebnis nachdachte, stellte ich wieder einmal fest, dass ich in Stresssituationen einen kühlen Kopf bewahren und gleichzeitig an einer Lösung arbeiten kann.

Mit dem Aufbruch kommen neue Herausforderungen

Ganz sanft setzte ich die Erkenntnisse vom Jakobsweg um. Ich musste nun niemandem mehr etwas beweisen und wollte mich auf das konzentrieren, was ich liebte und gut konnte. Aber was war das? Ich suchte meinen Platz im Leben. Tagsüber entwickelte ich neue Anlagekonzepte, in den Abendstunden und am Wochenende schrieb ich an meinem Buch über den Jakobsweg. Während der Arbeitszeit tat ich, als würde mich interessieren, was ich dort verrichtete. Es war eine Qual. Die allgegenwärtige Furcht, nicht mehr dazuzugehören, die Angst vor Bonuskürzungen, der nächsten Restrukturierung und davor, den Job zu verlieren, spornte viele zu Höchstleistungen an.

„Ich sollte kündigen!" Jeden Tag sagte ich mir diesen Satz mehrfach. Die internen Jobangebote waren wenig verlockend, und Kraft für externe Bewerbungsgespräche wollte ich nicht aufwenden. Dann tat ich es doch. Dreißig Jahre Berufsleben lagen noch vor mir, mindestens. Ich wollte etwas Neues ausprobieren, an bodenständigen Produkten (die nicht mehr *plain vanilla* hießen) arbeiten und mehr Freizeit haben. War es schlau, sechs Jahre Studium und acht Jahre Berufserfahrung einfach so wegzuwerfen? Und dann war da noch die Sache mit der sechsmonatigen Probezeit.

An meinem ersten Arbeitstag in der neuen Firma komme ich zu spät. Dabei hatte mir mein neuer Chef vorher noch wohlwollend erklärt: „Am zweiten Januar haben sich ohnehin viele freigenommen, es reicht, wenn du um zehn Uhr da bist. Ich selbst feiere den einjährigen Geburtstag meines Sohnes und werde nicht im Büro sein."

Eine sympathisch wirkende Kollegin holt mich am Empfang ab. Sie interessiert es nicht im Geringsten, dass es bereits Viertel nach zehn ist, vielleicht bemerkt sie es nicht einmal. Ich war froh, es heute überhaupt hierhin geschafft zu haben. Nach einigen Monaten Freizeit war ich irgendwie entwöhnt. Erst gestern Nachmittag war ich von einer Reise aus dem Land Oman zurückgekehrt und in Gedanken noch in diesem Wüstenstaat. Jetzt war ich hier, aufgewacht aus dem Traum von Tausendundeiner Nacht und im Schneematsch von Frankfurt angekommen.

Die Kollegin und ich kennen uns von früheren Kongressen und gemeinsamen Veranstaltungen. „Wir gehen das heute gaaanz langsam an", betont sie bereits im zweiten Satz. Hatte sie auch so schöne freie Tage gehabt? Wir befinden uns noch im Foyer. Ich hätte erwartet, dass die Damen am Empfang aufspringen und singen: „Slow, yeah, we take it slow, today!" Stattdessen beachten sie uns wahrscheinlich kaum. Der Aufzug kommt.

„Wir sind jetzt im siebten Stock, ich weiß nicht, ob du das bemerkt hast?" Gar nichts hatte ich bemerkt, ich war noch in Gedanken bei ihrem Satz von vorhin. Sie macht ihre Jobeinweisung gründlich und legt mir quasi eine Fährte ins Büro. Das ist hilfreich, da es in den verwinkelten Etagen kaum Orientierungspunkte gibt. „Also, wir sind jetzt im Abschnitt B, wie du auf diesem Plan siehst. Jetzt geht es den Gang hinunter und dann links und schon sind wir da. Verlaufen kannst du dich eh nicht." So eine genaue Einführung bin ich nun wirklich nicht gewohnt! Das Unternehmen ist bestens organisiert, auf meinem Telefondisplay steht bereits mein Name, mein Profil ist im System hinterlegt und ich kann augenblicklich auf meine E-Mails zugreifen.

Nach dem Frühstück wird Josefine schon wieder aktiv für mich und vereinbart einen Termin in der Personalabteilung. Die Uhrzeit schreibt sie auf einen kleinen Zettel und reicht ihn mir. So viel freundlichen Service bin ich nicht gewohnt, bei meinem alten Arbeitgeber hätte ich höchstens einen Namen zugerufen bekommen, mit der Aufforderung, mich dort einmal telefonisch anzumelden.

An meinem zweiten Tag fühle ich mich hundemüde. Auf verschneiten Gehwegen schlittere ich in Richtung Firma. Heute sollen die neuen Mitarbeiter vorgestellt werden. Ich weiß zwei Dinge. Erstens: Ich werde es nicht pünktlich bis acht Uhr dreißig schaffen. Zweitens: Es hat sich bereits so viel Schnee an meinen Reifen und am Rahmen des Rollstuhls festgeklebt, dass es einige Zeit dauern wird, bis das Ding wieder eisfrei ist. Als ich die Tür des Vortragssaals öffne, sehe ich fünfzig Kolleginnen und Kollegen im Business-Dress vor mir. Gott sei Dank gucken sie nach vorn und bemerken den Eintritt des Schneemanns gar nicht. Fast unbemerkt stelle ich mich neben einen Kollegen in die letzte Reihe. Langsam, aber stetig bildet sich unter mir eine Pfütze. Platsch. Gerade lösen sich größere Schneeklumpen. Hat das jemand gehört? Mir ist es so peinlich, dass ich am liebsten in genau dieser Lache versinken würde.

Immerhin sorge ich für genügend Luftfeuchtigkeit. Langsam wird die Lache kleiner, das Wasser verdunstet. Acht Stunden später ist die Einführung vorbei: Ein Tag gefüllt mit Informationen liegt hinter mir. Ein spannender Tag, dennoch fühle ich mich weniger frei. In den letzten Monaten war ich quer durch Deutschland gereist und hatte viele Vorträge gehalten, spannende Menschen und nicht minder attraktive Orte kennengelernt. Und jetzt, wo ist das Abenteuer? Ich fühle mich irgendwie traurig. Sicherlich muss ich mir noch die Zeit gönnen, mich umzugewöhnen. In der Teeküche gibt es ayurvedische Glückstees. Nach der zweiten Tasse denke ich: „So viel kannst du davon gar nicht trinken, dass es dir wieder gut geht.“ Ich tue mir schon etwas leid. Der Reiseblues. Es bleibt wenig Zeit, Trübsal zu blasen, für die es objektiv ja auch keinen Grund gibt. Bereits jetzt stehen ausreichend *Jour fixe* in meinem Kalender, Langeweile kann da keine aufkommen. Von der gelben Currysuppe habe ich gleichfarbige Flecken auf dem Hemd. Nur zu gut, dass ich wohlweislich die Krawatte in meine Jackettasche gesteckt habe.

Es ist Freitag, das Wochenende steht vor der Tür. Wie ich es bis hierhin geschafft habe, ist mir ein Rätsel. Ich hoffe darauf, dass ich bald in den neuen Rhythmus finde und mich schnell an die Abläufe gewöhne. Wie lange werde ich diesen Job haben? Wenn sich meine Erwartungen bewahrheiten und sich die Aktienmärkte weiterhin schlecht entwickeln, weiß ich nicht, wie sicher er wirklich ist. Aber ich werde beruhigt: „Hier brauchst du dir wirklich keine Sorgen um deinen Arbeitsplatz zu machen. Schließlich stellen wir noch einen weiteren neuen Kollegen ein.“ Im Aufzug treffe ich eine Kollegin, die im April von einer anderen Bank kam; wie sich jetzt zeigte, gerade noch rechtzeitig. „Meinen Chef haben sie heute entlassen, erfuhr ich per E-Mail“, sagt sie mir, während wir nach unten fahren.

Ein Termin bei der Betriebsärztin steht an, es erwarten mich die üblichen Routineuntersuchungen. Im Anschluss begleitet mich die Ärztin noch ins Büro, um zu überprüfen, wie ich sitze. Nur meinen Schreibtisch nimmt sie dabei in den Blick, den Rollstuhl lässt sie völlig außer Acht. Voller Begeisterung erzähle ich ihr von meinem Stehpult, das die nächsten Tage geliefert wird. Sie kennt sich mit derartigen Hilfsmitteln nicht sonderlich gut aus und nickt nur. Es ist eine Qual für mich, die ganze Zeit an einem Arbeitsplatz still auf der gleichen Stelle zu sitzen, was für eine Erleichterung bringt mir da dieses Gerät, mit dem ich im Stehen arbeiten und dabei meine Sehnen, Gelenke und Bänder belasten, dafür aber meinen Hintern etwas schonen kann! Außerdem habe ich in dieser anderen Position das Gefühl, mich besser konzentrieren zu können. Goethe hat nur unweit entfernt von meinem Büro auch im

Stehen geschrieben, allerdings sah sein Pult etwas anders aus als meines. Eigentlich ist es eine relativ simple Konstruktion: Eine Fixierung erfolgt lediglich an zwei Punkten, meinen Knien und meinem Becken. Das reicht. Der Rest, also das Hinstellen, ist für mich reine Technik: Meine Füße stelle ich auf ein massives Brett aus hellem Kirschholz, eine kleine schwarze Halbschale aus Metall verhindert, dass sie hin- und herrutschen. Die Knie schmiegen sich sanft ein in eine schmale Schaumstoffpelotte (als ich dieses Wort zum ersten Mal hörte, dachte ich schmunzelnd: Willkommen im Reha-Club!). Die Pelotte ist etwa handtellergroß und hält die Knie in einer durchgestreckten Position. Wenn ich ganz dicht vor einer kniehohen Mauer stehen würde, dann würde diese eine ähnliche Funktion erfüllen. Weiter oben, links und rechts am Pult, ist ein Gestänge angebracht, an dem ich mich mit den Armen hochziehe. Auf Beckenhöhe ist ein Bügel mit zwei weiteren gepolsterten Pelotten angebracht, die verhindern, dass ich gleich wieder nach unten rutsche. So ein Stehpult scheint nicht für jeden Rollstuhlfahrer praktikabel zu sein: Ich kenne viele, die dieses Gerät in einen – ziemlich teuren – Wäscheständer umfunktioniert haben. Ich dagegen benutze es viele Stunden am Tag. Nicht unerwähnt lassen möchte ich, dass das marineblaue Polster und die Holz- und Chromteile sich gut in das Büroambiente einfügen. Wahrscheinlich hat dieses Argument meinen Chef vollends überzeugt, als ich ihn bat, das Pult hier hinstellen zu dürfen …

Es liegt immer noch Schnee auf den Straßen. Ich weiß schon, warum ich nicht im Winter pilgere … Um sieben Uhr verlasse ich heute das Haus, halb acht soll ich meinen Chef treffen, um gemeinsam mit ihm zu einer Besprechung zu fahren. Er ist ein sympathischer Kerl, wirkt unaufgeregt und ist offensichtlich erfolgreich, deutschlandweit hat er sich in seinem Bereich einen sehr guten Namen gemacht.

Ich bin überrascht, als er mit einem Golf aus der Tiefgarage fährt. „Man weiß nie, was die Mietwagenfirma einem hinstellt", erklärt er achselzuckend. Wie selbstverständlich verlädt er meinen Rollstuhl. Während der Fahrt lese ich ihm die Präsentation vor, die die Beratungsgesellschaft gestern Nacht geschickt hat.

Bei der Sitzung lerne ich weitere Kollegen kennen. Die Projektleiterin sitzt neben mir, redet ansonsten nur mit meinen Vorgesetzten und schaut mich nicht an. Sie benutzt das gleiche Handy wie ich, und das finde ich ungewöhnlich. Ich hatte mir dieses Modell extra noch mal nachgekauft, da es leicht und robust ist. Es hat mich ohne Defekte auf tausenden Kilometern Jakobsweg begleitet. Ich hätte nicht vermutet, dass es noch andere gibt, die dieses in die Jahre gekommene Modell (ohne Kamera) noch benutzen. „Ich stelle mich so ungern um", sagt sie auf meine Bemerkung hin, lächelt kurz und verschwindet dann schnell.

Am Abend treffe ich mich mit einem Freund, der immer noch bei meinem alten Arbeitgeber beschäftigt ist. Wir haben uns vor Jahren bei einer Veranstaltung kennengelernt. Das letzte Mal habe ich ihm bei seinem Umzug geholfen, und auch er war immer da, wenn ich ihn brauchte. Ich spüre es deutlich: Unser Verhältnis hat sich seit meinem Ausscheiden aus der Firma verändert, er plant seine Zukunft dort, ich bin draußen. Eine scheinbar unüberwindbare Kluft liegt zwischen uns.

Gott sei Dank, heute liegt kein Schnee mehr, ich komme viel schneller und leichter zur Arbeit. Auch in meinem Inneren taut etwas auf und ich werde immer fröhlicher. Die Packung Glückstee habe ich anscheinend allein getrunken. Ich gehe gern zur Arbeit und begrüße die Kollegen mit einem ernst gemeinten Lachen. „Heute haben wir einen Termin beim Vorstand und einem der Geschäftsführer. Er möchte alle Neueinstellungen in seinem Bereich kennenlernen." Für meinen

Vorgesetzten ist so etwas eine Routinesache. „Ich werde nicht viel sagen, es reicht, wenn du und er euch unterhaltet.“ Na prima, eine Art weiteres Vorstellungsgespräch, denke ich. Immerhin bin ich immer noch in der Probezeit. Die Aktienmärkte testen neue Tiefstände und sind auf einem Niveau von vor sechs Jahren angelangt. Was dann kommt, damit hätte ich nicht gerechnet. Ein gutaussehender Mann, Mitte vierzig, empfängt uns auf das Herzlichste. Offen und sehr humorvoll erzählt er über seinen Werdegang, stellt Fragen zu meinem Lebenslauf und macht keinen Hehl daraus, dass er gern für dieses Unternehmen arbeitet. Die halbe Stunde vergeht wie im Flug und zum Abschied gibt er mir noch einen Auftrag: „Wenn Ihre Probezeit zu Ende ist, dann erwarte ich einen Bericht, in dem steht, was die guten und was die schlechten Seiten an diesem Laden sind.“ Er sagt wirklich *Laden*.

„Soll ich den Bericht vor oder nach der Übernahme in die Festanstellung abgeben?“ Lachend klopft er mir auf die Schulter. „Davor natürlich! Aber ehrlich bleiben, bitte.“ Wenn sogar in der obersten Führungsebene ein solcher Umgangston gepflegt wird, dann bin ich wohl an einem guten Ort angekommen.

Den Bericht werde ich ihm nie schreiben können. Es fällt mir schwer, per Anweisung die negativen Aspekte zu suchen, und so beschließe ich, dem Vorstand meine Einschätzung mündlich zu liefern, beim Mittagessen. Ich bin überrascht, dass ich das Gefühl habe, ihm vertrauen zu können; uns beide verbindet eine sportliche Vergangenheit. Er spielte früher in der ersten Bundesliga. So erzähle ich ihm von meinen Reiseplänen, davon, wieder einmal auf dem Jakobsweg unterwegs sein zu wollen, diesmal als Reiseleiter. Ich bin mir anfangs nicht ganz sicher, wie er die Information aufnehmen wird. Doch sichtlich interessiert hört er mir zu.

Caminho Portugues

Mehr und mehr spüre ich, dass der Jakobsweg, das Thema „Aufbruch“ sich in meinem ganzen Tun zu einem Lebensthema vereint. War ich nicht damals in der größten Krise aufgebrochen, um etwas Neues zu beginnen? Wie klein waren meine Vorstellungen beim Aufbrechen – verglichen mit dem, was ich hier geschenkt bekommen habe. Mit dieser Euphorie gehe ich wieder auf den Jakobsweg, zusammen mit fünf weiteren Pilgern, die sich für zwei Wochen mit mir gemeinsam auf den Weg von Porto nach Santiago de Compostela machen wollen. Fünf Leute, die mir vertrauen, dass ich als Reiseleiter etwas tauge. Ich bin so dankbar, dass ich in einem Umfeld arbeite, in dem ich die Vielschichtigkeit meines Lebens nicht verstecken muss, im Gegenteil: Meine Kollegen und Chefs zollten mir Anerkennung, als ich von meinem Pilgervorhaben erzählte. Mit meiner neuen Arbeitsstelle bin ich am richtigen Platz, und so ist der Jakobsweg für mich diesmal auch kein Kontrastprogramm zum Alltag, sondern fügt sich sanft in mein Leben ein. Der Kreis schließt sich auf wunderbare Weise und deshalb spüre ich tiefe Dankbarkeit. Ich muss nicht weglaufen, nicht auf schizoide Weise Kraft aus einem Urlaub saugen, die ich im Alltag nicht verspüre. Mit ganzer Kraft und aus dem Vollen schöpfend wage ich dieses Abenteuer. Es ist in vielerlei Hinsicht ein Erlebnis, ein anderer Weg, eine neue Erfahrung.

Von einigen Probewanderungen kenne ich die sympathische Gruppe bereits und bin mir sicher, dass wir eine wunderbare Zeit erleben werden. Drei Frauen, drei Männer, ich bin der Jüngste. Alles ist perfekt organisiert, zum ersten Mal weiß ich genau, wie viel Kilometer wir an jedem Tag laufen, wo wir übernachten und dass die Unterkünfte barrierefrei sein werden. Alles ist wunderbar einfach, wir haben ein „Rundum sorglos"-Paket geschnürt. Pilgern einmal anders. Keine Herbergen, sondern Zwei- bis Drei-Sterne-Unterkünfte. Selbst die Tagesetappen von maximal 25 Kilometern Länge sind überschaubar, es stehen keine extremen sportlichen Leistungen im Mittelpunkt unserer Reise, sondern die Gruppenerfahrung. Man geht nie den gleichen Weg, was auch passiert.

Das klingt alles sympathisch. Ein Punkt macht mir jedoch Sorgen: Die Gruppenstruktur ist von Beginn an fest definiert. Es gibt auch einen Boss. Aber das bin nicht ich. Die Gruppe kennt sich sehr gut und hat ihren Rädelsführer bereits bestimmt, schon lange bevor sie mich überhaupt kennengelernt hatten. Mein Part soll nun darin bestehen, mich in eine bestehende Konstellation einzufügen, in der ich weniger leitende, als vielmehr eine „bespaßende" Funktion ausüben soll. Natürlich hat mich mein langjähriger Freund und jakobswegerfahrener Freund Raimund gewarnt. „Eine bestehende Gruppe zu leiten birgt große Risiken, denn du hast immer einen Co-Chef neben dir. Doppelspitzen taugen selten, es sei denn, die Personen mögen sich und treffen gemeinsame Entscheidungen." Weise Worte eines Mannes, der viele Gruppen pro Jahr führt. Irgendwie hoffe ich doch noch, dass ich als Reiseleiter das Sagen haben werde.

Am Abend vor der Abreise wehrt sich alles in mir. In zwölf Stunden soll ich am Flughafen sein, gepackt habe ich deswegen trotzdem noch kein Stück. Ich will nicht und schlage die Zeit tot, gucke Fernsehen. Reine Zeitverschwendung, das ist mir klar. Irgendwann gehe ich müde ins Bett, packen kann ich auch noch morgen. Deutlicher könnte meine innere Stimme nicht sprechen, aber ich sehe keinen Ausweg. Der Urlaub ist geplant, alles gebucht, so kurz vorher zu kneifen ist nicht meine Art. Lustlos mache ich mich auf den Weg zum Flughafen, bete inständig um Führung. Irgendwie schaffe ich es, innerlich die Handbremse zu lösen und mich einzulassen auf das Abenteuer – genau zum richtigen Zeitpunkt, denn im Terminal 2 warten sie schon auf mich. Ich komme als Letzter an und habe gefühlt bereits eine lange Tour hinter mir.

Wie immer zu Beginn einer Reise: Euphorie pur, Lachen, gute Laune. Frisch erholt gehen wir die ersten Kilometer. Der Weg schlängelt sich sanft durch ländliche Ortschaften. Jedes Mal, wenn ich ein Jakobsweg-Muschelzeichen entdecke, steigt Freude in mir auf, gespart wurde mit den Markierungen nicht. Es geht an Weinreben vorbei, kleinen Gärten mit Pflanzen, die bei uns zu Hause aufgrund des Klimas gar nicht wachsen. Eine reiche Farbenpracht entfaltet sich vor meinen Augen, süße Gerüche steigen mir in die Nase und auf dem Weg sehe ich immer wieder Menschen, die sich bekreuzigen. Obwohl Regen vorausgesagt ist, werden wir verschont. Jeder Schritt ein Hochgefühl. Wir kommen nicht schnell voran, aber wir können es uns bei der kurzen Etappenlänge erlauben, uns Zeit zu lassen, nach links und rechts zu schauen und einfach nur die Natur zu genießen. Irgendwo auf dem Weg trinken wir einen Café con leche. Wir sind im Hier und Jetzt, dieser Augenblick hat so wunderbar einfach begonnen, ohne dass wir ihn einfordern oder uns sonderlich auf ihn konzentrieren müssen. Bernd kann es nicht schnell genug gehen, eilig prescht er voran. Er wird getrieben, sein Blackberry, auf dem er die firmeninternen Mails lesen kann, zückt er während der Wanderung regelmäßig. Ich mag ihn und will ihn nicht herausfordern. Ein Konflikt zum jetzigen Zeitpunkt würde die Gruppe nur spalten und ich habe keinen Plan B. Am Nachmittag treffen wir ihn an einer Brücke wieder, singend marschieren wir die letzten Kilometer durch Eukalyptuswälder hintereinander her. Ich spüre Frieden und freue mich insgeheim, diese Reise angetreten zu haben.

Bereits am Nachmittag erreichen wir unsere Unterkunft, ein malerisch gelegenes kleines Weingut mit rustikalen, romantischen Zimmern. Als Reiseleiter habe ich ein Zimmer in der Größe einer Wohnung für mich allein. Wir haben noch reichlich Zeit bis zum Abendessen. Für mich ist es eine neue Erfahrung, am Ende des Tages noch so viel überschüssige Energie zu haben. Den anderen scheint es ähnlich zu gehen und so tun wir das, was seit jeher ein Pilgerritual zu sein scheint. Wir sitzen unter einem mit Weinreben bewachsenen, laubenartigen Dach an einem Marmortisch lachend beisammen und warten auf das Abendessen. Lebensfreude pur. Die Bewegung an der frischen Luft und die Aufbruchsstimmung haben in jedem von uns ihre Wirkung hinterlassen. Der Wirt bietet an, uns die örtliche Kapelle zu zeigen. Mit einem monströsen Schlüssel öffnet er eine mächtige Pforte. Im Kreis stehend singen wir unsere angesammelte Lebensfreude aus uns heraus, reglos lehnt der Wirt an der Tür und lauscht. Irgendwann gehen uns die Lieder aus. Mittlerweile regnet es in Strömen und wir machen uns auf den Weg zurück. Da ist es also doch, das angekündigte Tief.

Plötzlich kommt eine junge blonde Frau in den Gastraum und unterhält sich mit dem Wirt. Sie tut es in einer Selbstverständlichkeit, dass wir annehmen, sie gehöre zum Personal. Erst als sie an unserem Tisch steht und uns auf Deutsch anspricht, bemerken wir unseren Irrtum. „Der Wirt bringt mich jetzt in den Nachbarort, hier scheint alles ausgebucht zu sein." Sofort widersprechen ihr alle. Maria hat ebenso wie ich ein Einzelzimmer und schnell versichert sie dem Wirt, dass es gar kein Problem sei, das Zimmer zu teilen. Wir rücken zusammen und machen Platz. Im Handumdrehen hat unsere Gruppe eine Person mehr.

Deike fesselt uns mit ihrem Mut. Sie erzählt davon, warum sie hier ist. Weil ihr der Job keine Freude mehr machte, kündigte sie einfach. Fast zeitgleich ging ihre Beziehung in die Brüche, aber statt sich im Schmerz zu suhlen, beschloss sie, sich auf die Reise zu machen. Sie war, so gesteht sie uns, ohnehin so sehr am Boden, dass sie nicht glaubte, in dieser Verfassung einen neuen, adäquaten Job zu bekommen. Erst einmal wollte sie den Schmerz abwandern. Der positive Glaube an ihre Fähigkeit, auf jeden Fall wieder eine Anstellung zu finden, fasziniert uns. Der Pilgerwanderung will sie ihre eigene Note geben, sie weiß noch nicht wann, aber sie ist fest entschlossen, bis ans Meer zu kommen. Die Sehnsucht nach Weite wurde ihr bereits in frühester Kindheit eingepflanzt – ihr Vater hat als Schiffskapitän die Weltmeere bereist. Deike plant, an irgendeiner Stelle den Bus zu nehmen und die letzte Wegstrecke bis Finisterre zu fahren. Ich spüre eine gewisse Erleichterung bei den anderen. Wir sind als geschlossene Gruppe aufgebrochen und dabei soll es bleiben. Kein Findelpilger, bitte.

Meine Hoffnung, dass die Wolkenfront über Nacht weiterzieht, wird noch vor dem Frühstück ertränkt. Widerwillig ziehe ich meine Regenkleidung über. Der strömende Regen kann unserer Stimmung nichts anhaben, ja, sogar ein kleines Lied huscht uns über die Lippen. Unser Liederrepertoire ist kirchlich geprägt, das haben wir unserem Chorleiter Achim zu verdanken. Auf dem asphaltierten Weg komme ich schnell voran. Immer wieder entfliehen wir den Regenschauern und springen in offen stehende Kirchen am Wegesrand. Gegen Mittag reißt der Himmel auf und ich werde übermütig. Getrieben von meinem Wunsch, bei den anderen zu bleiben, lasse ich mich dazu verleiten die Route zu ändern, auf dem pampigen Feldweg mitzuwandern. Die Warnungen des Wanderführers schlage ich allesamt in den Wind. Angesichts meines Schneckentempos teilt sich die Gruppe schließlich, die drei Frauen gehen voran, die beiden Männer schleichen im Gänsemarsch neben mir her. Sie schieben mich nicht, sondern leisten mir einfach

Gesellschaft. Wie soll ich ihnen jetzt bloß klarmachen, dass es mir lieber wäre, allein zu gehen? Der Lehm klebt fest an meinen Rädern, meine schlammigen Hände schmieren am Greifreifen und jeder Meter erfordert volle Konzentration. Für jede Art der Konversation fehlt mir schlichtweg die Kraft. Ein innerer Kampf entbrennt in mir, ich bin hin- und hergerissen zwischen der Würdigung der liebevollen Geste und der Berücksichtigung meiner eigenen Bedürfnisse. Wir bewältigen eine Etappe, die die beiden in weniger als der halben Zeit hinter sich gebracht hätten. Ich bin mir nicht sicher, was sie über diese Aktion denken, habe keine Kraft nachzufragen. Wenn jetzt einer von beiden beherzt zupacken, mich einfach schieben würde, ich würde nicht protestieren, im Gegenteil. Jener Punkt ist überschritten, der es mir unmöglich macht, ohne Gesichtsverlust um Hilfe zu bitten. Das können sie nicht wissen, allenfalls spüren. Auf dem Jakobsweg, draußen in der Natur, passiert es öfter, dass man Dinge einfach geschehen lassen kann. In diesen Momenten muss dann schlichtweg das Gefühl das Steuer übernehmen. Einen Vorwurf kann und will ich ihnen aber gar nicht machen, denn sie handeln in bester Absicht. Alles darüber hinaus wäre Bonus, und wenn ich ganz ehrlich zu mir selbst bin, in dieser Konstellation überhaupt nicht möglich gewesen. So vermeintlich offen wir auch miteinander umgehen, das Samenkorn für vertrauensvollen Umgang, eine Form des Zusammenseins, in der ein vollständiges Öffnen möglich ist, kann nicht keimen. Dafür hat Bernd, wie ich finde, zu viel Einfluss auf die Gruppe und zu wenig persönliche Ressourcen, diese Nähe zulassen zu können, geschweige denn sie zu fördern.

Am Berg überholen uns zwei junge Frauen. Sie plaudern vergnügt und essen dabei Weintrauben. Sie wirken so leicht und unbeschwert, als ob sie auf einer Wanderung durch deutsche Wälder wären und in nur wenigen Stunden in irgendeiner Gaststätte einkehren würden. Erst jetzt bemerke ich, wie stark mein Hunger ist. Wie ein Hund, der aufs Essen starrt, fixiere ich die Weintrauben. Ich wittere meine Chance, denn an dieser Wegpassage mir nicht zumindest pro forma Hilfe anzubieten, käme fast unterlassener Hilfeleistung gleich. Ihr Angebot nicht ganz ablehnend sage ich: „Ja, ihr könnt mir helfen und mir ein paar Weintrauben abgeben." Eine derart ungefilterte Ansprache haben sie sicher nicht erwartet, aber bestimmt auch nicht, mich hier zu sehen. Mittlerweile ist es mir egal, wie sehr ich aus dem Rahmen falle. Bin ich einmal draußen, ist es unerheblich, ob ich ein bisschen mehr oder weniger auffalle. Die Frauen geben mir fröhlich den Rest. Zugegeben, das war eine merkwürdige Begegnung, aber dennoch eine sympathische. Die beiden ziehen vergnügt weiter und begegnen oben am Berg Bernd und Achim. Ich verschleiße gerade alle meine Kräfte, bin mir unsicher, ob ich sie überhaupt habe. Und das alles bereits am Anfang der Reise … Vor allen anderen Wanderungen hatte ich mehr trainiert, war ich körperlich in besserer Verfassung. Zu allem Überfluss habe ich diesmal auch mehr Gepäck dabei.

Ein sandiges Stück weckt bei mir Gefühle wie bei einem sportlichen Wettkampf. Auf dem Boden lese ich: „Felix, du schaffst das." So fühlt sich Getragenwerden an.

An einer Kirche treffen wir uns alle wieder. Auch Deike sitzt auf den Stufen, etwas abseits, und raucht. Ich beobachte die Situation mit großem Interesse. Auf der einen Seite sucht sie nicht unbedingt den Anschluss, auf der anderen Seite ist die Gruppe ihr gegenüber nicht besonders offen. Bei strahlendem Sonnenschein ziehen wir weiter. Plötzlich ein Wolkenguss. Wir werden nass bis auf die Knochen, nur wenige Kilometer vor dem Ziel. Nur ein paar Augenblicke später klart der Himmel wieder auf und dampfend trocknen wir fast ebenso schnell, wie wir nass wurden. Aprilwetter im Juni. Ein Wechselbad der Gefühle, ein Spiegelbild unserer Stimmungslage.

Eine kleine Übung soll den Tag abrunden. Ich bitte die Gruppe, schweigend in die Stadt zu laufen und die Eindrücke des Tages Revue passieren zu lassen. Wortlos erreichen wir die Stadt Barcelos. Wie an einem kleinen Schnürchen gezogen gehen wir hintereinander her, entweder in Gedanken versunken oder einfach nur staunend. Vor der Brücke über den Fluss Cávado steht eine kleine Kapelle aus dem 14. Jahrhundert. Deutlich sichtbar steht eine Steinbank mit einem Wasserbecken davor, an dem sich schon immer die Pilger vor Betreten der Stadt die Füße wuschen. An diesem Punkt trennt sich Deike von uns, um hier in einer privaten Unterkunft zu übernachten. Unterwegs hat sie ein Portugiese angesprochen und erklärt, dass er eine Herberge betreibe. Anscheinend übernachten die anderen beiden Frauen auch dort. Wir haben vorgebucht und stapfen den Berg hinauf in den historischen Stadtkern, auf der Suche nach unserem Hotel. Bei jedem Abzweig schauen mich alle fragend an, hier sind meine Reiseleiterqualitäten wieder gefragt. Wir sind allesamt erschöpft vom Tag, das unbeständige Wetter hat uns Kraft gekostet.

Während sich die anderen ausruhen, erkunde ich die Umgebung. Ich bin auf der Suche nach einem geeigneten Restaurant. Wie heißt der Spruch noch mal? Warum in die Ferne schweifen … Ich mochte ihn nie wirklich, aber hier passt er. Direkt neben dem Hotel liegt eins der besten Lokale der Stadt, niemand hat Lust auf einen weiteren unnötigen Schritt, es sei denn, er führt im Anschluss Richtung Bett. Beim Abendessen kann ich mich nur schwer in die Gespräche einfinden. Die Inhalte drehen sich um Fakten und Namen von Personen, die ich allesamt nicht kenne. Ich fühle mich durch die Homogenität der Gruppe ausgeschlossen. Den Ton des Gespräches gibt Bernd an. Als er dann noch sein Blackberry zückt, um irgendeinem Mitarbeiter einen Auftrag zu mailen, muss ich mich stark beherrschen, um nicht zu explodieren. Bin ich der Einzige, der sich darüber aufregt?

Das Abendessen war doch mehr Geduldsprobe für mich, als ich angenommen habe, und um zur Ruhe zu kommen, erkunde ich die Stadt. Maria will mich begleiten. Sie vertraut mir ein Geheimnis an, das mich bestärkt, mit Bernd unter vier Augen zu sprechen. „Als ich euch am Flughafen sah, wollte ich schon wieder heimfliegen. Es schien mir so, als wärt ihr eine eingefleischte Gruppe, in die man nur schwer hineinkommt.“ Ich bin froh, dass sie dabeigeblieben ist, so habe ich wenigstens eine Verbündete. Hoffe ich.

Ein bisschen fühle ich mich wie früher im Job: Die Dinge werden hinter verschlossener Tür besprochen und dann die Ergebnisse allen anderen präsentiert. Raimunds Prophezeiung wird für mich schneller Realität, als ich es für möglich gehalten habe. Jetzt muss ich in meinem Kopf klären, inwieweit die Situation für mich akzeptabel ist. Zuallererst will ich jedoch die Fakten klären und für mich herausfinden, was mich so sehr an Bernds dominanter Art stört. Wie gut, dass ich mich auf dem Weg so schnell beruhigen kann. Durch die körperliche Anstrengung baue ich Stresshormone schnell ab und kann mit kühlem Kopf die Situation analysieren. In erster Linie ist es mir wichtig, eine Lehre aus dieser Situation zu ziehen. Sage ich nicht stets, dass der Jakobsweg ein wunderbares Lernumfeld ist? Wo sonst habe ich derart gefahrlos die Möglichkeit, Dinge auszuprobieren und ohne Angst auf mögliche Konsequenzen zu üben? Wenn mich eine Person auf dem Weg nicht mag, was soll's? Es ist dabei immer interessant, hinter die Kulissen zu blicken.

Das Wetter drückt auf die Stimmung. Es ist wolkenverhangen, grau und diesig. Wie anders habe ich mir diese Reise vorgestellt. Die Regensachen packe ich erst in letzter Minute aus, bevor es richtig losgeht.

Niemand benötigt wirklich irgendetwas, aber der Supermarkt bietet die willkommene Abwechslung, dem Nass für einen Moment zu entfliehen. Bei einem ansteigenden Wegstück prescht die Gruppe davon. Das war auch nicht anders abgemacht, ja, es stand sogar in der Reisebeschreibung. Streckenweise bin ich langsamer, und wenn es gar nicht geht, werde ich Umwege gehen müssen. Spätestens in unserer Pension „Casa dos Assentos“ werden wir uns wiedersehen. Dankenswerterweise ist die heutige Etappe nur kurz; wenn wir uns ein bisschen ins Zeug legen, sind wir am frühen Nachmittag dort. Es sind allerdings oft die kurzen Etappen, die es in sich haben …

Ich genieße die Stille. Zum ersten Mal bin ich ohne die Gruppe unterwegs und fühle mich wie auf früheren Reisen unbeschwert und frei. Ich blicke umher und genieße die Landschaft, die keine weiten Blicke wie auf der Via de la Plata, dafür aber schnuckelige Sandpisten und Waldwege im angenehmen Wechsel bietet. Zur Mittagszeit erreiche ich nach einem steilen Anstieg den Weiler Portela de Tamel. Es geht weiter bergauf und ich ringe mit mir, ob ich mich kurz in der Bar stärken soll. Weit ist es laut Plan nicht mehr bis zur Pension. Die Entscheidung wird mir denkbar leicht gemacht. Am Eingang lehnen die Wanderstöcke von Maria, eine schöne Einladung, sind sie doch so positioniert, dass ich sie gar nicht übersehen kann.

Nach der Stille habe ich jetzt Sehnsucht nach der Gruppe. Bei strahlendem Sonnenschein trinken wir alle abwechselnd Kaffee und Portwein, ausgedehnte Stunden vergehen voller Heiterkeit. Nur noch wenige Kilometer und wir könnten das Leben nahtlos weiterfeiern. Mein Wanderführer warnt allerdings vor einer Sumpflandschaft und rät Radfahrern zur Umgehung dieser Passage. Lachend und winkend biegt die Gruppe deshalb nach rechts ab, ich nach links. Ich sehe von der Anhöhe aus, wie sie in der Sumpflandschaft verschwinden, und winke ihnen nach. Das können sie nicht mehr sehen, ist vielleicht auch eher ein Ritual für mich. Es fängt leicht an zu nieseln. Als es stärker regnet, stelle ich mich unter einen großen Baum und genieße die frische Luft und das Prasseln des Regens auf dem Laubdach. Einfach nichts tun, nur warten und schauen. Inständig bete ich, dass die Gruppe auch einen Unterschlupf gefunden haben möge. Als der Regen nach einer Stunde immer noch nicht nachgelassen hat, zücke ich mein Handy, erreiche jedoch niemanden. Ich befürchte Schlimmes und mache mich auf den Weg. Steil schlängelt sich die kleine Straße den Berg hinauf, Verkehr gibt es hier wenig. Mein Handy klingelt. Eine nur leicht verstimmte Christiane erklärt mir, sie kämen gut voran und wir sähen uns ja bestimmt gleich. Ich bin beruhigt. Wenige Minuten später komme ich durch eine Ortschaft, deren Namen mir so vertraut erscheint. Richtig, dort ist unsere Unterkunft. Hatte ich so eine große Abkürzung genommen? Auf dem Schotterweg, der zum Anwesen führt, sind überall Pfützen, eine kleine Unterbodenwäsche für den Rollstuhl. Mein Klingeln bleibt unbeantwortet, also rufe ich. Nach einer gefühlten Ewigkeit öffnet sich ein Fenster. Was für eine Reservierung? Gibt es nicht. Ich kann es nicht fassen! Ich fühle mich wie ein begossener Pudel, im wahrsten Sinne des Wortes, und bitte die Dame des Hauses, wenigstens herunterzukommen, damit ich nicht die ganze Zeit schreien muss. Gut, dass sie englisch spricht, auf Portugiesisch wäre diese Konversation nicht möglich gewesen. Dieses Anwesen muss unheimlich groß sein, denke ich noch, als sie nach fünf Minuten die Haustür aufschließt und mir bedeutet hereinzukommen. „Entschuldigung, ich musste noch kurz telefonieren und klären, ob Sie wirklich eine Reservierung haben. Wer ist noch mal der Reiseveranstalter?“ Wie war das mit dem Stress, den ich auf der Reise quasi als zusätzliches Bonbon abbaue? Zahm wie ein Lamm ziehe ich meinen nassen Wanderführer aus der Tasche und kann ihr sogar den Buchungscode nennen. Anstatt mich aufzuregen, bin ich heilfroh, dass ich als Erster hier bin und die Angelegenheit regeln kann, bevor die Gruppe eintrifft. Auf dem getrennten Wegstück kamen mir schon arge Zweifel, ob ich als Reiseleiter überhaupt etwas tauge. Management per Handy scheint mir unter diesen Umständen nicht wirklich der optimale Führungsstil zu sein. Apropos Handy … Es klingelt und eine in Tränen aufgelöste Christiane erklärt mir, dass sie irgendwo an einer Brücke seien und *jetzt* abgeholt werden müssten. Es ist kalt, windig und *alle* hätten Angst sich zu erkälten. Mit jedem einzelnen Wort gibt sie mir zwischen den Zeilen zu verstehen: Wo bist du, warum machst du deinen Job nicht und holst uns hier raus? Die Ortsbeschreibung sagt der Hausangestellten zum Glück etwas und ich kann Christiane beschwichtigen: „Es kommt sofort jemand mit einem Auto und holt euch ab." Frustriert ziehe ich die nassen Kleider aus und verteile sie im gesamten Raum zum Trocknen.

Draußen höre ich Gepolter. Wortlos und durchnässt kommen die fünf mit leicht anklagender Miene an. Ich freue mich, sie heil hier zu sehen. „Ich habe euch heißen Tee machen lassen, damit ihr euch aufwärmen könnt."

„Wir brauchen keinen Tee, sondern nur eine heiße Dusche", schnauzt mich Bernd an. Einer nach dem anderen verschwinden sie in ihren Zimmern. Wo sie eben noch gestanden haben, sind jetzt Pfützen auf dem Fliesenboden. Es regnet immer noch so stark, dass man nur wenige Meter weit sehen kann.

Frustriert lege ich mich ins Bett und denke an Kündigung. Mir ist klar, dass ich unter diesen Voraussetzungen die Gruppe nicht leiten kann. Bernd hat durch seine langjährige Beziehung zu den anderen und seine dominante Art bewiesen, dass er die Gruppe führen möchte. Meine Entscheidung fällt mir ungemein leicht. Als es an der Tür klopft, bin ich bereit, meine Entscheidung in professioneller Manier mit Bernd vorzubesprechen, um dann das Ergebnis anschließend der Gruppe mitzuteilen. Insgeheim freue ich mich schon auf die freie Zeit, vielleicht würde ich dann mit Deike oder anderen Pilgern wandern. Die Freiheit gefällt mir. Bernd sieht die Sache ganz anders und will gar nichts von seiner Barschheit wissen. „Wir waren alle nur durchgefroren und hatten Angst vor einer Erkältung. Du hast deinen Job gut gemacht!" Wer sagt das wem? Würde ich meinen Chef in dieser Weise loben? Er nimmt mir den Wind aus den Segeln, meine so sorgfältig zurechtgelegte Ansprache verliert ihre Grundlage. Etwas verunsichert lächele ich. „So, jetzt gehe ich zu den anderen ins Kaminzimmer, mich aufwärmen, und erwarte dich dort." Insgeheim wäre ich lieber frei, kann mich aber dennoch nicht ganz lösen. Ich kann nicht nein sagen, denn etwas hält mich fest. Spätestens in Santiago werde ich darüber Klarheit haben. In acht Tagen, bis dahin ist es noch eine Ewigkeit. Weglaufen ist nicht. Ich raffe mich auf und treffe wider Erwarten auf eine fröhliche Runde. Der Stress und die Anspannung von vorhin scheinen vergessen. Wie in guten Familien, denke ich noch, das eben Erlebte wird nicht thematisiert, zumindest nicht das Tiefgründige. Draußen wird es immer ungemütlicher, heftig prasselt der Regen gegen die Fensterscheiben. Hinter den dicken Mauern, bei Sherry und Feuer, fühlen wir uns geborgen. Wir können in Ruhe klären, warum sich die Gruppe verlaufen hat. Irgendein Hinweisschild hatte man wohl übersehen und die Wegbeschreibung erst zu einem Zeitpunkt ernsthafter in Betracht gezogen, als es bereits zu spät war. Der Hausherr, Miguel, schließt uns sichtbar ins Herz, die besten Weine aus seinem Keller finden ihren Weg auf unseren Tisch. Nach unserem opulenten Abendessen leistet er uns zu später Stunde Gesellschaft und fesselt uns mit seinen Ausführungen über die Historie dieses Anwesens, das aus dem 16. Jahrhundert stammt und schon immer in Familienbesitz war. Jede weitere Flasche löst allmählich die innere Anspannung und am Ende lachen wir alle lauthals über das heute Geschehene. „Als wir irgendwann völlig durchnässt waren, haben wir sogar den Gefangenenchor von Nabucco gesungen", erzählt Christiane laut prustend. Ganz ausgeräumt ist der leise Vorwurf, heute nicht bei der Gruppe geblieben zu sein, allerdings noch immer nicht.

Der Regen hat die ganze Nacht keine Pause gemacht, und wir sind sichtbar unschlüssig, ob wir überhaupt aufbrechen sollen. Um zehn Uhr schleichen wir immer noch durch die Flure, marschbereit, jedoch von der Sinnhaftigkeit dieses Vorhabens nicht im Geringsten überzeugt. Nicht mal das Prinzip Hoffnung bleibt uns. Der Wetterbericht verspricht uns gleichbleibendes Wetter den ganzen Tag. Irgendwann der Ruck. Haben wir eine wirkliche Alternative? Die Unterkunft heute Abend ist vorgebucht, die nächsten sind es auch. Fällt ein Dominostein, fallen alle. Flexibilität und Spontaneität haben wir in dieser Konstellation nicht. Ein weiterer Aspekt, in dem sich diese Reise von allen anderen unterscheidet. Ein Umstand, der mich nicht gram werden lässt, ganz im Gegenteil. Hier und jetzt lerne ich die Freiheit, die ich auf früheren Reisen hatte, noch mehr zu schätzen. In dieser Gruppe habe ich die Chance, andere Dinge zu betrachten und zu erleben. Eine neue Perspektive auf den Weg hat sich mir aufgetan.

Auf nach Ponte de Lima also. Miguel druckt mir extra eine Google-Earth-Route aus. Zum Abschied singen wir ihm voller Dankbarkeit in strömendem Regen einen Kanon. In dieser Stimmung schaffen wir den Aufbruch. Ich denke an die Worte von Dr. Spitzbart, dem ich bei einem Vortrag über Gesundheit vor einigen Monaten gebannt gelauscht habe. Erst kürzlich eröffnete er in Deutschland eine Praxis für gesunde Menschen. „Die Welt ist, was du denkst, was sie ist." Um die Aussage zu verdeutlichen, erzählte er uns eine Geschichte über seinen kleinen Sohn:

Dieser parkte sein Fahrrad gern in der Garage. Dr. Spitzbart bat ihn, beim Aufmachen der Autotür besonders vorsichtig zu sein, damit er das Auto nicht beschädigte. Bumms. Mit Schwung hatte der Sohnemann beim Aussteigen die Tür in den Lenker gerammt. Eine schöne Beule an dem nagelneuen Auto. Bevor er sich aufregen konnte, so erzählte er uns, habe er einen Augenblick innegehalten und sich diese eine Frage gestellt: „Wie wäre es, wenn mein Sohn jetzt plötzlich nicht mehr da wäre? Dann würde ich ihn vermissen, traurig darüber sein, dass ich ihn beschimpft habe, und vor allem eines tun: die Beule hegen und pflegen und dabei immer an ihn denken. Die Welt ist, was du denkst, was sie ist." Dieser Gedanke gibt mir Schwung, und etwas gelassener nehme ich den Regen an, auch, dass ich einen großen Teil des Tages in einsamer Wanderschaft verbringen werde. Denn eins ist klar: Auch der Rest des Weges wird zu aufgeweicht sein, ich hätte nicht den Hauch einer Chance, dort zu bestehen.

Ein kleiner Umweg von gewaltiger Länge. Die ausgedruckte Karte von Miguel ist in kürzester Zeit nur noch ein schwammiger, triefender Lappen und nicht im Geringsten mehr hilfreich. Davon will ich aber vorerst nichts wissen. Vergnügt gehen wir eine unbefahrene Landstraße hinunter. Ab einem Punkt rase ich vorneweg, das Wasser spritzt in alle Richtungen, bremsen kann ich den Rollstuhl nicht mehr, bei den nassen Greifreifen (und mittlerweile auch Händen) habe ich keinen Halt. Ich lasse ausrollen und frage einen Portugiesen nach dem Weg. Nach links also. Zumindest für mich, die anderen biegen rechts in einen Feldweg ein, der über die gleiche Brücke führt, an der sie gestern gestrandet sind. Ich habe absolut keine Lust, allein zu gehen, ich kann meine Unlust kaum zügeln. Um mich herum ist es grau, die Straße ist leer, und ich erinnere mich wieder, dass heute Feiertag in Portugal ist. Ein Vorteil wenigstens. Der Schwung will nicht so richtig kommen und schon nach wenigen Kilometern entfliehe ich einem Regenschauer und husche in eine Bar. Meine Hände sind ein wenig taub, hart müssen sie bei jeder Umdrehung zugreifen, um wenigstens ein bisschen Schub zu übertragen. Das kommt mir bekannt vor, ich gehe auf die Toilette und lasse erst mal warmes Wasser über die steifen Finger laufen. Das pulsierende Leben kehrt zurück, und ich verweile noch ein wenig in der Bar, die bereits am Mittag gut gefüllt ist. Der Besitzer fragt mich auf Deutsch, woher ich komme. Als er meinen überraschten Gesichtsausdruck sieht, fährt er fort: „Ich habe lange Jahre als Gastarbeiter in Deutschland gearbeitet. In der Nähe von Nürnberg. In meine Bar verirren sich nur selten Deutsche.“ Der letzte Satz klingt fast ein wenig wehmütig, sein Deutsch, ein Zeichen seiner Integration in die deutsche Kultur, ist sehr gut. Die anderen Gäste lauschen unserer Unterhaltung mit freundlichen Gesichtern – auch wenn sie unsere Worte nicht verstehen –, sie scheinen die Geschichte schon zu kennen. Er lädt mich auf einen Kaffee ein, den ich schnell trinke. Ich will los und irgendwie auch nicht. Ich habe keine Lust auf den Weg, aber raffe mich auf und gehe weiter. Selbstreflektion auf Stummschalttaste. Sollte ich noch mal in der Nähe sein, dann komme ich wieder. Finden werde ich ihn schon.

An einer wichtigen Abbiegung verwechsele ich rechts mit links und gehe völlig eins mit mir und der Welt eine Stunde lang in die falsche Richtung. Erst, als ich hungrig an der nächsten Bar Halt mache und ein belegtes Brötchen bestelle, klärt mich der Wirt über meinen Irrtum auf. Ein weiterer Gast, der unser Gespräch mitverfolgt hat, rennt zu seinem Auto und schenkt mir eine Autokarte. Über ein Angebot, mitgenommen zu werden, würde ich mich zu diesem Zeitpunkt mehr freuen. Doch der Fahrer, überglücklich über seine gute Tat, winkt mir und rauscht lachend davon.

Nach einer gefühlten Ewigkeit gelange ich an die Stelle, die der Rest der Gruppe bereits vor vielen Stunden passiert hat. Trotz des überlangen Umweges bin ich froh, jetzt auf der richtigen Spur zu sein, wohl wissend, dass ich ankommen werde.

Daran besteht kein Zweifel, *vayo con dio*. Immer wieder halte ich an. Mein Kleeblätter-Radar läuft auf Standby und hat vier- oder mehrblättrige Kleeblätter geortet. Ich pflücke sie und lege sie in meinen Wanderführer. Es sind die kleinen Geschenke, die mich glücklich machen. Ein eigentümlicher Rhythmus stellt sich ein, es sind noch so viele Kilometer bis zum Ziel, jede Hast scheint sinnlos. Wird halt später, na und? Meinen Reiseleiterjob reflektiere ich nicht, es kommen auch wieder normale Strecken und weniger Regen. Als ich einen kleinen Ort passiere, überholt mich eine Frau. Sie erklärt mir, dass sie in dem Örtchen eine Herberge betreibe und mich gern zu einem Bier einladen würde. Außerdem hätte sie schon zwei deutsche Frauen als Gäste. Sie kann es nicht glauben, dass ich diesen Weg gehe. Der Rollstuhl ist mein stiller Zeuge, er hätte dreckiger kaum sein können. Ihr Sohn öffnet uns die Tür. Portugiesische Gastfreundschaft vom Feinsten, er reicht mir ein Bier und zwei Bananen. Eine ungewöhnliche Kombination, klar, aber ich freue mich über beides, denn hungrig und durstig bin ich allemal. Das Sandwich von vor ein paar Stunden hat nicht lange vorgehalten. Ganz aufgeregt ruft die Herbergsmutter nach den beiden Deutschen. Ich bin mir nicht sicher, wen ich jetzt kennenlernen werde, mein äußeres Erscheinungsbild ist alles andere als einladend: Regenkleidung, nass, dreckig mit Bierflasche in der Hand, die Bananenschalen auf meinem Bein. Zugegeben, ich bin etwas sprachlos, genau diese beiden Frauen wiederzusehen. Ich hätte sie bei dem Tempo, das sie am Berg vorgelegt hatten, bereits eine Tagesetappe von hier entfernt vermutet. Das ist in diesem Moment jedoch nicht das, was mir durch den Kopf geht. Beide tragen ihr langes blondes Haar offen und lächeln. Wahrscheinlich tue ich das auch – sie haben etwas Zauberhaftes an sich –, ich bin ohnehin unfähig, irgendetwas Sinnvolles zu sagen. Wie war das noch mal mit der nicht ausgesprochenen Kündigung gestern? Wäre das jetzt auch per SMS möglich? Innerlich schmunzle ich über meinen

Witz. Wahrscheinlich werde ich noch auf meiner Beerdigung einen Witz machen. Ich bin dankbar für meine Lebensfreude. Ohne sie hätte der Rollstuhl bestimmt andere Spuren in meinem Kopf hinterlassen. Die beiden sind hier gestrandet, in Ponte de Lima findet heute ein Fest statt, daher sind sämtliche Hotels ausgebucht. „Wird halt morgen eine etwas längere Etappe", erklären sie fröhlich. Ich sehe es ihnen an, dass dreißig Kilometer ihnen keine Probleme bereiten. Mit hoher Wahrscheinlichkeit werden wir uns am nächsten Etappenziel wieder begegnen, vielleicht sogar in der gleichen Unterkunft? Sie sind keine allzu großen Fans von Pilgerherbergen. „Das haben wir mit Hape Kerkeling gemeinsam." Diesen Spruch bringe ich auf meinen Vorträgen auch gern an. Die Abschiede auf diesem Weg fallen mir leicht, denn ich gehe mit dem guten Gefühl, dass wir uns wiedersehen werden, wenn es in den großen göttlichen Plan passt. Der Wirtin rufe ich noch ein Danke zu und bin wieder auf der Straße, auf der der Verkehr inzwischen etwas zugenommen hat.

Am höchsten Punkt der heutigen Tagesetappe geht es links in den Wald. In der Ferne erblicke ich sehnsüchtig ein grün leuchtendes Tal. Wieder und wieder lese ich meinen Wanderführer nach versteckten Hinweisen durch, widerstehe dann doch der Versuchung und bleibe auf der Straße. Hier bin ich schnell, einige Zeit halte ich mit Radfahrern mit, die mich vor Kurzem noch überholt haben. Der letzte Schlamm fliegt in hohem Bogen von mir. In jeder Kurve lehne ich mich stark in die entgegengesetzte Richtung und bete, dass mir kein LKW entgegenkommen möge. Natürlich könnte ich ausweichen, aber das wäre dann der Graben. Nach dieser schnellen Abfahrt erreiche ich als Erster das Hotel. Es ist immerhin schon sechs Uhr, ich habe keinen Schimmer, wo die anderen sind. Sie müssten längst hier sein. Die Handys sind aus. Es ist noch nicht zu spät, versuche ich, mich zu beruhigen, und beschließe, mich erst mal umzuziehen. Die Aufzugstür öffnet sich und ich höre meinen Namen. Ich kann es nicht fassen. Hinter mir steht Deike. Mit einem schiefen Lächeln erklärt sie, dass sie schon seit gestern hier ist. „Ich bin mit dem Bus gefahren, irgendwie brauchte ich eine Pause." Tut ihr augenscheinlich gut, diese Form des Pilgerns, sie ist braun geworden. Diesen Weg meistert sie so herrlich leicht und unbekümmert, macht, was ihr gerade in den Sinn kommt, und zählt nicht die Kilometer, die sie geht oder nicht geht. Sie genießt einfach die Zeit oder bewältigt ihren Verlust – oder beides.

In einer halben Stunde soll ein Stier durch den Ort getrieben werden und wir verabreden uns in der Lobby. Bis dann müssten die anderen auch hier sein, hoffe ich. Was für ein Luxus, Telefon auf dem Zimmer zu haben. Von der Rezeptionistin erfahre ich, dass meine Pilgergruppe mittlerweile eingetroffen ist. Mir fällt ein Stein vom Herzen. Außerdem bin ich gespannt zu erfahren, wie ihr Tag heute war.

Im Pilgergewand sind Deike und ich deutlich underdressed auf diesem Volksfest. Ich trage die letzten trockenen Klamotten und dazu gehören eben noch meine blauen Wandersandalen, die farblich nicht ganz zu den Jeans passen wollen. Oder sind es die braunen Socken? Ich bin mir unsicher, versuche, die Blicke zu ignorieren und mich über das bunte Treiben zu freuen. Irgendwo Gekreische. Der Stier. Richtig zu Gesicht bekomme ich ihn nicht, aber Bernd hat ihn so halb vor die Linse gekriegt. Er ist an irgendeinem Laternenmast hinaufgeklettert.

Fast jedes Restaurant im Ort ist zum Bersten voll. Unsere Wahl fällt kurzerhand auf das nur mäßig besuchte Hotelrestaurant. Hier taucht bald auch Miguel auf, der mir freundlicherweise den Pullover bringt, den ich in meinem Zimmer vergessen habe. Er hat seine kleine Tochter dabei, die unbeeindruckt von uns Erwachsenen das Tischgespräch auf bezaubernde Art dominiert. Beim Bezahlen wird mir klar, warum dieses Restaurant weniger voll war als die übrigen im Ort.

Ausgerechnet heute war es turnusmäßig mein Part, die Gruppenrechnung zu bezahlen …

Deike ist auch noch nicht müde, also beschließen wir, noch ein wenig Musik zu hören. Wie Teenies sitzen wir auf ihrem Balkon und hören Musik von ihrem iPod. Sie hat den einen Ohrstöpsel in ihrem linken Ohr, ich den anderen in meinem rechten Ohr. Wir haben den gleichen Musikgeschmack. Ab und zu zündet sie sich eine Zigarette an. Jetzt, in der Stille des Abends, spüre ich ihren Kummer deutlich. Ich versuche sie aufzuheitern und erkläre in Anspielung auf die Musik: „Wenn du jetzt ein Rockstar wärst, würdest du einfach deine Minibar in den Pool unter deinem Balkon werfen und dich so abreagieren." Sie lacht, und gemeinsam stellen wir uns vor, wie das Ding im Pool schwimmt. Morgen würde sie dem Hotelmanager erklären: „Ich gehe im Moment durch eine schwierige Phase, das müssen Sie verstehen."

Es ist Zeit zu gehen. Obwohl mir die Reise guttut, merke ich den enormen Kräfteverschleiß. Morgen werden ein paar hundert Höhenmeter zu überwinden sein, bei der ansonsten eher hügeligen Strecke. Diesmal ist es auch nicht der Jakobsweg alleine, der mich fordert, sondern das Gesamtpaket.

Was soll das denn jetzt? Gerade, als ich aus dem Aufzug steige, kommt Deike die Treppe herunter und gemeinsam betreten wir den Frühstücksraum. Die Story, wenn sie auch wahr ist, glaubt uns niemand. Mir fällt kein passender Witz ein, also sage ich gar nichts. Alle tun so, als ob überhaupt nichts sei, ich spüre aber deutlich, was die anderen denken: „So läuft also der Hase." Ich würde mir einen Rahmen wünschen, in dem eine offene Aussprache möglich ist. Dann würde ich der Gruppe erklären, wie viel mir diese gemeinsame Reise bedeutet, die uns zusammengeführt hat.

Wahrscheinlich ist das der Grund, warum ich spontan beschließe, doch auf dem schlammigen Weg mitzugehen, nachdem ich vorhin noch verkündet habe, die Alternativroute zu nehmen. Ich kann nicht offen aussprechen, was ich gerne sagen will, also möchte ich zeigen, dass die Gruppe mir wichtig ist und ich ihre Nähe suche. Ich versinke in Pfützen, deren Tiefe ich nur schwer abschätzen kann. Manchmal verschwindet das halbe Rad, und ich verdränge, dass der Rucksack unter meinem Gefährt nicht wasserdicht ist. Lange halte ich die Mischung aus Schlamm und Wasser nicht aus, aber wir bleiben zusammen. An einer Stelle ist der gesamte Weg überflutet. Das Wasser hat ihn zum Flussbett umfunktioniert und ich befinde mich mittendrin. Dankenswerterweise nehmen mir Achim und Bernd den Rucksack ab und ich komme mit nach vorne angekipptem Rollstuhl langsam durch das Nass voran. So seltsam das klingen mag, es macht mir sogar Spaß. Noch nie bin ich so sorglos über eine so lange Distanz durch fließendes Wasser gekommen. Ich muss mir keine Sorgen machen, der Rollstuhl wird tiefengereinigt und mein Gepäck bleibt trocken. Dankbarkeit überkommt mich, dass diese Technik überhaupt funktioniert, womit sich der Leitsatz bewahrheitet: Je mehr möglich ist, desto mehr ist möglich. In einer Bar lade ich die Gruppe zu Sandwiches und Getränken ein, einfach nur, um Danke zu sagen, denn allein durch ihre Anwesenheit fühle ich mich sehr sicher.

Ab jetzt geht es leider gemeinsam auf keinen Fall weiter, die Höhendistanz gilt es für mich auf der Straße zu meistern. Sicherlich nicht in exorbitantem Tempo, die „Flussfahrt“ hat bei aller Freude doch viel Kraft gekostet. Christiane will bei mir bleiben. Sie hat sich in den Kopf gesetzt, mich heute nicht allein zu lassen und mit mir zu gehen, Umweg hin oder her. Wie zur Bestätigung piepst ihr Handy, eine SMS von Bernd. „Der Weg hier ist nichts. Straße für Felix nicht zu vermeiden.“ Habe ich mir fast schon gedacht, aber nicht vermutet, dass sie mich auf einem relativ langen Straßenstück begleiten will. Nur langsam schleiche ich die Anhöhe herauf, finde keinen Rhythmus, auch das Gespräch strengt mich an. Sie hat freiwillig beschlossen, mich zu begleiten, nur: Hat sie alle Informationen? Meine asphaltierten Umwege haben nicht den landschaftlichen Charme, den der Originalweg hat. Wir beide spüren, dass sie auf etwas verzichtet, ohne etwas anderes dafür zu bekommen. Vielleicht weiß sie nur nicht, dass ich am Berg wenig literarisch bin? An diesem Weg ist auch nicht viel Spektakuläres. Es tut mir leid für sie, und ich mime den Entertainer, so gut ich kann. Authentisch ist das nur bedingt, sonderlich unterhaltsam wohl auch nicht. Sie will meinen Weg kennenlernen, aber spürt doch, dass es nicht ihrer ist. Es gibt keinen Grund, diese Erfahrung teilen zu müssen. Oder hatte ich etwas übersehen? Eine perfekte Gelegenheit für ein offenes Gespräch, die wir jedoch ungenutzt verstreichen lassen.

Wir erreichen die Unterkunft als Letzte. Bereitwillig tragen mich die wohlgelaunten Männer in mein Zimmer unterm Dach. Ich falle in das riesige Bett und schlafe sofort ein. Nach einer Stunde werde ich geweckt. Jeder in der Gruppe strotzt nur so vor Kraft und Fröhlichkeit. Da es hier nichts Essbares gibt, führt unser Weg ins nächste Dorf. Die Fahrt mit dem kleinen Transporter eines Verwandten der Wirtin lässt alle Müdigkeit sofort verfliegen. Bei fast jeder der engen Kurven, die der Fahrer nimmt, wie man sie anscheinend nehmen muss, falle ich beinahe um. Die Stimmung ist auf dem Höhepunkt, wir singen, als ob dies unser letztes Abendessen sei. So ausgelassen waren wir bisher noch nie.

Ein weiter Blick über einen sonnigen, toskanisch anmutenden Hügel lässt uns die Strapazen des heutigen Tages völlig vergessen. Zum ersten Mal fühlt es sich an wie Urlaub. Mit uns am Tisch sitzen noch weitere Pilger aus Kanada, die fließend Deutsch sprechen und seit Lissabon auf dem Weg sind. Irgendwann stehen Kerzen auf unserem Tisch und wir singen.

Der Hit ist folgendes Lied:

Ein Huhn, das fraß, man glaubt es kaum,
das Blatt von einem Gummibaum,
dann ging es in den Hühnerstall
und legte einen Gummiball.
Gummi Gummi Gummi Gummi Gummi
Gummi Gummi Gummiball.

Nach der fünfundzwanzigsten Wiederholung schaffen wir den perfekten Kanon, und die Kanadier, schnell textsicher, lernen ein weiteres wertvolles Stück deutschen Kulturgutes kennen.

Mit der Herbergsmutter ist nicht zu spaßen. Um sieben Uhr poltert sie energisch an jede Tür, um sicherzustellen, dass wir auch aufstehen. Ihre Regel lautet schlicht: Frühstück um halb acht, Abmarsch eine halbe Stunde später. Sie betreut die Pension allein und hat mehr Kundennähe anscheinend nicht nötig. Die Pilgerherberge befindet sich wenige Kilometer unterhalb des Berges. Manchmal sind gerade in der Sommerhitze die letzten Meter die härtesten. Wen verwundert es also, dass die Unterkunft gerade dann stets ausgebucht ist. Beim Frühstück bitte ich die Herbergsmutter noch um etwas Salz für das Frühstücksei. Ich spreche es spanisch aus, was wahrscheinlich in ihren Ohren klingt, als als ob ich „Selz“ auf Deutsch gesagt hätte. Sie versteht mich nicht. Erst nach mehrmaligem Wiederholen des Wortes und unter Zuhilfenahme der Zeichensprache versteht sie mich schließlich. „Oh sal“, sagt sie und bringt mir das Gewünschte. Zum ersten Mal freue ich mich richtig auf Spanien und darauf, dass dann die Sprachbarriere für mich überwunden sein wird.

Leicht verschlafen trippeln wir die Straße hinab. Immer wieder biegt der Weg links oder rechts von der unbefahrenen Straße ab, um wenige Meter weiter wieder auf den Asphalt zu treffen. An jeder Einmündung warte ich auf die Gruppe. Ein wenig ist es wie bei Hase und Igel: „Ich bin schon da.“

Wir passieren römische Meilensteine, die mich an die Milarios auf der Via de la Plata erinnern. Ich erfreue mich an den Kleinigkeiten, die dieser Weg zu bieten hat. Jeder geht an diesem friedlichen Morgen sein eigenes Tempo. An einem steilen Stück verliere ich den Anschluss und habe Zeit mich zu fragen, was mir dieser Jakobsweg gibt. Als Fulltime-Reiseleiter, der jeden Meter mit der Gruppe mitgeht – über Stock, Stein und Felsvorsprünge – tauge ich ja nur bedingt. Meine Rolle möchte ich dennoch rechtfertigen, denn ich bin nicht einfach so auf diesem Weg, habe diese Reise nicht wie die anderen gebucht. Bisher hatte ich auf jedem Weg, den ich gegangen bin, die Möglichkeit, Ballast abzuwerfen, konnte Dinge erkennen und loslassen. Aber noch nie hatte ich so wie jetzt eine Gruppe bei mir, immer musste ich meine Biografie selbst auflösen. Ich beschließe es zu wagen und mich zu öffnen. Es hat mit meiner Mutter zu tun.

Kurze Zeit später treffe ich die anderen in einem Café. Der Wanderführer beschreibt diesen Markierungspunkt als sehr romantisch. Ich bin verwundert, dass wir nach so kurzer Strecke schon eine Pause einlegen. Doch einen wirklichen Grund zur Eile gibt es nicht. So langsam kommen die Gespräche in Fahrt. Oder bekomme ich davon einfach nur nichts mit? Kurz bevor wir wieder aufbrechen, sprudelt es aus mir heraus. „Könnt ihr euch noch erinnern, wie ich anfangs die Frage gestellt habe, was für euch das Ziel dieser Reise ist? Ich möchte auf diesem Weg das Verhältnis zu meiner Mutter heilen. In meinen Augen ist sie viel zu früh gegangen und das nehme ich ihr übel.“ Sofort schließt sich ein warmer Kreis um mich, mein erstes Buch haben alle gelesen und sie wissen, dass meine Mutter mehr oder weniger freiwillig aus dem Leben geschieden ist. Ich blicke in mitfühlende Augen und bekomme eine Erklärung, die ich bisher noch nie in Betracht gezogen habe. „Die Wechseljahre sind für jede Frau eine große Veränderung im Leben. Vor über zwanzig Jahren war die Medizin noch nicht so weit, heute hätte ein einfaches Psychopharmaka deiner Mutter geholfen.“ Maria spricht aus, was die anderen denken. Klar waren mir die depressiven Stimmungen meiner Mutter bekannt, aber ich hatte sie nie mit dem hormonellen Umbruch in Verbindung gebracht. Stattdessen hatte ich ihr immer heimlich Vorwürfe gemacht. Bis zum heutigen Tag.

Da ist sie also, die lang ersehnte Antwort. Auf den nächsten Kilometern spüre ich den gleichen tiefen Frieden mit meiner Mutter, den ich bereits vor Jahren mit meinem Vater gefunden hatte. Die Zeit ist reif, von den heimlichen Vorwürfen abzulassen. Ich bin jetzt groß. Es mag dem kleinen Felix nicht gutgetan haben, aber der große Felix hat kein Recht, sie noch länger zu verurteilen. Überdeutlich spüre ich, dass es jetzt an der Zeit ist loszulassen. Der Weg hilft mir dabei. Leicht gleite ich die nächsten Kilometer hinab ins Tal. Freier. Ich spüre tiefe Freude, die durch nichts zu stören ist.

Vor der Abreise hatte ich keine Muße mehr, die stark abgefahrenen Reifen zu wechseln. Die Reise werden sie schon noch überstehen, dann kann ich sie zu Hause entsorgen und im Büro wieder einen gepflegten Auftritt haben. Richtig top ist meine Ausstattung nicht, ein bisschen gepokert habe ich beim Aufbruch schon. Durch den Schlamm hat sich in den ersten Tagen an den Greifreifen die schwarze Beschichtung gelöst. Da hilft kein noch so häufiges Händeschrubben, alles, was ich mit meinen permanent schwarzen Handinnenflächen anpacke, wird dreckig. Ein Teufelskreis: Die eingecremten, trockenen Hände saugen das Grafit nur noch tiefer ein.

Ein bisschen ist es wie beim Rodeo-Reiten. Ich ruckele einen mit Flusssteinen übersäten Pfad entlang, es scheppert und knirscht unter mir. Die Reifen versacken tief in dem geröligen Untergrund. Dann kommt, was kommen musste: Ein Platten beendet mein schnelles Vorankommen. Gerade jetzt, wo ich Freude an der Bewegung entwickle und ich bei

Trockenheit bei der Gruppe bleiben könnte! Die Räder sind so konzipiert, dass ich noch einige Kilometer gut vorankommen kann, ohne die Felgen zu beschädigen. Meine Gedanken werden von einer Frage beherrscht: Wo kann ich das Ding reparieren? Meine schlechte Ausrüstung wird durch das fehlende Flickzeug komplettiert. Ich stufe das Risiko als überschaubar ein, mich auf den Pannenschutz und ein Fahrradgeschäft zu verlassen. Bis zu unserer Unterkunft in Tui, unserer ersten Übernachtung in Spanien, werde ich es auf keinen Fall mehr schaffen. Ich bin traurig, genau ab jetzt ist der Weg fantastisch, leichtfüßig könnten wir den Rest des Nachmittages gemeinsam verbringen. Besonders seit dem innigen Erlebnis heute Morgen spüre ich eine starke Verbundenheit mit der Gruppe, die nun weiterzieht, während ich in ein Taxi steige, um zu einem ein paar Kilometer entfernten Fahrradladen zu fahren, genau in die entgegengesetzte Richtung.

In brütender Hitze warte ich vor dem Geschäft, das erst in zwei Stunden aufmacht. Es gibt keine Möglichkeit einzukehren, lediglich ein paar Bäume spenden etwas Schatten. Staub, grelles Licht und Abgase umgeben mich. Linkerhand befindet sich eine Kfz-Reparatur, rechts neben mir ein Hersteller für Landmaschinen, daran angrenzend ein paar zweistöckige, leer stehende Bürogebäude. Der einzige Lesestoff, den ich dabeihabe, ist mein Wanderführer. Endlos langsam vergehen die Minuten, in Gedanken bin ich bei den anderen. Ich hadere nicht mit dem Umstand, dass ich hier gestrandet bin. Vielmehr spüre ich die Reisemüdigkeit, die Tatsache, dass ich oft spät ins Bett komme und früh wieder aufstehe, die ganze Zeit mental auf Sendung bin. Außerdem spüre ich plötzlich ein Ziehen in der Blase, was mich beunruhigt. Heute Abend werde ich einfach mal etwas Mageres und Milderes essen.

Laut Öffnungszeitentafel müsste der Laden seit einer halben Stunde geöffnet sein, aber was soll ich tun – weglaufen? Etwas hektisch kommt ein junger, leicht verschlafen wirkender Mann in gelbem Trikot und öffnet die Ladentür. Er versteht kein Wort von dem, was ich ihm zu erklären versuche. Wie heute Morgen, Portugiesen verstehen offenbar kaum Spanisch. Oder liegt es an meiner Aussprache? Mir kommen da langsam meine Zweifel ... Einen Stuhl scheint es in dem ganzen Laden nicht zu geben, also setze ich mich auf die harten Fliesen, nehme das defekte Rad aus seiner Befestigung und reiche ihm den Schlauch. Anders, als ich es in Deutschland gewöhnt bin, holt er nicht einen neuen, sondern beginnt, den alten zu flicken. In der Zwischenzeit suche ich den Mantel nach Dornen oder Glassplittern ab. An einer Stelle befindet sich ein Durchschuss, der spitze Gegenstand steckt aber nicht mehr in dem Gummi.

Ich möchte bezahlen, aber von einem Pilger nimmt der junge Mann partout kein Geld. Er wünscht mir strahlend einen guten Weg. Wie leicht rollt es sich jetzt, nun kann ich es kaum erwarten, die spanische Grenze zu überqueren. Auf der Brücke über den Fluss Minho, die das portugiesische Valenca mit dem spanischen Tui verbindet, singe ich aus voller Kehle „Viva España". Im Hotel angelangt, verständige ich mich problemlos, endlich liegt die Sprachbarriere hinter mir. Halleluja. Nicht nur das, hier ist auch Halbzeit, in etwas über hundert Kilometern werden wir am Ziel sein.

Ich bin kaum auf dem Zimmer, da klingelt mein Telefon. Es ist Christiane. „Wir treffen uns in einer halben Stunde im Café vor dem Hotel und warten dort auf dich." Sie klingt ausgeruht und frisch, ich dagegen fühle mich am anderen Ende der Skala angekommen: unendlich müde. „Klar, ich bin dann unten. Ich wasche nur noch kurz mein Hemd, ach ja, und mich auch."

Ich werde überstimmt. Anstatt in irgendeinem Restaurant einen kleinen Salat zu essen, hat die Gruppe bereits beschlossen, wie der weitere Abend verlaufen soll: romantisch bei einem Picknick am Fluss. Der Supermarkt bietet Konserven, Brot und Chips. Dazu Wein. „So schlimm ist es nicht", versuche ich mich zu beruhigen. Mein sehr gut entwickeltes Körpergefühl sagt mir etwas anderes, und das deutlich: nichts Alkoholisches zu trinken, zu schlafen und dem Immunsystem eine Chance zu geben.

Es ist zauberhaft am Fluss. Das finden nicht nur wir; in einzelnen Grüppchen sitzen Jugendliche und Paare zusammen. Sommer, Sonne, gute Laune. Von hier aus können wir auf Valence und Tui blicken, majestätisch thronen die beiden Städte über uns. Aus Valence hören wir Musik. Als ich am Nachmittag dort durchmarschierte, wurden eifrig Stände und Bühnen aufgebaut.

Später beim Einschlafen höre ich durch das offene Fenster aus der Ferne noch das Feuerwerk.

Wieder einmal ist frühes Aufstehen angesagt. Ein älterer Freund von mir hat das einmal als „präsenile Bettflucht" bezeichnet. Ein Morgenmuffel war ich noch nie. Lediglich der Schlafmangel zerrt gewaltig an meinen Kräften, die Müdigkeit ist jedoch nach nur wenigen Schritten an der frischen Luft schnell wie weggeblasen.

Die Besichtigung der Kathedrale ist ein Muss, gestern hatte sie bereits früh geschlossen. Die Kirchen am Wegesrand besuchen wir fast immer, und sei es nur, um ein kleines Liedchen zu singen. Bernd bemerkt, dass die Kirchenorgel zur Hälfte eine Attrappe ist. Der umherlaufende Priester ist beeindruckt von seiner Beobachtungsgabe und bestätigt es – aus ästhetischen Gründen hat man auf beiden Seiten des mittleren Kirchenschiffes Orgelpfeifen angebracht.

Am Ende der Stadt erwartet mich ein schlammiger Pfad, den ich aber umgehen kann. Hier ist ohnehin so viel verbaut, dass ich zwangsläufig wieder auf den Weg treffen muss. Ein älterer Herr joggt an mir vorbei und kommt wenig später wieder zurück. „Was machst du denn hier allein?" Als ich es ihm erkläre, antwortet er mit folgender Frage: „Was ist das denn für eine Gruppe, mit der du unterwegs bist?“ Ihm die ganze Geschichte zu erzählen, dauert zu lang. Er will mir den richtigen Weg weisen, bei den vielen Abzweigungen kein leichtes Unterfangen. Er rennt so schnell vorneweg, dass ich Mühe habe, nachzukommen, er ist sichtlich gut in Form. „Dabei bin ich 72“, erklärt er mir stolz. Ich hätte ihn auf Mitte fünfzig geschätzt. Nach zehn Minuten bin ich auf dem richtigen Weg und habe die Gruppe wieder in Sichtweite.

Etwas süffisant beschreibt der Wanderführer die heutige kurze Strecke: „Der Weg von Obenille nach O Porriño wird wohl nur für Pilger mit einer besonderen asketischen Einstellung eine echte Bereicherung bieten können. Die Strecke durch das Industriegebiet gehört nicht zu den schönsten Stücken des Weges. Eine Umgehung ist aber relativ schwierig, da links ein Fluss und rechts die Autobahn verläuft.“

Der Autor hat in seiner Beschreibung vergessen, die brütende Hitze zu erwähnen und dass sich die flimmernde Luft mit Gerüchen von Öl, Stahl und Abgasen vermischt. Im Ruhrgebiet wird so was „Industriekultur“ genannt. Wir werden früh ankommen, daher überlege ich, unterwegs einen Mini-Workshop abzuhalten. Bernd ist begeistert von der Idee, der Rest der Gruppe ein wenig zurückhaltend. „Braucht es hier überhaupt noch einen zusätzlichen Impuls, bietet der Weg nicht schon genug Anstöße?“, meine ich die Gedanken laut zu hören. Was das Timing angeht, hätte ich sicherlich eine bessere Gelegenheit wählen können, in dieser Betonwüste ist die Stimmung schnell am Tiefpunkt. Doch irgendein zentrales Thema scheint bei allen gerade obenauf zu liegen. An der Nationalstraße fällt die Gruppe auseinander. Als ich bemerke, dass wir die Frauen verloren haben, düse ich zurück. Keine gute Gegend für getrennte Märsche, denke ich und finde sie ausgepowert in einer Bar bei einem Kaffee. Von außen betrachtet eine filmreife Szene: Ein junger Mann mit Sandalen und Pilgerhut berollt die Bar, spricht wenige kurze Sätze mit drei Frauen, die sofort aufstehen und gemeinsam mit ihm ohne Widerrede die Lokalität verlassen. Im Moment sind wir zu sehr von der Außenwelt gefangen genommen, um die Ironie der Situation zu bemerken. Erst später realisieren wir, wie die Szene wohl auf die anderen gewirkt haben muss, und lachen lauthals.

Vom Eingang des Hotels bis zu den Zimmern sind es vierzig Stufen. Hier hat niemand weder Lust noch Kraft auf die Rollstuhl-Aktion, vor allem ich nicht. Es ist Samstagabend und die Dame von der Rezeption allein und verständlicherweise nicht in der Lage, mir zu helfen. Während ich im Eingangsbereich auf den Rückruf des Veranstalters warte, kommen Deike und eine der beiden anderen deutschen Frauen die Treppe herunter. Das Hallo ist ungewöhnlich kurz, anscheinend hat heute niemand einen guten Tag.

Plötzlich geht alles ganz schnell. Erst der Anruf, dass wir in ein anderes, barrierefreies Hotel umquartiert werden, dann stehen im Handumdrehen die abfahrbereiten Taxis vor der Tür. In weniger als fünf Minuten nehmen wir die Zimmerschlüssel in einem deutlich netteren Hotel auf der anderen Seite der Stadt entgegen. Ich bin dankbar, dass ich auf den Umzug bestanden habe, auch wenn mich das sicherlich Sympathiepunkte beim Reiseveranstalter gekostet hat.

Die Stimmung hellt sich spürbar auf. Auf der weitläufigen Terrasse treffen wir uns zu einem Mini-Workshop. Im warmen Abendlicht spielen wir ein paar Standardsituationen durch und sprechen nachher über das Kommunikationsmuster, das die Gespräche bestimmt hat. Wie immer lerne ich sehr viel schon beim bloßen Hinsehen und fühle mich sicher, meinen Wunsch vortragen zu können. In den letzten Tagen habe ich bemerkt, dass wir der Gefühlsintensität, die wir tagsüber auf dem Weg erleben, abends mit übermäßigem Alkoholkonsum begegnen. Durchaus nichts Ungewöhnliches, der Wein ist nach althergebrachter Tradition untrennbar mit dem Pilgern verknüpft. Mir ist es dennoch wichtig, an dieser Stelle anzuregen, in dieser Beziehung eine kleine Pause einzulegen. Als Wanderführer komme ich oft genug an meine Grenzen, als Coach bin ich dort noch lange nicht angekommen. Ein alkoholfreier Abend wird wohl niemandem schaden, im Gegenteil. Bestimmt könnte er ein wenig mehr Bewusstheit in die Verarbeitung der Themen hineinbringen.

Ich habe mir einen Fahrplan zurechtgelegt. Von früheren Reisen weiß ich, dass es beim Pilgern verschiedene Phasen gibt. Dabei habe ich jedoch einen wichtigen Aspekt übersehen: Gruppendynamik beschleunigt Prozesse ungemein. Die Zeit des Aufbruchs und der Euphorie liegt hinter uns und wir stecken bis zum Hals in einer Phase des Anschauens. Jetzt kommen genau die Themen hoch, die angeschaut werden wollen, mit all ihren Facetten. Da hilft keine Flucht, wohin auch. Ich spüre, dass bei einigen Partnerschaft ein zentrales Thema zu sein scheint. Abends die unzähligen Telefonate mit dem Handy nach Hause. Gesprochen wird darüber zu keinem Zeitpunkt, nur die Körpersprache drückt klar und deutlich aus, was Sache ist. Aber nach der Erstverschlimmerung wird der Heilungsprozess einsetzen. Darf ich mir dieses Wissen zunutze machen und hier etwas ansprechen? Wenn Blicke töten könnten, dann würde ich jetzt durchlöchert am Boden des Frühstücksraums liegen. „Wenn ihr euch eure gegenwärtige Beziehung anseht: Was sind die Aspekte, die euch in die Partnerschaft hineingebracht haben? Was waren die positiven Eigenschaften eures Partners, die euch so lange in der Beziehung gehalten haben? Gibt es sie immer noch, sind neue dazugekommen?“ Auf diese Fragen ist keiner vorbereitet.

Schweigend verlassen sie den Frühstücksraum, den Blick starr geradeaus. Mich beschleicht die leise Ahnung, dass ich zu weit gegangen bin. Nichts wie raus hier, auf den Weg und vor allen Dingen die Klappe halten, das ist mein einziger Gedanke.

In der Kirche in Mos machen wir eine ausgedehnte Pause. Am heutigen Sonntag findet hier eine Kommunion statt. Lauter hübsch herausgeputzte Mädchen ganz in Weiß und Jungen in Matrosenuniformen tummeln sich auf dem Kirchplatz. In der dunklen Kirche ein herzzerreißendes Orgelspiel. Plötzlich vernehme ich ein lautes Schluchzen und sehe aus den Augenwinkeln, wie Achim die Kirche verlässt. Wie die Tauben aufgereiht sitzen alle draußen auf einer steinernen Bank neben einem Brotstand, der nur zu besonderen Anlässen hier aufgebaut zu sein scheint. Nach und nach füllt sich die Kirche mit festlich gekleideten Spaniern, die uns Pilger neugierig, aber unaufdringlich beäugen.

Die nächsten fünf Minuten entscheiden über den Rest des Tages, über Gemeinsamkeit oder Einsamkeit. Es geht steil bergauf. Hätte ich den Wanderführer aufmerksamer gelesen, dann wäre ich wenige Minuten früher aufgebrochen und ich hätte mir den Rest des Tages erspart. Ich will die anderen einholen und bleibe auf der Straße, bei der nächsten Biegung treffe ich bestimmt wieder auf sie. Das ist ein Denkfehler, denn die Straße macht einen sehr weiten Bogen. Als ich wieder einen römischen Meilenstein passiere, wähne ich die Gruppe bereits weit vor mir. Überprüfen kann ich meine Vermutung nicht, wir haben vereinbart, unsere Handys während des Tages ausgeschaltet zu lassen. So presche ich voran, in der Hoffnung, sie bei der nächsten Biegung einzuholen. Mit jedem Kilometer schwindet diese Hoffnung immer mehr. In Redondela angekommen habe ich keinen Plan, wo die anderen sein könnten. Das Tagesziel liegt nun nur noch mickrige sechs Kilometer entfernt. Ein wenig verloren stehe ich vor der frisch renovierten Pilgerherberge aus dem 16. Jahrhundert, die ihre Pforten erst um 17 Uhr für Pilger öffnet. Um mich herum herrscht buntes Treiben, Männer und Frauen in mittelalterlichen Gewändern verkaufen Kuchen, Brot, Gegrilltes, Wein und Kunsthandwerk an ihren Ständen. Um 15 Uhr legt sich der Trubel, die Stände werden verhüllt und alles fällt schlagartig in eine Art kollektiven Mittagsschlaf. Siesta. Nicht für mich. Da die anderen immer noch nicht vorbeigekommen sind, vermute ich, dass sie vielleicht einen anderen Weg eingeschlagen haben oder direkt zur nahe gelegenen Bucht von Vigo gewandert sind. Ich stelle mir vor, wie sie im salzigen Nass baden und bin ein wenig neidisch. Die Tatsache, dass wir aufgrund eines äußeren Umstands schon wieder getrennt sind und einen halben Tag separat verbringen, stimmt mich traurig. Immer wieder wird die Gelegenheit, mit der Gruppe zusammenzuwachsen, torpediert. Ich kann auf diese Weise nur schwer meinen Platz finden.

„Wir haben dich auch vermisst", erklärt mir Achim am Abend in der Bar. Wie vermutet, sind sie alle mittags im Meer planschen gegangen. An der Abzweigung hinter der Kirche hätten sie noch länger gewartet, aber als ich nicht kam, gedacht, dass ich wohl eine Alternativroute gewählt hätte. Sie sind rot von der Sonne und sehen aus, wie man nach einem herrlichen Tag am Meer eben aussieht. Der Kneipenbesitzer ist ganz begeistert von uns, besonders von der Tatsache, dass wir aus Deutschland kommen. Sein Vater habe jahrelang bei Opel gearbeitet. Ehe wir uns versehen, sprechen wir am Telefon mit ihm. Sein Deutsch ist eingerostet, als ob er es schon lange nicht mehr benutzt hätte. Aus entfernten Winkeln seiner Erinnerung kramt er die Worte hervor und formt einfache Sätze. Die deutsch-spanische Freundschaft muss nun gefeiert werden, der Wirt spendiert Schnäpse und fürs Album werden auch Fotos gemacht. Der Vater wollte auch noch vorbeikommen, scheint es sich dann aber doch anders überlegt zu haben. Auf dem Weg zurück ins Hotel Isape nimmt mich Achim zur Seite. „Heute Morgen habe ich dich gehasst für deine Fragen, aber sie waren gut und haben mir geholfen."

Die Gruppe ist wirklich nicht totzukriegen. Im Hotel laden Bernd und Achim uns noch auf ihr Zimmer ein. Von irgendwoher kommt auch noch Wein. Wir sitzen auf dem Balkon und blicken auf die kleine Kirche. Mittlerweile sind auch die letzten Kommunionsgäste aus dem Hotel verschwunden, eine angenehme Ruhe legt sich über den Ort. Ich schlage ein Spiel vor und greife nach dem Wanderführer. Sosehr ich den Autor mag und mir auch keinen besseren Führer vorstellen kann, hier hat er sich doch sehr in Details verliebt. Das ist gar nicht schlimm, denn es hilft ungemein, sich zu orientieren, wenn man sich einmal verlaufen hat. Heute Abend schlage ich vor zu raten, auf welcher *Art* von Straße es wohl weitergehen wird. Ich lese den Abschnitt für den morgigen Tag vor: „Hier verlassen Sie die Straße und gehen halb rechts auf eine schmale …“ Fragend blicke ich in die Runde. „Teerstraße“, rät Achim richtig. „Sie folgen dieser 1,3 km, dann wird sie zur …“ Niemand errät es. „Schotterpiste und später zum steinigen …?“

„Weg“, rufen alle gemeinsam. „… der teilweise überflutet ist. Nach 410 Metern mündet dieser aber dann schon bei einer Weggabelung in eine schmale …?“ Diesmal kommt niemand auf die Lösung: Teerstraße. So geht es weiter: Schotterpiste, Dorfstraße, schmalere Piste, Pfad, Teerpiste und zum Abschluss Pannenstreifen der Nationalstraße. Darauf kommt niemand, so langsam sind wir auch müde. Bis nach Pontevedra sind es morgen nur zwölf Kilometer, ein halber Tag Pause für uns alle. Ich freue mich drauf.

Kurz vor der Stadt überholen wir Pilger, die in der Herberge ein paar Kilometer vor der Stadt übernachten. Wir wandern zielsicher durch eine romantische Altstadt und übernachten in der Nähe des Praza da Leña, wo früher Brennholz gehandelt wurde. Oft sehe ich entlang des Weges Bäckereien, an denen außen „Horno de Leña“ steht, Holzofen.

Ich bin froh über diesen letzten Boxenstopp, wenngleich mit einem Hauch von Wehmut. In drei Tagen werden wir in

Santiago erreichen, die Reise wird dann vorbei sein. Diesen Gedanken schiebe ich jedoch beiseite und erkunde die malerische Altstadt. Bei hochsommerlichen Temperaturen herrscht hier buntes Treiben. Der Caminho Portugues ist kein einsamer Weg, immer wieder gelangen wir durch Ortschaften, nur selten geht es mehrere Kilometer durch ungezähmte Natur. Ich ziehe ein Zwischenfazit. Das Ende scheint so nah, und ich bin wie immer kurz vor dem Ziel glücklich, es bis hierhin geschafft zu haben. Was noch vor einigen Tagen lediglich ein Gedankenkonstrukt war, ist jetzt Realität. Jeder Tag war angefüllt mit intensivem Erleben, der Rest der Reise wirkt im Moment so berechenbar. Wir werden ankommen, da bin ich mir sicher. Ein wenig Anspannung fällt von mir ab, zu früh, wie ich am nächsten Tag merken werde …

Wir starten mit schlechter Laune. Das magere Frühstück lässt uns hungrig aufbrechen, der leichte Nieselregen und die in Grau gehüllte Stadt tragen nichts zur Aufheiterung bei. Am Ortseingang von Caldas de Reis sehe ich Achim jemandem winken und richtig: Dort sitzt Deike mit Marielle und Kathrin. Auch ich winke, bin völlig überrascht, sie hier zu sehen. Sie müssen einen Tag Pause gemacht haben. Direkt gegenüber unserem Hotel mit dem passenden Namen „O Cruceiro“ (Wie viele Wegkreuze haben wir heute eigentlich gesehen?) befindet sich ein Supermarkt. Ausgetrocknet wie wir sind, besorge ich für uns alle etwas zu trinken. Ein bisschen ist es wie auf einer Tournee, ich klopfe an die Tür und reiche einfach ein paar Dosen rein.

Schon die Kelten liebten die Thermalquellen von Caldas de Reis, die Römer bauten hier ein großes Bad, in dem sich die Legionäre, die auf der Via XIX unterwegs waren, erfrischen konnten. Trotz dieser bemerkenswerten Historie scheint der Ort touristisch wenig erschlossen, ein Informationszentrum sucht man vergebens. Wir haben alle Hunger, für spanische Verhältnisse sind wir viel zu früh dran. Um diese Uhrzeit serviert man uns höchstens eine Tapa zum Bier, mehr gern später. Bisher war das noch nie ein Problem. Bernd ist ungeduldig und treibt uns vor sich her. Es kommt zum ersten Mal zur offenen Auseinandersetzung. Obwohl niemand so recht überzeugt ist, setzen sich alle bei einem drittklassigen Italiener an einen Tisch. Für mich kommt das nicht infrage, und ich verabschiede mich so freundlich ich kann. Ich bin aufgebracht, niemand zeigt Bernd seine Grenzen auf, für mich unerklärlich. Doch schnell ist mein Ärger wieder verflogen, bei dem guten Wetter beschließe ich, draußen an der frischen Luft zu bleiben und mich an das romantische Flüsschen Bermaña zu setzen. Ich habe es mir gerade bequem gemacht, als die drei deutschen Pilgerinnen vorbeikommen. „Wir haben im Supermarkt viel zu viel eingekauft. Wie das halt so ist, wenn man am liebsten alles probieren möchte. Du bist herzlich eingeladen."

Marielle und Kathrin kennen sich bereits seit der Ausbildung und werfen sich einen Witz nach dem anderen zu, eine Pointe jagt die nächste. Ich lache so viel wie bisher auf der gesamten Reise nicht. Marielle hat sich ihre zwei Funktionshemden in der gleichen Farbe gekauft. „So muss ich mich morgens wenigstens nicht entscheiden. Immer blau." Ihre Sandalen nennt sie „Pilger-High-Heels" und überhaupt finden die beiden alles auf dem Weg sehr lustig. Wenn es mal stressig wird, dann muss man eben „locker durch die Hose atmen". Besonders den Wanderführer, wir alle benutzen denselben, lieben sie. „Nutzen Sie die malerische Atmosphäre zwischen Brücke, Sandufer und Fluss zu einem kleinen Picknick, einem Bad oder einer Liebeserklärung" ist ihr erklärter Favorit. Sie selbst fanden die Stelle dort schrecklich. Deike ist die Ruhigste in der Gruppe, wirkt viel gelöster als beim letzten Mal. Die ganze Zeit frage ich mich, wann meine Gruppe hier vorbeikommt, schließlich ist das einer der schönsten Flecken in diesem Städtchen.

Morgen wollen die Frauen zeitig los, denn Kathrins Flug zurück nach London geht bereits sehr früh am geplanten Tag der Ankunft. Wahrscheinlich werde ich sie nicht wiedersehen, wir tauschen keine Adressen aus. Das Urvertrauen auf dem Jakobsweg lautet schlicht: Wenn wir uns wiedersehen sollen, dann passiert das wie von selbst, ohne unser Dazutun.

Am nächsten Morgen erfahre ich den Grund, warum ich am Abend niemanden aus meiner Gruppe gesehen habe. Alle sind nach dem schlechten Essen einfach früh ins Bett gegangen. Zum ersten Mal seit Beginn der Reise. Der gestrige Abend wird nicht weiter thematisiert. Wir freuen uns auf Padrón, der Überlieferung nach erreichte dort die christliche Botschaft das erste Mal spanischen Boden. Für uns ist es die letzte Übernachtung vor Santiago, wir halten gedanklich inne und saugen die Schritte und Eindrücke in uns auf. Achim erklärt mir, dass zu Bernd, mit dem er die ganze Zeit ein Zimmer teilt, eine Freundschaft entstanden ist. Er strahlt dabei und ich bin ihm dankbar für die Lebensfreude, die er die ganze Zeit über versprüht hat.

Kurz trennen sich unsere Wege. Ich bleibe auf der Nationalstraße, während der offizielle Weg anders verläuft: auf einem schlecht ausgebauten Wald…? Richtig, …pfad! Aber lassen wir das! Als ich die Gruppe wiedertreffe, reicht mir Christiane atemlos einen Zettel, zusammen mit lauter Blümchen, darauf steht: „Für Felix. Liebeserklärung!?“ Sofort wird mir der Bezug zu gestern klar und ich schmunzele. Bestimmt interpretieren das die anderen völlig anders, ich bin jedoch zu faul, eine Erklärung abzugeben.

Die letzten Kilometer vor Padrón wird es noch mal haarig. Die Hitze macht uns zu schaffen, die Schritte werden langsamer und die Gespräche verebben. Einzig Dorothea, die ganze

Reise über die ruhigste von allen, eröffnet mir: „Felix, ich bin diesen Weg gegangen, aber ich gehe ihn kein zweites Mal. Er hat mir alles abverlangt, und jetzt weiß ich, dass ich auch zu Hause keinen Weg ein zweites Mal gehen werde." Wir haben uns vor einigen Tagen in der Gruppe über die Motivation unterhalten, diesen Weg zu machen. Nun scheint sie eine Antwort gefunden zu haben. Ob sie den Impuls umsetzt? Ich wünsche es ihr. Bernd ist auf dieser Tour ruhiger geworden und wirkt nun sehr ausgeglichen. „Auf dieser Reise habe ich Gegenwart gespürt", sagt er fast beiläufig. Ich bin baff, von ihm, dem Hyperaktiven, hätte ich diese Offenbarung nicht erwartet.

Unser Quartier liegt an einem alten Bahnhof, an dem jede Stunde ein Zug nach Santiago fährt. „Wir können doch schon mal hinfahren und uns die Stadt angucken." Richtig witzig findet mich niemand, was ich nicht weiter schlimm finde. Irgendwann während dieser Reise habe ich festgestellt, dass keiner meiner fünf Lieblingsfilme in der Gruppe bekannt ist. „‚Pulp Fiction'? Noch nie gehört."

In der Jakobuskirche aus dem 15. Jahrhundert singen wir. Ich muss über die Tatsache schmunzeln, dass Bernd die Spanier immer auf Deutsch anspricht. „Wir singen jetzt", erklärt er dem Küster. Ob er das versteht? Wir singen unsere Dankbarkeit heraus, denn wir haben unser Ziel gedanklich bereits erreicht. Was soll jetzt schon noch passieren?

Eines werde ich in Santiago nicht vermissen: die abendlichen Auseinandersetzungen bei der Suche nach einem brauchbaren Restaurant. Schon wieder treffen wir die zweitbeste Wahl und so richtig satt wird von den Tapas niemand. Toll schmecken sie trotzdem, besonders die Pimientos de Padrón, kleine grüne, geröstete Paprikaschoten, die hier eine Spezialität sind. Sie erinnern mich irgendwie an den Film „Grüne Tomaten".

Heute ist keine Party angesagt, wir wollen am nächsten Tag die Kühle des Morgens nutzen. Dabei hält Schlafen doch jung … Sieben Uhr losgehen also, eine Stunde früher als sonst, denn es soll richtig heiß werden. Die Vorstellung, gegen Mittag in Santiago zu sein, freut mich. Dabei untertreibe ich maßlos, ich bin aufgeregt, schließlich bin ich jetzt das vierte Mal in dieser Stadt und habe sie jedes Mal anders erlebt. Ich fange erst gar nicht an, mir etwas vorzustellen, und beherzige die Lehren von vergangenen Reisen.

Wenige Kilometer vor unserem Ziel machen wir im Schatten eine lange Pause. Plötzlich hat es niemand mehr eilig anzukommen. Es war zu schön bis hierhin, und das soll in einer Stunde zu Ende sein? Ich freue mich darauf, im Hotel die Sachen abzulegen, mit dem Weniger an Gewicht wird der Rollstuhl wendig und leicht, sodass es sich fast anfühlt wie zu fliegen. Vielleicht hätte ich über meine Vorstellung, diese Reise mit einem Pilgerritual abzuschließen, sprechen sollen, um herauszufinden, was die anderen wollen.

Noch nie habe ich die Kathedrale aus dieser Perspektive – von Süden kommend – gesehen. Beinahe hätte ich sie nicht erkannt, sie wirkt aus dieser Distanz viel beschaulicher. Wir nähern uns ihr in Stille und tief empfundener Freude, das kann ich auch in den Gesichtern der anderen lesen.

Filmreife Szene: Wenige hundert Meter vor der Kathedrale, in der belebten Altstadt, trennen wir uns. Ich gehe rechts zum Hotel, die übrigen fünf zur Kathedrale. Einem alten Pilgerbrauch folgend will ich ohne Gepäck und frisch gewaschen zum endgültigen Ziel gelangen. Bisher habe ich das so auf jeder Reise gehandhabt. Die Gruppe sieht das (wie viele Pilger) anders und ist schon im nächsten Moment verschwunden. Noch vor wenigen Augenblicken war ich glücklich, dass wir gesund und ohne Unfall hier angekommen sind. Jetzt fühle ich mich allein gelassen. Bestimmt hätte ich meinen eigenen Brauch sogar fallengelassen, wenn es nicht wieder Bernd gewesen wäre, der das Wort führt. Wieder sehe ich wenig Spielraum gegenzusteuern. Nach diesem Schlag muss ich erst mal meinen Kopf klarkriegen, das eben Erlebte erscheint mir wie ein schlechter Traum. Kneifen ist aber zwecklos, ich wache davon nicht auf. In diesem Schockzustand meldet sich bereits meine innere Stimme, die mir zuraunt: „Es ist gut so. Vertrau, es ist zu deinem Besten.“ Glauben möchte ich davon erst mal nichts.

Kaum bin ich auf meinem Zimmer, falle ich in einen tiefen Schlaf. Als ich aufwache, weiß ich für einen kurzen Moment gar nicht, wo ich bin. Ich blicke in dem hässlichen Hotelzimmer umher, das mit seinen Fenstern zum Innenhof zwar sehr leise, dafür aber dunkel ist. Ich spüre tiefen Frieden und Dankbarkeit, besonders Freiheit. Jetzt kann ich den nächsten Tag tun und lassen, was ich möchte, die anderen treffe ich sicher in der Lobby oder beim Frühstück. Mein Job als Reiseleiter ist ab jetzt formal beendet. Halleluja. Wie von einem Katapult angetrieben springe ich aus dem Bett. Diese ungebremste Lebensfreude muss raus. Wichtige Dinge zuerst, also auf zum Pilgerbüro. Dort möchte ich mir meine Compostela abholen. Außerdem bin ich gespannt zu sehen, wen ich hier wiedertreffe. Mittlerweile habe ich das Gefühl, in dieser Stadt zu Hause zu sein. Und richtig: Deike kommt gerade aus ihrem Hotel gestolpert. Sie wohnt zentral direkt an der Kathedrale. „Das ist ja schön“, begrüßt sie mich. „Ich dachte mir noch auf dem Zimmer: Hier triffst du bestimmt niemanden.“ Da hatten wir wohl ähnliche Gedanken gehabt.

Eine junge Frau aus den USA überreicht mir fröhlich meine Pilgerurkunde. Heute hat sie schon über eintausend Compostelas ausgehändigt, in den Sommermonaten durchaus nichts Ungewöhnliches. Da es kurz vor Öffnungsschluss ist, hat sie etwas Zeit und erzählt von den unzähligen Geschichten, die ihr jeden Tag berichtet werden. Von Menschen, die auf den letzten Schritten ihrer Reise weinend vor Glück zusammenbrechen. Oder von solchen, die seit tausenden von Kilometern unterwegs sind, auf den letzten hundert Kilometern jedoch vergessen haben, sich Stempel in ihren Ausweis machen zu lassen – und daher gemäß strenger Regel keine Compostela erhalten dürfen. „Das passiert hier fast jeden Tag." Sie lächelt dabei mitfühlend.

„Gleich treffe ich Marielle und Kathrin zum Abendessen", sagt Deike, „vielleicht magst du ja mitkommen?"

„Eigentlich bin ich schon satt", lüge ich. So sehr ich den lustigen Abend in Caldas de Reis genossen hatte, fand ich die beiden anderen Frauen im Nachhinein sehr anstrengend. Ein bisschen zu aufgekratzt. So schlendere ich mit Deike zum Vorplatz der Kathedrale, die im letzten rötlichen Sonnenlicht golden leuchtet. Ich kann gar nicht beschreiben, wie dankbar ich bin.

Spontan entscheide ich mich um. Hier ist nichts und niemand mehr anstrengend. In dieser Stadt mit mehr als dreißigtausend Studenten findet sich an jeder Ecke eine einladende Bar. Wir haben ein großes Ziel erreicht, auf dem Weg über einige Dinge mehr Klarheit bekommen und festgestellt, wie einfach das Leben sein kann. Schon eine Erkenntnis hätte gereicht, um sie gebührend zu feiern. Bei diesem bunten Strauß an Einsichten haben wir also gar keine Wahl.

Um elf Uhr morgens ist die Kathedrale bis auf den letzten Platz gefüllt. Die traditionelle Pilgermesse zieht neben einem Meer von Pilgern auch viele Touristen an. Erwartungsgemäß habe ich dort meine Gruppe wiedergefunden und weinend vor Freude liegen wir uns in den Armen. Hier, an diesem Ort, ist kein Raum für Auseinandersetzungen, wir spüren, dass es nichts zu klären gibt. Wir haben Weite im Herzen gespürt. „Un poco loco" – ein etwas verrückter Ort –, sagt Achim und schaut mich dabei verschmitzt an. Ein Spanier hatte das mal zu mir gesagt, als er mich in einer Lehmkuhle sah. Ein klein wenig verrückt, ja. Diese Formulierung ist zu unserem Standardspruch auf der Reise geworden. Und Achim wird sich wieder auf den Weg machen, das steht für ihn schon fest.

Ich bin wieder einmal angekommen. Dankbar schaue ich auf die vergangenen zehn Tage zurück, lasse sie innerlich Revue passieren. Ich habe der leisen Stimme vertraut und getan, was getan werden musste. Hätten wir uns nicht so Knall auf Fall getrennt, hätten wir es bestimmt neu versucht, uns zusammenzuraufen, in der vagen Hoffnung, doch noch eine Kommunikationsbasis zu finden. Aber hätten wir eine bessere Gelegenheit bekommen als diese entschleunigte Zeit? Vielleicht wären wir erfolgreich gewesen – oder auch nicht. So beherzige ich das indianische Sprichwort: „Wenn du merkst, dass du ein totes Pferd reitest, steig ab." In unserer westlichen Welt fällt es uns oft schwer, einfache Dinge zu akzeptieren, und wir überlegen uns unzählige Wege, das Pferd doch wieder zum Laufen zu bringen. Nun bin ich zwar nicht vom Pferd abgestiegen, sondern in hohem Bogen aus dem Sattel katapultiert worden, jedoch unversehrt geblieben. Ja, mehr noch: Es hat mich stärker gemacht. Natürlich bin ich traurig, viel Vertrauen ist zerstört worden. Dennoch glaube ich nicht, dass irgendwer aus böser Absicht gehandelt hat, und erlebe persönlich wieder einen Aufbruch.

Diese Reise hat mich insgesamt an meine Belastungsgrenze gebracht. Genau an den kritischen Punkten habe ich mich auf das Stärkste gestützt, was mir zur Verfügung steht: mein unverrückbarer Glaube an Gott. Die gesamte Zeit auf dem Camino war angefüllt von einem nicht enden wollenden Gebet. Beim Aufwachen, Einschlafen und Unterwegssein dankte ich dem Herrn unentwegt für ein wunderbares Leben. Und wie eine sich selbst erfüllende Prophezeiung dankte ich ihm nur wenig später für beantwortete Gebete.

Aufbruch nach Jerusalem

Das unruhige Herz ist die Wurzel für Pilgerschaft.
Im Menschen lebt eine Sehnsucht.
Augustinus

Lange hatte das Vorhaben in einer entlegenen Schublade gesteckt. Auf einmal kam die Vision wieder, in einem dieser Momente, in denen die Zeit stillzustehen scheint. Die Vision war deutlich vernehmbar. „Schau mich an", schien sie zu sagen.

Wie würde es wohl sein, in die Stadt zu pilgern, in der Jesus gewirkt hat, die Heilige Stadt? Natürlich will ich gleich hier in Frankfurt starten.

Was würde mich auf einer Reise außerhalb des sicheren Netzes der Pilgermuschel – durch Krisengebiete und ohne ausreichende Sprachkenntnisse – erwarten? Fünf Monate würde die Reise dauern, mindestens. Nichts wäre vorhersehbar. Dennoch: Diese Reise wartet darauf, angetreten zu werden. Konkrete Pläne gibt es noch nicht, nur die Vision. Diese Ausgangsposition ist mir vertraut, die erste Skizze für die Via de la Plata sah ähnlich aus.

Ist es überhaupt möglich, einen Traum aufzuschreiben, den man noch gar nicht zu Ende geträumt hat? Als man mich bat, meine Vision zu skizzieren und die damit verbundenen Wünsche und Hoffnungen zu beschreiben, war ich erst einmal überfordert. Die Idee, mich auf diese Pilgerreise zu machen, war einfach irgendwann geboren. Ich hatte nicht weiter darüber nachgedacht, geschweige denn wäre ich dazu in der Lage gewesen, so unvorstellbar groß und weit entfernt erschien mir das Ziel. Eigentlich unerreichbar. *Eigentlich.* Warum will ich es trotzdem wagen? Mit einer Negativliste anzufangen, also, warum ich es *nicht* tue, ist leichter. Und ich wäre schnell fertig: Es geht mir nicht darum, als Erster im Rollstuhl diesen Weg allein zu meistern. Das habe ich mit meiner ersten Jakobsweg-Pilgerreise bereits abgehakt. Was ist es also dann? Ich bin der festen Überzeugung, dass der Rollstuhl den Abenteuerfaktor erhöht. Immerhin ist das schon im ganz normalen Alltag ein bestechendes Argument. Bereits heute muss ich oft improvisieren, auf dieser Reise wird das wohl ein Dauerzustand sein. Kein stressiger, wohlgemerkt, sondern ein auf humorvolle Weise leichter. Sofort raunt mir meine warnende innere Stimme deutlich zu: Vorsicht mit den Erwartungen! Also verwerfe ich das Humorvolle – nicht aber das Leichte, denn das gewinne ich ohnehin jeder Situation ab, egal wo und wie. Ob humorvoll oder nicht, ganz sicher werde ich Geschichten hören. Schöne, romantische, traurige, lustige, peinliche. Die meisten Menschen können es nicht fassen, mich auf vier Rädern wandernd anzutreffen und erzählen mir einem ersten Impuls folgend gern aus ihrem tiefsten Inneren.

Das nächste Mal wird wohl das letzte Mal sein. Eine noch längere Strecke zu pilgern, scheint mir schwer vorstellbar. Vielmehr glaube ich, dass ich danach neue Themen anpacken werde. Heute weiß ich natürlich noch nicht, welche es sein werden. Auf dem Weg wird sich dieses Geheimnis lüften, da bin ich mir sicher. Zumindest habe ich schon eine leise Ahnung …

Eines liegt meinem Vorhaben im Kern zugrunde: eine unstillbare Sehnsucht. In ihr liegen Heimweh und Fernweh, Schmerz, mit der Hoffnung auf Linderung, Tränen über Ungelebtes, Unerreichtes, Brüche und Trümmerhaufen. Diese Sehnsucht ist nicht zu stillen, denn das Ziel ist unerreichbar. Doch suche ich weiter, will weiter, denn ich hoffe, liebe, glaube. Ist das mein Lebensantrieb? Mein Trick, mich selbst zu überlisten? Beharrlich rede ich mir ein: „Klar ist mein Leben schön! Der

Rollstuhl? Ach, vergiss ihn, alles ist rosarot! Gott ist größer!" Also pilgere ich weiter auf diesem Lebensweg. Mit dieser Sehnsucht im Herzen glaube ich, zu allem fähig zu sein. Was vor Jahren erst eine vage Vorstellung war, ist heute greifbarer, machbarer. Im Grunde fehlt nur der erste Schritt, der Gang zum Chef: „Ich brauch da mal eine Auszeit. Unbezahlten Urlaub, verstehen Sie?" Wie alle großen Dinge muss ich meinen Plan vor allem zunächst vollständig loslassen. Ich darf mich nicht daran klammern wie an einen Grashalm, der abknickt. Der Entschluss, die Via de la Plata zu gehen, fiel schnell, war nicht konstruiert oder erzwungen. Dennoch war es der perfekte Zeitpunkt. Die Sehnsucht gibt mir große Kraft und Lebensfreude. Egal, wie schön es gerade ist, ich weiß sicher: Das Beste kommt noch. Deswegen genieße ich den Augenblick nicht minder, denke jedoch zu keinem Zeitpunkt: „Das war's. Die Party ist vorbei, willkommen im grauen Alltag." Mein sehnendes Herz ist mein Antrieb, es gibt sich nicht zufrieden mit den Dingen, so wie sie sind, sondern will weiter, immer weiter. *Ultreya*, immer wieder höre ich den Pilgergruß. Also: Was suche ich in Jerusalem oder auf dem Weg dorthin? Für mich wird es die ultimative Pilgerreise schlechthin sein, zur Wiege des Christentums. Ich verspreche mir auf dieser Reise, mich vom Pilgervirus zu heilen, dergestalt, dass ich genau die Reise antreten können würde, die Paulo Coelho die geheime Reise genannt hat: den Weg nach innen.

Die Distanz zu diesem Weg ist auf intellektueller Ebene nicht greifbar, noch viel weniger planbar. Im Unterschied zu Wolfgang Büschers Berlin-Moskau-Reise wird mich mein Weg nach Jerusalem auch nicht auf den Spuren der Deutschen nach Osten führen, sondern zur Wiege der Christenheit, nach Süden. Natürlich möchte ich auf Golgatha stehen, den See Genezareth besuchen, aber in erster Linie wach sein auf dem Weg, jeden Tag beten und die reine Schöpfungskraft spüren – nie wissend, was mich am Abend, geschweige denn in der nächsten Stunde erwartet. „Aber Sie haben doch einen geheimen Herzenswunsch, den Sie sich auf der Reise erfüllen wollen, nicht?" *Einen?* Sagen wir einmal, es sind mindestens drei, die mich auf dem Weg begleiten sollen: Demut, Staunen, Dankbarkeit.

Mir fällt eine abgedroschene Phrase ein, und es ist mir schon fast lästig, sie hier zu wiederholen – zu oft habe ich sie schon selbst gelesen –, aber es passt irgendwie: In unserem modernen Alltag, in dem alles vorhersehbar und berechenbar erscheint, ist für Demut kein Platz. Nur manchmal werden wir ehrfürchtig, sind geschockt, wenn die „Einschläge" näherkommen und plötzlich eine gute Freundin oder ein guter Freund Krebs hat. Für einen kurzen Moment halten wir dann inne, werden still. Schnell fassen wir uns jedoch wieder, schütteln uns und kehren zurück zur Tagesordnung.

Für mich hat Demut nichts Unterwürfiges, sondern etwas Anerkennendes. Ich erkenne Größe an und freue mich, dass diese Größe mich nicht kleinmacht. Im Gegenteil, ich kann ein wenig Last abwerfen und mit der Inbrunst der Überzeugung erklären: „Ich habe meine hundert Prozent gegeben, aber diese Blockade war nicht vorhersehbar." In Demut lerne ich, was diese Blockade mir zeigen will, meist komme ich dann aus dem Staunen nicht mehr heraus.

Manchmal glaube ich, dass dieses Staunen mich lebendig hält. Die Tatsache, dass ich mit einer Sache nicht rechnen kann, versetzt mich in diesen Zustand. „Erwarte das Unerwartete", heißt der Slogan. Trifft es ein, bin ich wieder der kleine Felix und lasse sprachlos den Mund offen stehen. Einfach nur schauen, ohne zu denken. In der Natur zum Beispiel, wenn ich die perfekten Zusammenhänge bestaune, ohne sie wirklich zu verstehen. Dann stelle ich fest, dass ich nicht immer alles verstehen muss. Ein „Wow!" entfährt mir manchmal, oft ist es jedoch ein stilles Fasziniertsein. Ich war einmal in einem Wildgehege, in dem unter anderem Wildschweine leben. Sicher hinter einem Zaun sah ich die Herde. Plötzlich bewegte sich ein massiges Tier, ich glaube, es war eine Sau, die aussah wie ein kleiner, sich bewegender Hügel, auf mich zu. Es beruhigte mich, dass der Zaun zwischen uns stand. Zielstrebig kam sie direkt auf mich zu, grunzte mich an und legte sich dann auf den Boden. Genau so, dass sich ihr struppiges Fell gegen den Zaun drückte. Ich fühlte die Urkraft dieses Tieres, das mich in freier Wildbahn einfach über den Haufen gerannt hätte. Hier lag es nun, sanft wie ein Schoßhündchen, und schien zu sagen: Streichel mich ruhig, es ist in Ordnung. Etwas mulmig war mir schon zumute. Ein Gehege ist kein Streichelzoo, doch der Impuls, dieses wunderbare Tier anzufassen, überwog, und ich war erstaunt von der festen Haut. Es fühlte sich wunderbar an.

Das Staunen führt mich schließlich zur Dankbarkeit, sie ist für mich die Grundzutat in der Backmischung des Lebens. Eins ist mir völlig klar: Müsste ich mich auf meine eigene Kraft verlassen, wäre ich heute immer noch auf dem Weg nach Santiago de Compostela. Richtig bewusst wurde mir das erst in den Monaten, in denen ich dieses Buch schrieb. Wie viel ist doch gut gegangen, wie viele Geschenke habe ich erhalten, wie schön ist das Leben! Ich bin glücklich, dass mir die „Schreibtherapie" sehr gutgetan hat. (Nebenbei: Ohne eine harte Abgabefrist wäre bestimmt das eine oder andere Kapitel nie entstanden.) Das Schreiben war eine wertvolle Erfahrung, dadurch haben sich die Bilder und die damit verbundene große Dankbarkeit noch tiefer in mein Herz eingebrannt.

Mir ist es erst im Nachhinein aufgefallen. Am Wochenende hatte ich das Manuskript beim Verlag eingereicht und fühlte mich so herrlich leicht. Während eines Gesprächs mit meinem Chef lehnte ich mich locker an die Wand, wie früher in der Schule, wenn ich mit dem Stuhl kippelte. Der einzige

Unterschied war jetzt nur, dass mein Rollstuhl eine Bremse hat, ich also nicht umfallen konnte. Ein zu vernachlässigendes Detail, denn mein Chef beobachtete mich und ich glaubte ein leichtes Fragezeichen auf seinem Gesicht zu sehen. Ich war wach und konzentriert bei der Sache, hatte jedoch das Gefühl, einen wichtigen Abschnitt geschafft zu haben, eine weitere Etappe auf meinem Weg. Es war schon spät und wir kamen ins Plaudern. „Weißt du, irgendwann gehe ich von hier aus nach Jerusalem." Jetzt war es draußen. Verrückte Ideen aus meinem Mund waren für ihn ja nichts Neues, doch er schien mir mit seinem Blick jetzt zu sagen: „Aber bitte nicht noch in diesem Jahr!" Ob es mir gelungen ist, seine Zweifel zu zerstreuen, weiß ich nicht. Vielleicht wirkte diese Idee auch einfach nur seltsam auf ihn, sodass er sie nicht weiter ernst nahm. Wir vertieften das Thema jedenfalls nicht weiter.

Wann werde ich also aufbrechen? Ich weiß es nicht. Alles, was ich weiß, ist, dass ich es in mir spüren werde, und das macht mich ruhig. Ich lebe in dem Vertrauen: Sollte es einmal einen Umbruch in meinem Leben geben – in welcher Form auch immer –, wird sich ein Ausweg auftun. Ich muss vor schwierigen Situationen nicht weglaufen, sondern kann getrost hineinlaufen – den Weg zu meiner tiefsten Sehnsucht oder bittersten Enttäuschung möglicherweise. Sicher ist eines: Der Weg dorthin wird mich stärker machen, denn dort, am Ziel, wartet etwas auf mich – etwas, was ich nie herausfinden werde, wenn ich mich nicht auf den langen Weg dahin mache. Die Reise wird mich auf wunderbare Weise öffnen, damit ich das finde, was ich gesucht habe, wofür ich aufgebrochen bin. Manchmal muss ich an den Alchimisten von Paulo Coelho denken. Am Ende einer langen Reise durch viele Länder fand der andalusische Schäfer den Schatz, den er so lange gesucht hatte, an einem Ort, wo er ihn am wenigsten vermutet hätte: dort, wo er zu Hause war.

Ankommen

Der Kontrast hätte krasser nicht sein können. Zwei Tage Fortbildung in Münchens schickstem Hotel liegen hinter mir und nun das. Nein, es ist keine wirkliche Überraschung, eher das Gewohnte, das Gewollte: Es wird wieder *pilgrig*. Den Übergang von der einen Welt zur anderen bewältige ich per Taxi, die Fahrt ist kurz.

Mit Schwester Elisabeth hatte ich vorher telefoniert. Auch ihr bin ich zu früh da, wir sind erst in einer Stunde verabredet. Entsprechend lang warte ich vor ihrer Haustür, bis sie mich in Empfang nimmt. „Hatten Sie eine gute Anreise?"

Was soll ich ihr erzählen? Dass ich gerade mit dem Taxi aus dem „The Charles" gekommen bin und deswegen zwei Taschen dabeihabe – eine fürs Business und eine fürs Pilgern? „Aber selbstverständlich", antworte ich.

Sie führt mich in den kühlen Keller der Lukaskirche im Gemeindezentrum Sankt Max. Auf eine gewisse Art fühle ich mich hier heimisch, erst vor wenigen Monaten habe ich hier einen Vortrag gehalten. Damals lernte ich auch ein Ehepaar kennen, das mich auf den bayrischen Jakobsweg aufmerksam machte. Nun trug das gepflanzte Samenkorn Früchte: Ich stehe vor den Stufen, die zu meinem Schlafplatz hinunterführen. Die Technik, die ich Michael in Freiburg beigebracht hatte, fällt mir gerade noch rechtzeitig ein. Es ist schon eine Weile her, dass ich mich am Geländer festhaltend in die Tiefe gleiten ließ. Wahrscheinlich verlernt man so etwas ebenso wenig wie Fahrrad fahren. „Kommen Sie auch wieder hinauf?", will Schwester Elisabeth wissen.

„Bestimmt, ich weiß nur noch nicht, wie", antworte ich wahrheitsgemäß. Notfalls mache ich es wie auf dem Jakobsweg: Ich setze mich auf die Stufen und ziehe den Wagen hinter mir hoch. Ich sage immer *Wagen*, wenn ich den Rollstuhl zum

Gepäckstück umfunktionieren will. Schwester Elisabeth ist beruhigt und geht wieder. Meine zwei Taschen lasse ich neben meiner Matratze im Büro des Pfarrers auf den Boden fallen und gucke mich um. Im langen Flur sind Holztafeln an der Wand angebracht, eine Art Kunstwerk, das die ersten sechs Tage der Pilgerreise symbolisch darstellt. Schon die Beschreibung des ersten Tages zieht mich in den Bann: „Verzweifelt im Keller der Lukaskirche – Muss ich mir das antun? – Angst vor dem Weg". Ich glaube, ich bin angekommen.

Ein wenig mehr Routine hatte ich mir dabei schon zugetraut. Die Reise auf dem Caminho Portugues ist gerade mal ein Jahr her. Nun habe ich zwar keine Angst vor dem Jakobsweg, ein Bett wäre mir dennoch lieber als dieser kalte Raum mit einer Toilette, die am anderen Ende des Ganges liegt, und einer Dusche, die nur mit einer ausgefeilten Klettertechnik erreichbar ist. Nein, ich jammere nicht, so habe ich es gewollt, genau deshalb habe ich diesen Pilgereinstieg gewählt. Am nächsten Morgen mache ich mich auf den Weg. Wenige hundert Meter, und ich bin an der Isar, der ich nur zu folgen brauche.

Als ich in der nächsten Herberge ankomme, lege ich mich erschöpft hin und döse für kurze Zeit ein. „Hallo, Felix, ich bin Frank." Ein junger Mann schwenkt einen übergroßen Schlüsselbund vor meiner Nase und nickt freundlich. Er ist von der Gemeinde angestellt und hält die Herberge in Schuss. Mit ihm hatte ich vor der Reise gemailt. Doch ich habe jetzt nicht damit gerechnet, ihn hier zu sehen, denn wie er mir damals mitteilte, würde er anderweitig eingespannt sein, wenn ich ankomme. „Ich gehe jetzt gleich zum bayrisch-türkischen Maitanz, wenn du mitkommen willst, bist du herzlich eingeladen." Erst einmal nicht, später vielleicht, es ist zu früh, schon wieder loszuziehen.

Frank verschwindet und überlässt mich der Stille, nicht jedoch ohne vorher die Heizung anzustellen. Plötzlich klingelt mein Telefon, was mir sofort klarmacht, dass sich mein jetziger Weg doch etwas von meiner Reise auf dem spanischen Jakobsweg unterscheidet: Hier habe ich Handyempfang … Meine Stiefmutter lädt mich spontan übers Wochenende zu sich ein und ist völlig überrascht, mich in München wieder einmal auf dem Weg zu wissen. „Schade, dein Patenonkel hat sich angekündigt und wir hätten uns gefreut, dich dabeizuhaben." Noch vor einer Stunde hätte ich mich anders gefühlt und ihr erklärt, dass ich lieber bei ihr als hier in dem dunklen Loch wäre. Mittlerweile ist aber Frieden in mir eingekehrt und ich beginne ihn zu genießen. Die Stille ist beruhigend. Mich erwarten eine Woche Abenteuer, viele Erlebnisse und jeden Abend ein anderes Bett – eine Art Roadmovie, nur ohne Auto. Ich habe zwar vier Räder, aber keinen Motor. Wir verabreden uns für einen späteren Zeitpunkt, innerlich freue ich mich schon darauf. Seit dem Tod meines Vaters sind wir eng zusammengewachsen. Kein Wunder, teilen wir doch das Gefühl, einen großartigen Menschen gekannt zu haben. Wir vermissen ihn, sie vielleicht mehr als ich.

Schon wieder poltert es. Hatte ich nicht gerade etwas von Ruhe gesagt? Frank ist zurück. „Ich habe mir gerade die Hand verletzt und muss jetzt erst mal einen Verband anlegen. Wenn du willst, können wir in einer halben Stunde zusammen losgehen."

Gemeinsam kommen wir problemlos die vier Stufen hinauf, ohne dass ich aussteigen muss. Von Frank lerne ich eine ganz neue Technik kennen: Er zieht mich sitzend die Stufen hinauf. Die Bandscheiben lassen grüßen …

„Ich bin wie eine Mutter ohne Brust." Lachend reagiert Andreas auf meine Begeisterung. Er hat mir Brötchen mitgebracht und sogar Reiseproviant in zwei Frühstückstüten eingepackt. Draußen scheint die Sonne und ich freue mich auf einen Wandertag zum Kloster Schäftlarn. Schnell habe ich fertig gepackt und den Rucksack montiert. Einen Teil des Gepäcks kann ich hierlassen, zum Kirchentag will ich ohnehin zurück sein, um hier einen Vortrag zu halten.

On the road again. Wie wunderbar leicht komme ich an der Isar voran. Nur wenige Jogger und Fußgänger mit ihren Hunden sind zu dieser frühen Zeit auf den Beinen. Ich erlebe oft, dass Wälder und Wanderwege am Samstag einsamer sind als zur gleichen Zeit einen Tag später. Die aufgeschobenen Besorgungen können halt nur jetzt erledigt werden.

An einem Kiosk kaufe ich mir eine kleine Flasche Wasser. „Gute Besserung", wünscht mir der Betreiber. „Ihnen auch", denke ich, seine Alkoholfahne rieche ich drei Meilen gegen den Wind. Der Weg führt mich in vertrautes Terrain. Als Kind bin ich mit meiner Familie oft in den Pullacher Wäldern spazieren gewesen, und ich fühle mich, als wäre ich auf einer Reise zu meinem Inneren, zum kleinen Felix. Entsprechend leicht fühle ich mich und blicke staunend auf die grünen Blätter, die so frisch und zart sind, dass das Licht fast durch sie hindurchscheint. Durch die Bäume funkelt das Wasser der Isar.

Von mir aus könnte es bis Schäftlarn so weitergehen. Beim Brückenwirt hätte ich fast noch eine Pause eingelegt, schließlich habe ich schon über die Hälfte der Strecke hinter mir und mich noch kein bisschen verausgabt. Mein Wunsch wird mir nicht erfüllt und die bekannte Grenzerfahrung auf dem Jakobsweg kommt unerwartet und heftig über mich, wie ein Regenschauer aus heiterem Himmel. Von einem Moment auf den anderen wird der Weg schlammig, und mir fällt ein, dass es die letzten Tage fast nonstop geregnet hatte. Keine Ahnung, ob es hier Alternativrouten gibt. Ist ja nicht so schlimm, denke ich und ziehe nicht einmal in Erwägung umzukehren. Mittlerweile sehe ich aus, als ob ich schon mehrere Tage unterwegs wäre. Im Schlamm wohlgemerkt. Stuhl und Klamotten sind völlig verdreckt. „Kann ich dir helfen?" Günther hatte ich vor ein paar Stunden getroffen. Er saß verträumt auf einer Bank und schrieb etwas in sein Tagebuch. Selbst aus der Ferne war er unschwer als Pilger erkennbar. Ich brachte ihm seinen nagelneuen Hut, den er auf dem Weg verloren hatte. So kamen wir ins Gespräch und er erzählte von seinen Plänen, nach Santiago zu pilgern. „Erst nächstes Jahr, im Moment mache ich Probewanderungen und laufe den bayrischen Jakobsweg."

Gern lasse ich mir bei diesem aufgeweichten, schlammigen Weg helfen. Die uns entgegenkommenden Radfahrer meinen es gut. „Der Weg wird in den nächsten paar hundert Metern nicht besser." Und danach? Sie sind verschwunden, bevor ich fragen kann. Auch Günther findet auf seiner Karte keine Alternativroute und mittlerweile kenne ich mich gut genug: Zum Umkehren ist es ohnehin zu spät. Wie oft habe ich mir das schon gesagt und dann wurde es schlimmer. Aber Gott sei Dank nicht jedes Mal.

Es wird besser. Der Boden wird fester und statt durch Schlamm rollen wir über Schotter. Immerhin. An einem steilen Stück gesellen sich noch andere Pilger zu uns, die Günther in der heutigen Pilgermesse kennengelernt hat. „Geht das im Rollstuhl?", fragen sie mich. Ich bin immer noch zu Späßen aufgelegt, so kräftezehrend waren die letzten Kilometer wohl doch nicht. Ein Blick in ihre Gesichter rät mir eindringlich, es einfach runterzuschlucken. Ein Späßchen würden sie missverstehen, also antworte ich lediglich: „Muss ja." Dabei weiß ich, dass diese Redewendung in Bayern weniger geläufig ist. Insgeheim denke ich: „Nicht der Zufall oder die große Hand Gottes haben mich hier ausgesetzt. Ich bin allein hierhergekommen, natürlich geht es." Aber ich will nicht unfair sein und lächle. Ich bitte sie voranzugehen; bei der Steigung macht es mich nervös, wenn sie um mich herumschwirren. Schneller werde ich dadurch auch nicht und es ist auch sonst wenig hilfreich.

Sie akzeptieren meine Bitte, auch Günther ist feinfühlig genug weiterzugehen. Ich hoffe, sie noch mal zu treffen; in den wenigen Augenblicken haben wir eine vertrauensvolle Basis gefunden.

„Kann ich dir helfen?“ Der ich weiß nicht wievielte Radfahrer springt von seinem Rad, um mir bei der x-ten Steigung zu helfen. Dankend lehne ich ab und frage mich wieder einmal, wie diese wirklich hilfsbereiten Menschen denken, dass ich hierhergekommen bin. Ob ich bei jeder Steigung den Daumen raushalte, um den Berg hochzutrampen?

Ich treffe Günther wieder. Als ich ihm von meinen zahllosen potentiellen Helfern berichte, spricht er vom „Hilflosen Helfer“, einem Buch, das er kürzlich in die Hand bekommen hat. „Es ist auch schwierig, die greifbare Ohnmacht der Person, die dich trifft, zu verstehen. Und weißt du was? Wenn du dir helfen lässt, ist das für mich eine große Gnade.“ Ich bin überwältigt, direkt am ersten Tag geht es ohne Vorwarnung ab in die Tiefe.

„Hast du eigentlich in Schäftlarn vorgebucht?“ Habe ich natürlich nicht mehr geschafft und schon von anderen Pilgern gehört, dass der Gasthof voll belegt sein soll. Günther selbst übernachtet bei Freunden in der Nähe. Aus unerfindlichen Gründen bleibe ich ruhig und glaube fest daran, dass es klappen wird. Als ob ich es heraufbeschworen hätte, fängt es an zu regnen. Dieser Tag lässt wirklich keine Gefühlsregung und kein Wetter aus.

Ich habe noch ein Zimmer bekommen. Die Ruhe im Klostergasthof Schäftlarn färbt auf mich ab. Wenn da nicht das quietschende Lager wäre. Wohl ein bisschen viel Schlamm, nicht nur für meinen Geschmack.

So früh wie heute lag ich das letzte Mal in der Unterstufe im Bett. Ob ich damals genauso glücklich war? Bei diesem Wetter ist niemand im Biergarten, Handyempfang habe ich auch keinen. Als mir die Wirtin um sieben Uhr eine gute Nacht wünscht, nachdem sie mir die Stufen hochgeholfen hat, bin ich etwas verwirrt.

Early to bed,
early to rise,
makes you healthy,
wealthy,
wise

Meine amerikanische Gast-Omi hatte mich mit solchen Weisheiten gefüttert. Was immer davon zutreffen mag, ich bin so früh auf den Beinen, dass ich vor mir selbst erschrecke. Ausgeruht und fit bin ich zweifelsohne. Meine Hände pochen noch von der gestrigen Anstrengung, ich bin zuversichtlich, dass es nicht schlimmer wird.

Die Tischplatte biegt sich sprichwörtlich bei dem reichhaltigen Frühstück. Die Mutter der Wirtin lässt es sich nicht nehmen, mit mir gemeinsam zu essen. Sie und ihr Mann sind lediglich am Wochenende hier, um den Selbstbedienungsausschank zu betreuen. An diesem Sonnentag erwarten sie vollbesetzte Bänke.

Heute ist Muttertag. Diesen Tag habe ich schon seit langer Zeit nicht mehr auf dem Radarschirm. Als die Wirtin von ihren Angus-Rindern, die sie selbst züchtet, zurückkommt, werde ich Zeuge einer zärtlichen und behutsamen Begegnung zwischen Tochter und Mutter. Bei aller Betriebsamkeit, die jetzt schon herrscht: So viel Zeit muss sein.

Auf halber Höhe bemerke ich, dass ich den Zimmerschlüssel noch in der Hosentasche habe. Zurückgehen kommt nicht infrage. Ich stoppe in einer Kurve einen Radfahrer und bitte ihn, den Schlüssel vorbeizubringen. Er ist sichtlich nervös ob des Autoverkehrs, doch gern nimmt er den Schlüssel mit.

Ich habe mir zu wenig Essen mitgenommen. Lediglich ein Ei und ein Stück Kuchen ließ ich von der üppigen Frühstückstafel in meinen Rucksack fallen und nage jetzt am Hungertuch. Dennoch kann ich mich nicht überwinden, an den zahlreichen Ausflugslokalen anzuhalten. Der Starnberger See bezaubert mich mit seiner Schönheit, anhalten geht nicht, so, wie es das Pilgerwort „ultreya" zum Ausdruck bringt: weiter, immer weiter. In der Maisinger Schlucht finde ich immer wieder Warnhinweise auf ein Truppenübungsgelände. Es ist das Einzige, was mich daran erinnert, auf diesem Planeten zu wandern, zu betörend ist die Natur um mich herum. Ich bin unfähig, auch nur einen Gedanken zu fassen, staunend sauge ich die Eindrücke in mich auf. Erst am Ende frage ich mich, wo ich eigentlich gewesen bin. Spaßeshalber sagte ich früher immer, Frauen sind auf ihrem Frauenstern und Männer auf ihrem Männerplaneten. Ich glaube, ich bin heute irgendwo in der Milchstraße – oder einfach nur im Hier und Jetzt.

Das Wetter ist bombastisch und ich bin froh, meine Sonnencreme eingepackt zu haben. Wieder passiere ich einen Biergarten, der so überlaufen ist, dass ich weitergehe, aber es wenig später bereue. Der Hunger lässt mich langsamer werden.

„Kann ich dir helfen?" Jippie. „Das kommt darauf an. Habt ihr was zu essen dabei?" Mittlerweile fast ein Klassiker von mir, aber die drei jungen Wanderer finden das witzig. Einer gibt mir einen Müsliriegel. „Gib ihm den anderen doch auch", protestiert die junge Frau. Dankbar nehme ich auch den zweiten und verbrenne die Kohlenhydrate gleich bei der nächsten Steigung, die nun um einiges leichter zu bewältigen ist.

Endlich sehe ich in der Ferne die Silhouette von Kloster Andechs. Das letzte Mal war ich vor vielen Jahren mit meinem Bruder hier. Ich freue mich, eine neue Erinnerung mit diesem Ort zu verknüpfen. Damals war ich fünfzehn, seitdem ist sehr viel passiert.

Pfarrer Andreas sollte unrecht behalten. Es ist das erste Mal seit ich weiß nicht wie langer Zeit, dass ich mir und möglicherweise auch ihm etwas beweisen will. Er sagte mir noch zum Abschied: „Also den steilen Aufgang zur Klosterpforte, den schaffst du allein niemals. Ich selbst habe ihn kaum geschafft." Hat er sich tragen lassen?, frage ich mich und beschließe, es wenigstens zu versuchen.

Als ich am Fuß des Klosters angekommen bin, verstehe ich ihn besser. Ich will es probieren und rechne mir trotz des Gewichts meines Rucksacks eine Chance aus. Es ist ein Spiel und ich will gewinnen. Ich weiß nicht, wie viele Menschen mir ihre Hilfe anbieten, aber ich bleibe stur. „Wenn ich es bis hierher geschafft habe, geht vielleicht auch noch mehr", erkläre ich lachend. Die beste Aussage macht eine ältere Dame an einem besonders steilen Stück: „Ihr Rollstuhl ist zu leicht, er geht vorne hoch." Nein, ich glaube, ich bin einfach zu stark. Da ich aber zu sehr außer Atem bin, sehe ich nur noch die letzten Meter vor mir und freue mich, dass ich es geschafft habe.

Heute sind nur zwei Pilger hier. Jeder bekommt einen ganzen Schlaftrakt für sich allein. Ich kann es kaum erwarten, in den bevölkerten Biergarten zu gehen, schließlich möchte ich Günther noch einmal Hallo sagen. Auf der anderen Seite graut mir bereits jetzt vor der Steigung auf dem Weg zurück …

Das Kloster ist vollkommen barrierefrei und hier sind sämtliche Mühen überflüssig. Der Aufzug fährt mich bequem, wohin ich will. Ich freue mich darauf, den Braumeister-Sepp wieder zu treffen. Schließlich hat er mir auf der letzten Schiffsreise den Impuls gegeben vorbeizukommen.

Am nächsten Morgen prasselt Regen gegen meine Fensterscheiben und ich bin froh, dass mein heutiges Etappenziel Dießen heißt. Ich will meinen Onkel und meine Tante dort besuchen. Ein wenig ausschlafen, eine kleine Etappe nur, die Fähre gegen Mittag, frische Seeluft. So schmeckt Urlaub.

„Nein, in München losgelaufen ist noch keiner, um mich zu besuchen." Lachend klopft mir mein Onkel am Fährsteg auf die Schulter. Auf dem Schiff über dem Ammersee habe ich eine Pilgerin getroffen, die heute noch bis zum Kloster Wesobrunn laufen will. Bei dem Wetter beneide ich sie darum nicht. Sie sieht es wohl ähnlich, einen besonders glücklichen Eindruck macht sie nicht. Innerlich drücke ich ihr die Daumen, dass sie es bis zum Bodensee schafft.

Wie oft war ich schon an diesem malerischen Ort, noch nie vorher habe ich mich jedoch so intensiv mit der Geschichte dieses Fleckchens auseinandergesetzt. Das Dießener Adelsgeschlecht war im 13. Jahrhundert eines der mächtigsten in ganz Europa, ihre Besitztümer reichten bis ins ferne Kroatien und Italien. Irgendwann starb die Familie einfach aus. Wie viele Strukturen, die heute so unveränderbar erscheinen, sind in Wirklichkeit nur fragile Konstrukte. Wie leicht können sie auseinanderfallen.

Gemeinsam beschließen wir, das Dießener Münster zu besuchen, ein Muss, schließlich führt der Pilgerweg direkt daran vorbei.

Das Grau in Grau ändert sich nicht, und ich bin dankbar für diesen Tag, den ich im Trockenen verbringen kann. Es tut gut, bei der Familie zu sein. Unzählige Sommer habe ich als kleiner Junge bei meiner Tante und meinem Onkel verbracht, damals wohnten sie noch in einem anderen Teil Bayerns, lange, bevor meine Tante schwer krank wurde. Wieder einmal ist der kleine Felix in meinem Bewusstsein sehr präsent.

Geplant war das nicht. Eine weitere Tante wohnt in Weilheim, von meinem Etappenziel Wesobrunn nur wenige Kilometer entfernt. Spontan lädt sie mich für den morgigen Tag zu sich ein.

Ich lasse mir Zeit, viel Zeit. Mit einer anderen Grundhaltung würde ich mich auf den weichen Wegen nur verrückt machen. Auf dem ersten Stück begleitet mich mein Onkel. Er ist selbst ein passionierter Wandersmann und nun gehen wir gemeinsam auf seiner Hausstrecke. Ich bin froh, ihn dabeizuhaben, in der Weite der Natur werden auch die Gespräche weit. Allein hätte ich mich bestimmt noch verlaufen, der Weg ist hier schlecht markiert. Plötzlich reißt die Wolkendecke auf und die Sonne brennt. In der Ferne, zum Greifen nah, ein Bilderbuch-Alpenpanorama. Mich umgeben saftig grüne Wiesen, manche über und über mit blühendem Löwenzahn übersät. Mein Onkel verabschiedet sich an der sogenannten Rentnerbank. Er will seine Frau nicht zu lang allein lassen und pünktlich zum Mittagessen wieder zurück sein. Ich bedanke mich für eine sehr schöne gemeinsame Zeit. Er lächelt. „Pilger soll man gut beherbergen, man weiß nie, wofür das gut ist."

Rasch geht es auf der kleinen geteerten Straße bergab. Die Räder drehen sich schnell, und Lehmbrocken, die sich im Wald daran festgeklebt haben, fliegen frei in alle Richtungen davon. Gleichzeitig scheinen Dinge von mir abzufallen, ich fühle, dass ich angekommen bin auf dem Weg. Es gibt keinen Ort, an dem ich lieber wäre, und keine bessere Zeit als das Jetzt. Auch als der geteerte Weg in einen moosigen Waldweg übergeht, auf dem ich deutliche Spurrillen hinterlasse, tut das meiner harmonischen Grundstimmung keinen Abbruch. Ich halte sehr oft an und schaue mich um. Es ist ein anderes Hinsehen, ich denke dabei an ein Zitat des Künstlers James Turrell: „Erstens: Es geht mir nicht um einen Gegenstand. Der Gegenstand ist die Wahrnehmung als solche. Zweitens: Es geht mir nicht um ein Bild, denn ich möchte jedes assoziative, symbolische Denken vermeiden. Drittens: Es geht mir auch nicht um eine spezielle Absicht oder einen Brennpunkt. Wenn man weder einen Gegenstand noch ein Bild noch einen zielgerichteten Blick hat, worauf sieht man dann? Man sieht sich selber."

Auf diesen Strecken hilft auch die größte Anstrengung nicht, etwas zu beschleunigen, der Weg gibt das Tempo vor. Das zu akzeptieren hilft mir, meine Kräfte besser einzuteilen.

Das langsame Gehen erfordert Achtsamkeit und Geduld mit mir selbst.

Gibt es eigentlich einen Grund, warum ich pilgere? „In der Natur sehen wir unsere Beziehung zu Gott, sie bildet eine tiefe Wurzel zur Psyche des Menschen“, hörte ich Pater Anselm Grün einmal auf einem Podium sagen. Ein weiterer Grund: die ständigen Überraschungen und großartigen neuen Entdeckungen. Ich stehe vor dem Kloster in Wesobrunn und komme aus dem Staunen nicht mehr heraus. Eine so gewaltige Klosteranlage hätte ich in diesem kleinen Örtchen niemals vermutet. Ich klingle an der mächtigen Pforte und erst nach langem Warten öffnet mir eine Schwester. Die aktuelle Führung habe ich gerade verpasst, die nächste ist in fünfzig Minuten. Dann wird auch meine Tante hier sein. Ob sie Lust darauf hat? Aus reiner Neugier bitte ich die Ordensschwester, mir die Pilgerquartiere zu zeigen. Es sind geräumige Zimmer mit einem wunderbaren Blick ins Grüne und großen Bädern. Hier käme ich spielend leicht zurecht. „Himmlisch“, entfährt es mir.

„Jetzt übertreiben Sie aber“, antwortet die Schwester fröhlich lächelnd, aber bestimmt.

Wo liegt der Punkt, an dem man das Schöne für selbstverständlich hält und es gar nicht mehr zu schätzen weiß? Mir gefällt es hier und ich bin ein wenig wehmütig über den Umstand, dass ich heute Nacht nicht hierbleiben werde.

„Nicht jeder Besucher wird durch die Nonnenklausur geführt.“ Die kecke Art der Schwester, die die Führung durch das Kloster macht, gefällt mir auf Anhieb. „Hat auch Vorteile“, erwidere ich. Ich kann mir den Klassiker nicht verkneifen. Meine Tante lächelt, nicht ganz sicher, wie sie es nehmen soll.

Was sich vor unseren Augen auftut, nimmt mir den Atem. Wir betreten den längsten Stuckgang Europas. Wesobrunn war einst eine Künstlerkolonie. Zur Blütezeit sind von hier aus Hunderte von Künstlern nach ganz Europa ausgezogen, um Bauwerke zu errichten. Heute leben hier noch wenige Nonnen, die alle Hände voll zu tun haben, die Anlage in Schuss zu halten.

„Wo kommen Sie ursprünglich her?“, fragt einer der Besucher die Nonne. Sie antwortet stilecht, die gesamte Führung war so:

„Was hat der Herrgott gesagt, als die Schöpfung vollendet war? Essen ist fertig.“

Willkommen im Ruhrgebiet.

„Sind Sie der Pilger?“ Eine freundliche Nonne geht zielstrebig auf mich zu. Ich hatte die Pforte nicht gleich gefunden und muss leicht verloren auf sie gewirkt haben. Bei dieser Begrüßung ist mir sofort klar, dass ich heute der einzige Pilger im Kloster Rottenbuch bin. „Wie war Ihr Weg hierher?“ Ich zeige ihr meine Hände, die nach meinem Empfinden noch relativ gut aussehen. „Mein Gott“, ruft Schwester Maria. Sie zeigt mir ein gemütliches Zimmer mit frisch bezogenem Bett, auf dem saubere Handtücher liegen. Sogar die Heizung funktioniert hier im Frühsommer. Gemeinsam inspizieren wir das Bad. Da der Durchgang zur Toilette zu schmal ist, hängt sie kurzerhand die Tür aus. Jetzt passt es. Wie würde ihre Kollegin im Nachbarkloster sagen? „Wir Nonnen müssen patent sein, Männer sind hier Mangelware.“

Ich bin erschöpft von den anhaltenden Regenschauern, vom ständigen Jacke An- und Ausziehen und den schlammigen Pfaden. Insgesamt fühle ich mich ruhig. Dabei ist der Weg heute streckenweise eine Tortur. Ich komme an einen Punkt, an dem ich gar keine Lust mehr verspüre, auch nur einen Meter weiterzugehen. Null-Bock-Stimmung. Ich krame in meinem Rucksack, auf der Suche nach etwas Essbarem. Lange suchen muss ich nicht, meine Tante hat mich reichlich mit Proviant versorgt. Herrlich. Fünf Minuten lang nichts tun.

Ich schleppe mich weiter. An einem stillgelegten Flöz der Gemeinde Peiting halte ich wieder an, dankbar für die Hinweistafeln, die ich länger als notwendig studiere. Ich lerne, dass hier zu Hochzeiten dreihunderttausend Tonnen Kohle pro Jahr gefördert wurden. Superinteressant, alles besser als der Anstieg, der sich anbahnt. Pause, einfach nur anhalten.

An einer Weggabelung konsultiere ich meine Wanderkarte. Ein älteres Ehepaar hält mit seinen Fahrrädern an, fast ein wenig zu abrupt, zu hilfsbereit. Die Dame drückt zielsicher den „Rollstuhl"-Knopf. „Hat das Gefährt keinen Motor?" Nur weg. Mit halbem Ohr höre ich die Wegbeschreibung höflich zu Ende. „Besser, Sie machen den kleinen eben beschriebenen Umweg, dann müssen Sie nicht die Bundestraße überqueren." Aha.

Die dicken Klostermauern schlucken jedes Geräusch. Ich falle in einen kurzen, tiefen Schlaf.

Ein heftiger Hunger weckt mich und treibt mich in die Dorfschenke. Ohne Gepäck fühlt sich der Rollstuhl federleicht an. Sogar das permanente Knarren klingt jetzt weniger aufdringlich. Die Gaststätte ist nicht sonderlich gefüllt. Ich passiere einen Tisch mit zehn Männern, einige grüßen mit leichtem Nicken. Für einen Moment lange denke ich an die Farmer in Nebraska, die Fremde auf ähnliche Weise inspiziert haben. Die weibliche Bedienung passt nicht in ihr Beuteschema. Ob das nun ihr Glück oder Pech ist?

Irgendwann kommen wir ins Gespräch. „Hier kommen öfter Pilger vorbei", erklärt mir einer von ihnen. So, wie er das Wort Pilger ausspricht, könnte man meinen, er hätte „schräge Vögel" gesagt. Von ihnen war noch keiner auf dem Weg, es ist auch niemand unter ihnen, der die Absicht hätte, das zu tun. Es herrscht allgemeine Aufbruchstimmung. In Wesobrunn findet heute eine Jägermeister-Party statt. Endlich etwas los in dieser ländlichen Gegend, schließlich ist morgen Feiertag.

„Fahren die Busse hier planmäßig ab?“ Ich verlasse gerade das Kloster, als mich ein junger Mann anspricht. Er sieht aus, als ob er schon lang zu Fuß unterwegs ist. „Wir sind hier in Deutschland“, sage ich und spiele dabei auf seinen Dialekt an, „da kommen die Busse normalerweise pünktlich.“ Ob mein Humor ankommt, weiß ich nicht. Er bedankt sich und ich bin froh, wieder auf dem Weg zu sein. Ein wenig wehmütig zwar, schließlich ist das mein letzter Wandertag. Aber ich bin glücklich. Das war nicht den gesamten Morgen so. Mir gefiel es gut im Kloster. Gut und gern hätte ich mir vorstellen können, eine weitere Nacht zu bleiben und mich zu erholen. Als ich bei Schwester Maria vorfühlte und ihr meine Idee mitteilte, antwortete sie kurz: „Aber Sie gehen heute schon weiter, oder?“

Ultreya.

Ein Schulterblick verrät mir, dass der freakige Wanderer hinter mir ist. Wollte der nicht den Bus nehmen? „Kann ich dir helfen?“ Ach ne. „Der Bus fährt am Feiertag nicht und als ich dich gesehen habe, motivierte mich das, weiterzumachen.“ Ich frage nicht nach, was genau ihn motiviert hat, bin aber glücklich, wenn ich helfen kann. Unsere Zweisamkeit währt nicht lang. Bei einem schlammigen, steilen Stück beschließe ich, einen Umweg zu machen. Wo bin ich denn hier gelandet? Auf dem Milchpfad. Ich passiere ein paar Stationen, an denen ich eine Menge über Milch und ihre Produktion lerne. Auch, dass Bauern dafür einen fairen Preis benötigen.

Es regnet wieder einmal. Wie anders hatte ich mir das Wetter vorgestellt! Ich bin schlecht gelaunt. Auch Marcel, der Pilger von vorhin, erzählte mir, wie sehr der permanente Regen und die Kälte auf seine Stimmung drücken. Die Wettervorhersage für die nächsten Tage bleibt schlecht. Ich würde trotzdem weitergehen, wenn ich nicht morgen in München erwartet werden würde.

Ein Förster überholt mich in seinem Landrover. An einem Stacheldrahtzaun hängen Spinnweben, an denen unzählige kleine Wassertropfen kleben. Sie schaukeln leicht im Wind wie ein kunstvoll gearbeitetes, perlenbehängtes Geschmiede. Ich fotografiere einige davon. „Machen Sie Naturfotos?" Der Förster ist in Gesprächslaune. „Bei dem Wetter kann man nicht jagen, dabei klagen die Bauern über zu viel Wild. Die Bauern klagen immer." Weil ich gerade von dem Milchpfad komme, verstehe ich besser, was er meint.

Wenig später treffe ich Marcel wieder. „Ich habe mich verlaufen", erklärt er achselzuckend. Unser Gespräch nimmt etwas an Fahrt auf. Er erzählt mir, dass er Feng-Shui-Beratungen und Familienaufstellungen nach Hellinger anbietet. Bei dem Meister selbst hat er seine Ausbildung gemacht. „In letzter Zeit sind aber immer mehr Termine ausgefallen und ich will herausfinden, warum."

„Ist das der Grund, warum du dich auf den Weg gemacht hast?" Ich bin mir gar nicht sicher, weshalb ich nachfrage.

„Ich habe Schwierigkeiten, mit Menschen in Kontakt zu treten, und denke, der Jakobsweg kann mir helfen, diese Blockade aufzulösen. Dass ich dich angesprochen habe, ist schon etwas Besonderes." Eine interessante Art, sich selbst zu therapieren, bemerke ich anerkennend.

In der Ferne sehen wir das UNESCO-Kulturerbe, die Wieskirche. Mittlerweile kann ich sogar dem Wetter etwas Gutes abgewinnen, an einem strahlenden Sonnentag wäre die Wies, wie die Bayern ihre Kirche liebevoll nennen, sicherlich überlaufen. Aber auch heute kann man kaum von einer besinnlichen Atmosphäre sprechen, Touristen aus aller Welt strömen scharenweise in die Kirche. Das übergroße Deckenbild der Himmelspforte lässt mich kurz innehalten. Wie würde es sein, an dieser Tür zur Ewigkeit zu stehen? Hätte ich Angst davor, in die unendliche Liebe Gottes einzutauchen? Lange kann ich meinen Betrachtungen nicht nachhängen, ein asiatisches Pärchen möchte sich für ein Foto richtig in Pose setzen, und da bin ich im Weg.

„Interessant, bisher habe ich auf meinen Jakobswegen immer vierblättrige Kleeblätter gefunden. Diesmal kein einziges." Marcel ist wenig beeindruckt von meinem Kommentar. Ich weiß, dass jede Reise anders ist und lasse meinen Wunsch vollkommen los.

Bis zu meinem Zielort Lechbruck ist es weniger als eine Stunde Fußmarsch. Aus den Augenwinkeln sehe ich etwas und freue mich wie ein Kind. Ein Busch mit unzähligen vierblättrigen Kleeblättern! „Ich habe noch nie eins gefunden", entfährt es Marcel. Ich pflücke einige und lege sie in meinen Wanderführer. Es bewahrheitet sich treffsicher: In dem Moment, in dem ich einen Wunsch loslasse, bekomme ich ihn im Überfluss erfüllt.

Mit dieser Grundstimmung schwebe ich die letzten Kilometer an einem Moor entlang, über das türkisblaue Flüsschen Lech in das schwäbische Lechbruck. Es regnet aus Kübeln, meiner Freude tut dies keinen Abbruch. Es hat mal wieder geklappt. Ich habe das Gefühl zu leben, anstatt gelebt zu werden.

Es mangelte mir an nichts, im Gegenteil. Wieder einmal habe ich erfahren können, wo mein Zuhause ist. Ich werde wunderbar geführt und stelle mit wachsender Freude fest, dass mich die andere Perspektive aufs Leben glücklich macht. Ja, mehr noch: Ich bin mit der Gewissheit erfüllt, dass ich überallhin komme, in der Steigerung zusammengefasst: Ich bin willkommen.

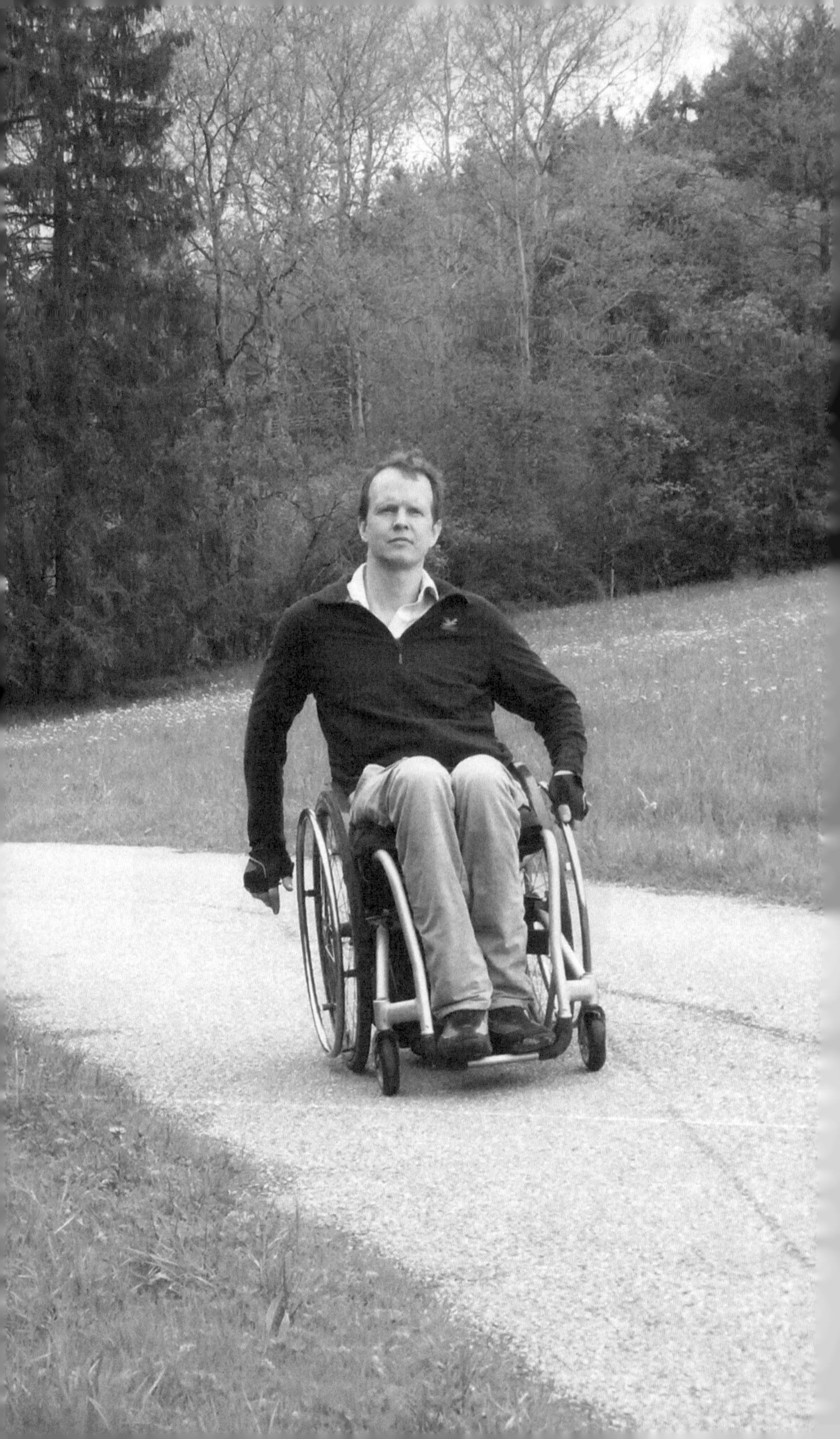

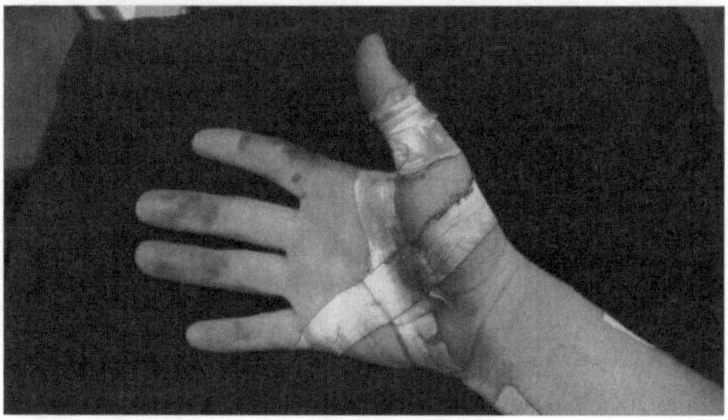

Felix Bernhard
unterwegs

Felix Bernhard, geboren 1973, lebt und arbeitet in Frankfurt am Main. Zuvor verbrachte er über drei Jahre in den USA und schloss dort sein Studium der Betriebswirtschaftslehre ab. 1993 erlitt der Autor einen schweren Motorradunfall und ist seither querschnittgelähmt. Bei intensiven Pilgerreisen findet er einen sportlichen Ausgleich zu langen Arbeitstagen und Muße zur tiefen Reflexion. Über 3.000 Kilometer hat er mit dem Rollstuhl auf verschiedenen Jakobswegen durch Spanien, Portugal, Frankreich, Polen und Deutschland inzwischen zurückgelegt.

www.felixbernhard.de

Mix
Produktgruppe aus vorbildlich bewirtschafteten Wäldern und anderen kontrollierten Herkünften
www.fsc.org Zert.-Nr. SGS-COC-001940
FSC
© 1996 Forest Stewardship Council

Verlagsgruppe Random House FSC-DEU-0100
Das FSC-zertifizierte Papier *Munken Premium Cream* für dieses Buch liefert Arctic Paper Munkedals AB, Schweden.

1. Auflage 2010
Bestell-Nr. 814 220
ISBN 978-3-942208-20-8

Umschlaggestaltung: Buttgereit & Heidenreich, Haltern am See
Satz: Die Feder GmbH, Wetzlar
Druck: GGP Media GmbH, Pößneck
Printed in Germany